Schriften zu Gesundheit und Gesellschaft – Studies on Health and Society

Band 5

Reihe herausgegeben von

Christiane Woopen, Universität zu Köln, Köln, Deutschland

Herausgebergremium

Jacqui Smith, University of Michigan, Ann Arbor, USA

Allen E. Buchanan, Duke University, Durham, USA

Jens C. Brüning, CECAD-Exzellenzcluster und Max-Planck-Institut für Stoffwechselforschung, Köln, Deutschland

Luciano Floridi, University of Oxford and The Alan Turing Institute, Oxford, UK

Wolfgang Goetzke, gewi-Institut für Gesundheitswirtschaft e.V. und Gesundheitsregion KölnBonn e.V., Köln, Deutschland

Oliver Gröne, OptiMedis AG, Hamburg, Deutschland

Robert Leicht, Langjähriger Politischer Korrespondent/Long-Time Political Correspondent, Die ZEIT, Hamburg, Deutschland

Fortschreitende Digitalisierung, demographischer Wandel und komplexer werdende Umwelten stellen Wissenschaft und Gesellschaft vor neue Herausforderungen. Die tief greifenden Veränderungen betreffen in besonderem Maße auch den Bereich der Gesundheit. Eine Vielfalt wissenschaftlicher Disziplinen und Akteure aus allen gesellschaftlichen Bereichen sind gefordert, um die transformativen Prozesse der Gegenwart zu gestalten.

Die ceres **Schriften zu Gesundheit und Gesellschaft** bieten ein Forum für besonders gesellschaftsrelevante Fragen im Bereich der Gesundheit jenseits disziplinärer Grenzen. In ausgewählten Studien präsentieren sie fachübergreifende und translationale Analysen, Debatten und Konzepte zur partizipativen Gestaltung unserer Zukunft.

Digital developments, demographic change and increasingly complex environments pose all new challenges for science and society. These profound changes also, and in particular, affect health-related issues. It requires a variety of scientific disciplines and actors from all areas of society to shape the current transformative processes.

The ceres Book Series on Health and Society provides a forum for the discussion of particularly relevant societal challenges in the area of health, beyond disciplinary boundaries. In selected studies, the books of this series present interdisciplinary and translational analyses, debates and concepts, contributing to participative designs for our future.

Pauline Mantell • Carolin Schwegler •
Christiane Woopen
Hrsg.

Psychische Erkrankungen als gesellschaftliche Aufgabe

Interdisziplinäre Perspektiven auf aktuelle
Herausforderungen

 Springer

Hrsg.
Pauline Mantell
ceres
Universität zu Köln
Köln, Deutschland

Carolin Schwegler
ceres
Universität zu Köln
Köln, Deutschland

Christiane Woopen
ceres
Universität zu Köln
Köln, Deutschland

ISSN 2628-6963   ISSN 2946-0255 (electronic)
Schriften zu Gesundheit und Gesellschaft – Studies on Health and Society
ISBN 978-3-662-65514-6   ISBN 978-3-662-65515-3 (eBook)
https://doi.org/10.1007/978-3-662-65515-3

Die Deutsche Nationalbibliothek verzeichnet diese Publikation in der Deutschen Nationalbibliografie; detaillierte bibliografische Daten sind im Internet über http://dnb.d-nb.de abrufbar.

Springer ist ein Imprint der eingetragenen Gesellschaft Springer-Verlag GmbH, DE und ist ein Teil von Springer Nature.
Die Anschrift der Gesellschaft ist: Heidelberger Platz 3, 14197 Berlin, Germany

Inhaltsverzeichnis

Herausgeber- und Autorenverzeichnis

Kurzbiografien der Herausgeberinnen

Pauline Mantell Dr. studierte Gesundheitsökonomie an der Universität zu Köln und der San Diego State University und promovierte 2021 zum Thema *Gesundheitskompetenz von Menschen mit psychischen Erkrankungen* im interdisziplinären Promotionsstudiengang Health Sciences an der Universität zu Köln. Seit 2013 ist sie wissenschaftliche Mitarbeiterin an der Forschungsstelle Ethik am Uniklinikum Köln. Seit 2019 ist sie zudem als Diözesanreferentin für Medizinethik im Erzbistum Köln angestellt. Ihre Forschungsinteressen umfassen Konzepte und Operationalisierung von Gesundheitskompetenz, Risikoprädiktion im Kontext psychischer Erkrankungen, Palliativmedizin in der ambulanten Versorgung sowie die Versorgung frühgeborener Kinder. Pauline Mantell ist zertifizierte Beraterin und Koordinatorin für Ethik im Gesundheitswesen.

Carolin Schwegler Dr. phil. ist Postdoc zur Habilitation in Germanistischer Linguistik am Institut für Germanistik der Universität Koblenz-Landau und Research Fellow am Cologne Center for Ethics, Rights, Economics, and Social Sciences of Health (**ceres**) der Universität zu Köln. Sie studierte Germanistik und Philosophie an der Universität Heidelberg und wurde dort 2018 mit einer diskurslinguistischen Arbeit zur Argumentationsanalyse mit summa cum laude promoviert. Ihre thematischen Forschungsschwerpunkte sind *Sprache und Medizin* (u. a. Prädiktion, psychische und neurodegenerative Erkrankungen und chronische Schmerzen) sowie *Sprache und Nachhaltigkeit/Klimawandel*. Sie ist Teilprojektleiterin im interdisziplinären trinationalen Era-Net-Neuron Verbundprojekt PreTAD (Barcelona, Genf, Köln) in dem sie einen kulturwissenschaftlich-linguistischen Ansatz zur Analyse kommunikativer Praktiken der prädiktiven Medizin verfolgt. Im Rahmen ihrer kulturlinguistischen Perspektive arbeitet sie diskurs- und textbezogen sowie konversationsanalytisch und versteht sich als angewandte Linguistin.

Christiane Woopen Prof. Dr. ist Professorin für Ethik und Theorie der Medizin an der Universität zu Köln und dort Direktorin des interfakultären Cologne Center for Ethics, Rights, Economics, and Social Sciences of Health (**ceres**). Neben der Leitung von nationalen und internationalen Forschungsprojekten engagiert sie sich im Bereich der Politikberatung u. a. als Vorsitzende des Deutschen Ethikrates (2012–2016), als Präsidentin des Global Summit der Nationalen Ethikräte (2014–2016), bis 2017 als Mitglied des Internationalen Bioethikausschusses der UNESCO, 2018 bis 2019 als Co-Sprecherin der Datenethikkommission der Bundesregierung sowie von 2017 bis 2021 als Vorsitzende des Europäischen Ethikrates (EGE). Christiane Woopen ist Trägerin des Bundesverdienstkreuzes 1. Klasse und Mitglied mehrerer Akademien der Wissenschaften (NRW, BBAW, Academia Europaea).

Autorenverzeichnis

Susanne Brose Dr. Referat Gesundheitspolitik, Hessisches Ministerium für Soziales und Integration, Wiesbaden, Deutschland

Stefanie Coché Dr. Fachbereich Geschichts- und Kulturwissenschaften, Justus-Liebig-Universität Gießen, Gießen, Deutschland

Eva-Maria Fahmüller Dr. Master School Drehbuch, Berlin, Deutschland

Tanja Henking Prof. Dr. Fakultät Angewandte Sozialwissenschaften, Hochschule für angewandte Wissenschaften Würzburg-Schweinfurt, Würzburg, Deutschland

Gereon Heuft Prof. Dr. Klinik für Psychosomatik und Psychotherapie, Universitätsklinikum Münster, Münster, Deutschland

Eva van Keuk, Dipl.-Psych. Psychosoziales Zentrum (PSZ), Düsseldorf, Deutschland

Enza Manderscheid ceres, Universität zu Köln, Köln, Deutschland

Pauline Mantell Dr. ceres, Universität zu Köln, Köln, Deutschland

Markus Moessner PD Dr. phil. Forschungsstelle für Psychotherapie (FOST), Universitätsklinikum Heidelberg, Heidelberg, Deutschland

Luise Reddemann Prof. Dr. Klinische Psychologie, Psychotherapie und Psychoanalyse, Universität Klagenfurt, Klagenfurt, Österreich

Manuela Richter-Werling Dr. Irrsinnig Menschlich e.V., Leipzig, Deutschland

Hans-Joachim Salize Prof. Dr. Arbeitsgruppe Versorgungsforschung, Zentralinstitut für Seelische Gesundheit, Mannheim, Deutschland

Theresa Schnedermann Dr. Leibniz-Institut für Deutsche Sprache, Mannheim, Deutschland

Carolin Schwegler Dr. ceres, Universität zu Köln, Köln, Deutschland

Alfred Simon Prof. Dr. Akademie für Ethik in der Medizin, Georg-August-Universität Göttingen, Göttingen, Deutschland

Christiane Woopen Prof. Dr. ceres, Universität zu Köln, Köln, Deutschland

Susanne Zank Prof. Dr. Lehrstuhl für Rehabilitationswissenschaftliche Gerontologie, Zentrum für Heilpaedagogische Gerontologie, Humanwissenschaftliche Fakultät, Universität zu Köln, Köln, Deutschland

Psychische Erkrankungen als gesellschaftliche Aufgabe. Einleitung zu Einblicken aus Theorie und Praxis

Carolin Schwegler, Pauline Mantell und Christiane Woopen

Jährlich ist etwa ein Drittel der deutschen Bevölkerung von einer oder mehreren klinisch bedeutsamen psychischen Störungen betroffen (Jacobi et al. 2015). Sie treten häufig kombiniert – auch mit anderen körperlichen Erkrankungen – auf. Bei Menschen im Jugendalter scheint die Prävalenz laut neuester Erkenntnisse (Kessler et al. 2007; Lambert et al. 2013 sowie Richter-Werling in diesem Band) besonders hoch zu sein, im Allgemeinen besteht aber in jedem Lebensabschnitt ein Erkrankungsrisiko. Dies geht nicht nur mit einer enormen individuellen, sondern auch mit einer hohen gesellschaftlichen Krankheitslast einher: Direkte und indirekte Kosten (z. B. aufgrund von Arbeitsausfällen) belaufen sich allein in Deutschland jährlich auf etwa 44 Milliarden Euro (Statistisches Bundesamt 2017).

Psychische Erkrankungen werden längst als Volkskrankheiten verstanden (Bühring 2018), das öffentliche Wissen zu ihnen ist aber oft stereotyp und von Mythen besetzt (vgl. dazu im Hinblick auf Schizophrenie, Ilg 2016 sowie zur Nutzung von Stereotypen im Film Fahmüller in diesem Band). Mit Blick auf das Individuum verdeutlicht dies die Relevanz der individuellen und organisationalen Kompetenz, verlässliche gesundheitsrelevante Informationen zu finden und mit ihnen umzugehen (Sørensen et al. 2012; Woopen 2015), sowie die Notwendigkeit von Unterstützung des Kompetenzerwerbs im Bereich psychischer Gesundheit. Menschen mit psychischen Erkrankungen zeigen bei der Selbsteinschätzung ihrer Kompetenzen, mit gesundheitsrelevanten Informationen umzugehen, vermehrte Schwierigkeiten im Vergleich zur Allgemeinbevölkerung. Dies manifestiert sich vor allem durch Probleme in der Bewertung und der konkreten Umsetzung von Maßnahmen bei

C. Schwegler (✉) · P. Mantell · C. Woopen
ceres, Universität zu Köln, Köln, Deutschland
E-Mail: carolinschwegler@uni-koeln.de; pauline.mantell@uk-koeln.de;
christiane.woopen@uni-koeln.de

vergleichsweise hohem Wissensstand über relevante Gesundheitsinformationen (Mantell et al. 2019).

Psychische Erkrankungen beschäftigen nicht nur Patient*innen sowie Psychiater*innen und Psychotherapeut*innen, sondern ebenfalls die Politik, die Wirtschaft, die Medien, den Buch- und Ratgebermarkt und viele weitere gesellschaftliche Akteur*innen. Sie sind eine gesamtgesellschaftliche Aufgabe mit vielen Facetten und müssen als solche auch interdisziplinär betrachtet werden.

Der vorliegende Sammelband „Psychische Erkrankungen als gesellschaftliche Aufgabe. Interdisziplinäre Perspektiven auf aktuelle Herausforderungen" setzt genau hier an und hat das Ziel, ein differenziertes Bild über die Bedeutung psychischer Erkrankungen und den gesellschaftlichen Umgang mit ihnen zu zeichnen. Dies beinhaltet theoretische sowie praktische Perspektiven mit historischen, aktuellen und zukunftsperspektivischen Schwerpunkten, die sich insgesamt dem Ziel widmen, aktuelle Herausforderungen aufzuzeigen und einen Beitrag zur Verbesserung der psychischen Gesundheitsversorgung in den Bereichen der Krankheitsbehandlung, Prävention und Gesundheitsförderung zu leisten.

Ein besonderer Fokus des Bandes liegt auf der Betrachtung der gesellschaftlichen Verantwortung im Umgang mit den Betroffenen und ihrem sozialen Umfeld. Die vielfältigen Fragen, die sich in diesem Rahmen stellen, werden unter anderem durch Vertreter*innen aus Psychiatrie, Ethik, Geschichts- und Sozialwissenschaften, Recht, Wirtschafts- und Sprachwissenschaften erörtert und bieten ein breites Spektrum an Einsichten in das Thema der psychischen Erkrankungen aus Forschung und Praxis. In der interdisziplinären Zusammenschau werden somit Kenntnisse und Erfahrungen zu gesellschaftsrelevanten Aspekten zusammengeführt, die für ein zielgerichtetes Handeln zur Förderung der psychischen Gesundheit notwendig sind.

Der Sammelband umfasst drei Teile: „Psychische Erkrankungen im Wandel der Zeit", „Psychische Erkrankungen – Herausforderungen für Betroffene" und „Technischer Fortschritt für die Zukunft".

Der erste Teil enthält Beiträge zum Thema „Psychische Erkrankungen im Wandel der Zeit". Zu Beginn betrachtet **Stefanie Coché** das Verständnis von Normalität und psychischer Krankheit im historischen Wandel und konzentriert sich auf einen Vergleich der psychiatrischen Einweisungspraxis im „Dritten Reich", der frühen DDR sowie der Bundesrepublik. Sie spannt einen weiten zeitlichen Bogen, der neben unserer heutigen Praxis in der Psychiatrie auch die gesellschaftliche Wahrnehmung psychischer Erkrankungen geprägt hat. Mit letzterem beschäftigt sich auch **Eva-Maria Fahmüller**. Sie zeigt eindrücklich, wie psychische Störungen in der aktuellen Film- und Fernsehdramaturgie aufgegriffen und verarbeitet werden. Dabei arbeitet sie Muster der Darstellung von Figuren und die Wirkung damit verbundener dramaturgischer Entscheidungen heraus.

Hans Joachim Salize geht anschließend auf die epidemiologische Entwicklung der monetären Tragweite psychischer Erkrankungen ein. Er zeigt dabei das Ausmaß der Behandlungskosten an den gesamten Gesundheitsausgaben (direkte Kosten) sowie volkswirtschaftliche Folgen (Produktivitätsverluste) auf, die durch psychische Störungen verursacht werden. Auf dieser Basis diskutiert er die Dynamik der jährlichen Ausgabensteigerung sowie sozialrechtliche und finanzierungstechnisch bedingte Nachteile für psychisch kranke Menschen, die daraus hervorgehen. Nicht nur die gesellschaftlichen Ausgaben im Bereich der psychischen Erkrankungen steigen beständig, auch als Individuum gibt es heute – beispielsweise durch den wachsenden Markt der Ratgeberliteratur – viele Möglichkeiten, Geld zum Thema psychische Erkrankungen auszugeben. Ratgeberliteratur, insbesondere zu den Themen Depressionen und Burnout, fokussiert **Theresa Schnedermann** aus sprachwissenschaftlicher Perspektive, indem sie bei ihrer Analyse die Frage nach der Zuschreibung von Agency, also der Zuschreibung der Fähigkeit und Möglichkeit selbstwirksam zu handeln, aufgreift. Hierbei werden verschiedene dichotome gesellschaftliche Einstellungen zu den Themen Burnout und Depression deutlich, die sich durch entsprechende Sprachmuster verfestigen. Eine zentrale Dichotomie stellt dabei bespielsweise die Unterstellung von bewusstem Handeln (bei Burnout) gegenüber der des vorbewussten Verhaltens (bei Depressionen) dar. Es zeigt sich deutlich, dass die Art und Weise des sprachlichen Umgangs mit einem Thema bzw. einem Krankheitsbild unsere Wahrnehmung von diesem und den betroffenen Personen wesentlich beeinflussen kann.

Dieser Abschnitt des Sammelbandes verdeutlicht, dass sowohl die historische psychiatrische Praxis, übergeordnete volkswirtschaftliche Entwicklungen, aber auch die Darstellungsweisen im Film oder die Versprachlichung in (Ratgeber-)Literatur einen erheblichen Einfluss auf unsere heutige gesellschaftliche Wahrnehmung von Psychiatrie, psychischen Erkrankungen und betroffenen Personen haben.

Der zweite Teil des Bandes „Psychische Erkrankungen – Herausforderungen für Betroffene" zieht einen Querschnitt durch verschiedene Lebensphasen und -welten von Betroffenen. Die Autor*innen spannen einen Bogen von der Jugend bis ins hohe Alter. Sie diskutieren beispielsweise die Themen Prävention, autonome Behandlungsentscheidungen bis hin zu Zwangsbehandlungen. Im Jahr 2016, in dem die ceres-Ringvorlesung stattfand, aus der dieser Band entstanden ist, traten verstärkt zusätzliche Herausforderungen für psychiatrische Einrichtungen auf: Geflüchtete, die ihren Weg nach Deutschland gefunden haben, sind nicht selten durch Kriegs- und Fluchttraumata belastet. Diese Thematik wird sowohl mit Rückgriff auf historische Parameter als auch aus der aktuellen Praxis beleuchtet. Die Reihe der Beiträge dieses Abschnitts beginnt mit den jüngeren Lebensphasen, anschließend werden die genannten Spezialbereiche fokussiert, abschließend diskutieren zwei Texte Aspekte psychischer Erkrankungen im fortgeschrittenen Alter.

Zu Beginn beschreibt **Manuela Richter-Werling** aus der Praxisperspektive die Notwendigkeit präventiver Maßnahmen für Jugendliche im Schulalter. Sie stellt den Balanceakt zwischen Präventionsinterventionen zu psychischen Erkrankungen und der damit verbundenen Gefahr der Stigmatisierung heraus. Der Behandlung von Patient*innen mit weiter fortgeschrittener psychischer Erkrankung widmen sich anschließend Tanja Henking aus rechtlicher und Alfred Simon aus ethischer Perspektive. Gerade wenn Krankheiten den Entscheidungsprozess der Betroffenen beeinflussen, ist die Frage nach Autonomie, Fürsorge und Zwang eine herausfordernde Angelegenheit: **Tanja Henking** erörtert die Problematik der Behandlung psychisch erkrankter Patient*innen, die medizinisch notwendige Maßnahmen ablehnen. Dabei diskutiert sie Fürsorge und Zwang mit Blick auf die Auswirkungen von letzterem und plädiert für kreative, patientenorientierte Lösungen, die neben der medizinischen Behandlungsnotwendigkeit auch die Folgen von Zwang stärker in die Behandlungsentscheidung einbeziehen. **Alfred Simon** widmet sich in seinem Text dem ethischen Dilemma der Zwangsbehandlung in der Psychiatrie. Dabei zeigt er auf, unter welchen Voraussetzungen diese Maßnahme zum Wohl von Patient*innen auch gegen deren Willen vertretbar ist, und sensibilisiert für einen ethisch angemessenen Umgang mit Zwang in der klinischen Praxis.

Dass psychische Erkrankungen nicht selten die Folge von Krieg, Vertreibung und Flucht darstellen können, veranschaulichen die beiden nächsten Beiträge eindrücklich – zum einen mit Blick auf die deutsche Vergangenheit, zum anderen in Anbetracht aktueller Ereignisse. **Luise Reddemann** erzählt aus ihrer reichen praktischen und theoretischen Expertise über traumatische Erfahrungen und deren mögliche Auswirkungen wie Panikzustände, Depressionen, Flashbacks, Alpträume und Ängste und betrachtet dabei zusätzlich die Rolle von Angehörigen. Sie betont, dass die gesellschaftliche Aufarbeitung von vergangenen Kriegs- und Fluchttraumata und deren Folgen für die nachkommende Generation ein wichtiger Baustein für den adäquaten Umgang mit aktuell kriegs- und fluchttraumatisierten Personen darstellt. **Eva van Keuk** bildet im Anschluss daran die derzeitige Situation von psychiatrischen Patient*innen mit Fluchtgeschichte ab und veranschaulicht anhand eindrücklicher Beispiele aus ihrer praktischen Erfahrung populationsspezifische Bürden und Barrieren sowie Ressourcen, die maßgeblich zur Verbesserung der psychischen Gesundheit Geflüchteter beitragen können.

Spätere Lebensphasen von psychisch Erkrankten nehmen sodann **Susanne Zank** und **Susanne Brose** in den Blick. Auf Grundlage bestehender empirischer Daten zeigen sie die besondere Bedeutung depressiver Erkrankungen im fortgeschrittenen Alter auf und diskutieren die derzeitige Behandlungssituation, die häufig nicht adäquat auf das „verborgene Leid" und die Bedürfnisse älterer Menschen ausgerichtet ist. **Gereon Heuft** vertieft im Anschluss die Thematik konkreter Behandlungsansätze in der späten Lebensphase. Er zeigt anhand epidemiologischer Daten und entwicklungspsychologischer Konzepte auf, über welche spezifischen Kompetenzen Psychotherapeut*innen in der Gerontopsychosomatik und Alternspsychotherapie verfügen müssen.

Der abschließende dritte Teil des Bandes nimmt zukunftsorientiert den technischen Fortschritt in den Blick. Informationstechnologische Entwicklungen versprechen erhebliche Fortschritte in der Diagnostik und Behandlung psychischer Erkrankungen. Dies betrifft vor allem die Möglichkeit, große Datenmengen zu verarbeiten, vorausschauend Erkrankungsrisiken zu bestimmen sowie internetbasierte Ansätze einzubeziehen. Die Erforschung der Einstellungen von Betroffenen, die Erwartungen von Betroffenen an vorausschauende Untersuchungen sowie die Auswirkungen von Risikowissen sind gerade bei psychiatrischen Krankheiten noch weitgehend unerforscht (vgl. dazu beispielsweise Schmitz-Luhn et al. 2019 sowie Lorke 2021).

Markus Moessner befasst sich in seinem Beitrag mit Möglichkeiten und Grenzen von internetbasierten Interventionsansätzen, die in Zeiten fast unbegrenzter Zugangsmöglichkeiten zunächst niedrigschwellig und vielversprechend erscheinen.

Aus eigener Forschungserfahrung und vor dem Hintergrund der vorliegenden Evidenz zieht er ein kritisches Resümee zu dem Potenzial internetgestützter, psychosozialer Interventionen und geht auf die mit ihnen verbundenen Nachteile, Herausforderungen und Gefahren ein. Mit der prädiktiven Medizin, die mit der Möglichkeit große Datenmengen zu verarbeiten, erheblichen Aufschwung erfährt, beschäftigt sich der letzte Beitrag des Bandes. **Pauline Mantell**, **Enza Manderscheid** und **Christiane Woopen** stellen Ergebnisse einer Studie vor, in der die Einstellungen von Menschen mit psychischen Erkrankungen zur Bestimmung eines Erkrankungsrisikos untersucht werden.

Die Zusammenstellung der Beiträge beruht auf der Ringvorlesung „Der ganz normale Wahnsinn? Psychische Erkrankungen als gesellschaftliche Aufgabe", die vom Cologne Center for Ethics, Rights, Economics and Social Sciences of Health (ceres) der Universität zu Köln im Wintersemester 2016/2017 nach Konzeption von Pauline Mantell veranstaltet wurde. Die abgedruckten Texte wurden zuletzt im Herbst 2019 aktualisiert und beziehen sich nicht auf Ereignisse jüngeren Datums. Insbesondere pandemiebedingte Veränderungen sind deshalb nicht erfasst. Wie bei allen Ringvorlesungen von ceres wurde auch hier auf die Beleuchtung des Themas aus unterschiedlichen wissenschaftlichen Perspektiven, auf die Zusammenführung von Theorie und Praxis zu gesellschaftsrelevanten gesundheitsbezogenen Themen sowie auf die Wissenschaftskommunikation (Lehre/Studium, interessierte Öffentlichkeit) geachtet.

Wir freuen uns besonders, dass wir auch einzelne Praxisvertreter*innen für die Mitwirkung an diesem Sammelband gewinnen konnten. Wir danken allen Autor*innen herzlich für die spannenden Einblicke in ihre Forschungen und praktischen Erfahrungen, ohne die diese Publikation nicht hätte entstehen können. Annika Baumeister, Jana Kerpen und Philipp Reichert sowie der gesamten ceres-Administration danken wir für die Unterstützung bei der Veranstaltungsorganisation, Marike Flömer, Lavinia Kamphausen und Laura Seidelmeyer für das Korrekturlesen der Beiträge. Andreas Kirchner möchten wir in diesem Zuge für die Begleitung und Unterstützung sowie Zusammenführung all dieser gemeinsamen Arbeitsschritte bis hin zur Veröffentlichung dieses Bandes herzlich danken. Ein ganz besonderer Dank gilt darüber hinaus ebenfalls der Volkshochschule der Stadt Köln für die Zusammenarbeit, dem CECAD Forschungszentrum der Universität zu Köln für die Bereitstellung der Räumlichkeiten für unsere Vorlesungsreihe sowie auch dem Springer Verlag, der uns jederzeit mit großem Einsatz unterstützte.

Allen Leser*innen wünschen wir nun eine einsichtsreiche und anregende Lektüre.

Literatur

Bühring, P. 2018. Psychische Erkrankungen: Eine Volkskrankheit im Fokus. *Deutsches Ärzteblatt* 115: 20–21.

Ilg, Y. 2016. Schizophrenie. Zur gemeinsprachlichen „Karriere" eines Fachbegriffs und ihren Folgen. In *Germanistik zwischen Tradition und Innovation*, Hrsg. J. Zhu, J. Zhao, und M. Szurawitzki, 43–47. Frankfurt a. M.: Peter Lang.

Jacobi, F., M. Höfler, J. Strehle, S. Mack, A. Gerschler, L. Scholl, M. A. Busch, U. Hapke, U. Maske, I. Seiffert, W. Gaebel, W. Maier, M. Wagner, J. Zielasek, und H. U. Wittchen. 2015. Twelve-months prevalence of mental disorders in the German Health Interview and Examination Survey for Adults–Mental Health Module (DEGS1-MH): A methodological addendum and correction. *International Journal of Methods in Psychiatric Research* 24 (Suppl. 4): 305–313.

Kessler, R. C., M. Angermeyer, J. C. Anthony, R. de Graaf, K. Demyttenaere, I. Gasquet, G. De Girolamo, S. Gluzman, O. Gureje, J. M. Haro, N. Kawakami, A. Karam, D. Levinson, M. E. Elena Medina Mora, M. A. Oakley Browne, J. Posada-Villa, D. J. Stein, C. Him Adley Tsang, S. Aguilar-Gaxiola, J. Alonso, S. Lee, S. Heeringa, B.-E. Pennell, P. Berglund, M. J. Gruber, M. Petukhova, S. Chatterji, und T B. Üstün. 2007. Lifetime prevalence and age-of-onset distributions of mental disorders in the World Health Organization's World Mental Health Survey Initiative. *World Psychiatry* 6 (Suppl. 3): 168–176.

Lambert, M., T. Bock, D. Naber, et al. 2013. Die psychische Gesundheit von Kindern, Jugendlichen und Erwachsenen – Teil 1: Häufigkeit, Störungspersistenz, Belastungsfaktoren, Serviceinanspruchnahme und Behandlungsverzögerung mit Konsequenzen. *Fortschritte der Neurologie – Psychiatrie* 81: 614–672 .

Lorke, M., C. Schwegler, und S. Jünger. 2021. Re-claiming the power of definition – the value of reflexivity in research on mental health at risk. In *Qualitative Research Methods in Mental Health. Innovative and Collaborative Approaches*, Hrsg. M. Borcsa und C. Willig. Berlin/Cham: Springer Nature: 135–166.

Mantell, P. K., A. Baumeister, H. Christ, S. Ruhrmann, und C. Woopen. 2019. Peculiarities of health literacy in people with mental disorders: A cross-sectional study. *International Journal of Social Psychiatry* 66 (1): 10–22. https://doi.org/10.1177/0020764019873683.

Schmitz-Luhn, B., F. Jessen, und C. Woopen. 2019. Recht und Ethik der biomarkerbasierten Risikoprädiktion einer Alzheimer-Demenz. *Deutsches Ärzteblatt* 116 (37): 1592–1596.

Sørensen, C., S. van den Broucke, J. Fullam, G. Doyle, J. Pelikan, Z. Slonska, und H. Brand. 2012. Health literacy and public health: A systematic review and integration of definitions and models. *BMC Public Health* 12 (Suppl.1): 80–92.

Statistisches Bundesamt. 2017. Fachserie 12 Reihe 7.2.1: *Gesundheit – Krankheitskosten*. Wiesbaden: Statistisches Bundesamt.

Woopen, C. 2015. Gesundheitskompetenz. In *Handbuch Bioethik*, Hrsg. D. Sturma und B. Heinrichs, 280–286. Stuttgart: Metzler.

Teil I
Psychische Erkrankungen
im Wandel der Zeit

Das Verständnis psychischer Krankheit im historischen Wandel. Psychiatrische Einweisungspraxis im „Dritten Reich", der frühen DDR und der Bundesrepublik

Stefanie Coché

1 „Bis man von einem der eigenen Familie sage, er sei geistig nicht mehr normal, braucht das wohl so seine Zeit"

Dieses Zitat stammt aus der psychiatrischen Krankenakte Martina R.s von 1946.[1] Die Schwiegermutter der Patientin kommentierte damit ihre eigene Rolle bei der Einweisung Martina R.s in eine psychiatrische Anstalt. Die Frage nach der Definition von „Normalität" und damit nach der Zugehörigkeit zur Mehrheitsgesellschaft stellt sich wohl selten so deutlich wie an der Schwelle zur Anstalt. Hier wird entschieden, wer aus Gründen der Sicherheit, der Krankheit oder der Unangepasstheit für einen mehr oder minder begrenzten Zeitraum räumlich von der Gesellschaft getrennt wird. Die besondere Relevanz der Frage, ob ein Mensch psychiatrisiert und in eine Anstalt eingewiesen wird, liegt darin, dass es sich hierbei um eine der folgenreichsten „Verhandlungen" über Normalitätsstandards in modernen Gesellschaften handelt. In diesem Prozess wird über die Freiheit, Autonomie und Lebenschancen von Individuen ebenso befunden wie über das gesellschaftliche Verständnis von Krankheit und Gesundheit, Normalität, Sicherheit und „Sittlichkeit". Wie eine solche Einweisungsentscheidung während des Zweiten Weltkrieges und bis in die 1960er-Jahre in der Bundesrepublik und DDR gefällt wurde, habe ich in meinen Forschungen untersucht (Coché 2017).[2]

---

[1] Alle Patientennamen wurden von der Autorin anonymisiert.

[2] Der Artikel präsentiert in stark verkürzter Form Ergebnisse der Studie. Für detailliertere Ausführungen sowie Belege und weiterführende Literatur siehe ebd.

S. Coché (✉)
Fachbereich Geschichts- und Kulturwissenschaften, Justus-Liebig-Universität Gießen, Gießen, Deutschland
E-Mail: stefanie.h.coche@geschichte.uni-giessen.de

© Der/die Autor(en), exklusiv lizenziert an Springer-Verlag GmbH, DE, ein Teil von Springer Nature 2023
P. Mantell et al. (Hrsg.), *Psychische Erkrankungen als gesellschaftliche Aufgabe*, Schriften zu Gesundheit und Gesellschaft – Studies on Health and Society 5, https://doi.org/10.1007/978-3-662-65515-3_2

9

Das Verständnis psychiatrischer Erkrankungen im historischen Wandel lässt sich an Einweisungsentscheidungen gleichsam exemplarisch ablesen. Denn in eine Einweisung sind zahlreiche, sehr verschiedene Akteure involviert. Hierzu gehören der Patient selbst, seine Familie, sein soziales Umfeld – z. B. Nachbarn, Lehrer, Freunde oder Bekannte –, Ärzte mit unterschiedlichen Spezialisierungen sowie bei Zwangseinweisungen zusätzlich Polizei und/oder Gerichte. Mit den teils sehr unterschiedlichen Auffassungen all dieser Beteiligten über die Notwendigkeit und die Begründung eines Anstaltsaufenthalts und das damit einhergehende sich wandelnde Krankheitsverständnis befasst sich dieser Beitrag.

Im Folgenden wird gezeigt, dass Vorstellungen von Krankheit, Gesundheit, Normalität und Gefahr eine zeitgebundene Konstruktion sind. Es werden sechs Parameter beispielhaft ausgeführt, von denen die Entscheidung für eine psychiatrische Unterbringung Mitte des 20. Jahrhunderts maßgeblich abhing:

1. Geschlecht
2. Schicht
3. Leidbedingte Behandlungsnachfrage
4. Alter
5. gesellschaftliche, politische und ökonomische Rahmenbedingungen und
6. der Zwang zur eindeutigen „wissenschaftlichen" Zuordnung.

2   Geschlechtsspezifische Normalitätsstandards

Einweisungsargumentationen hingen in den 1940er- bis 1960er-Jahren unmittelbar mit der gesellschaftlichen Erwartungshaltung an geschlechtsspezifische Normalitätsstandards zusammen. Dementsprechend waren die Einweisungsargumentationen der Familien und des sozialen Umfelds genderspezifisch und zwar auf sehr ähnliche Weise im „Dritten Reich", in der DDR und der Bundesrepublik. Martina R.s Einweisung, die hier eingangs schon erwähnt wurde, kann als typisch für die Einweisung von Frauen angesehen werden. Ihre Familie führte im Kern zwei Punkte an: erstens einen Wutanfall Martina R.s gegenüber ihrem jüngsten Sohn und zweitens ihren Unwillen, ihre Rolle im Haushalt auszufüllen. Dies ist eine geradezu klassische Argumentation im Zuge der Einweisung von Frauen. Bei Männern hingegen war ein vergleichbares Verhalten nicht hinreichend, um die Grenzen der Toleranz im sozialen Nahbereich zu sprengen, wie entsprechende Einweisungsunterlagen männlicher Patienten zeigen.

Aber nicht nur die Familien nutzten die Anstalten genderspezifisch, sondern auch Polizei und Ärzte. So wurden während des Zweiten Weltkrieges Frauen aus der Unterschicht, die an einer venerischen Krankheit litten, regelmäßig prophylaktisch in Heil- und Pflegeanstalten zwangsuntergebracht. Die Unterbringungsargumentation zielte hierbei auf die Gefährdung der öffentlichen Sicherheit: Es bestünde die Gefahr, so hieß es, dass die Frau die Geschlechtskrankheiten durch ihr als abartig deklariertes Sexualverhalten übertragen würde. Diese Argumentation gab es ausschließlich bei Frauen (Coché 2017, S. 129; Lindner 2002, S. 222). Medizinisch war natürlich bekannt, dass Geschlechtskrankheiten von Männern und Frauen übertragen werden. Entscheidend war hier jedoch die soziale Zuschreibung: Frauen aus der Unterschicht galten per se als Gefahrenträger bei venerischen Krankheiten. Allerdings gilt es in diesem Zusammenhang, die enge Verknüpfung der Kategorien Geschlecht und Schichtzugehörigkeit zu beachten.

3   Schichtzugehörigkeit

So kann gezeigt werden, dass bei der Behandlung geschlechtskranker Frauen während des Zweiten Weltkrieges entlang der Kategorie Schichtzugehörigkeit differenziert wurde: Geschlechtskranke Frauen aus der Mittelschicht wurden von den Ärzten nicht unbefristet zwangseingewiesen. Ganz im Gegenteil: Häufig wurde ihnen sogar eine Erholungskur verschrieben, um sich von Krankheit und Behandlung zu regenerieren. In den 1950er-Jahren löste sich der Nexus zwischen venerischen und psychiatrischen Erkrankungen. Dies war zum einen darauf zurückzuführen, dass Geschlechtskrankheiten zwar im Fokus der Gesundheitsämter blieben, aber nun nicht mehr zu Einweisungen führten. Zum anderen lag dies maßgeblich am medizinischen Fortschritt: Durch die Gabe von Antibiotika traten psychiatrische Spätfolgen von Erkrankungen wie Syphilis deutlich seltener auf. Die Einordnung von Geschlechtskrankheiten wandelte sich so innerhalb weniger Jahre dramatisch, mit nicht zu unterschätzenden positiven Folgen für die Patienten.

Doch nicht nur Ärzte argumentierten schichtspezifisch. Auch die Einweisungsbegründungen durch das familiäre Umfeld waren sowohl während des „Dritten Reiches" als auch in der frühen DDR und Bundesrepublik durch Schichtzugehörigkeit geprägt. Die Einweisungsgründe der Familien unterschieden sich vor allem bei der Unterbringung von Männern. Einweisungen von Männern aus der Unterschicht wurden ausschließlich initiiert, wenn auf physische Gewalt hingewiesen werden konnte. Zwar war dies auch bei Männern aus der Mittelschicht kein ungewöhnliches Einweisungskriterium. Jedoch waren in Familien aus der Mittelschicht auch andere Einweisungsgründe prominent vertreten: So führten besser situierte Familien auch Verschwendertum oder Faulheit als unpassendes Verhalten an. Im Vergleich suchten bürgerliche Familien daher psychiatrischen Rat aufgrund sozial abweichenden Verhaltens geringeren Ausmaßes. Dieser Befund hängt unmittelbar damit zusammen, dass Familien, die eher der Mittelschicht zuzuordnen sind, ein vergleichsweise positives Verhältnis zu psychiatrischen Anstalten und Kliniken hatten. So kontaktierten sie diese von sich aus im Vergleich sehr frühzeitig. Sie vertrauten darauf, dass die Ärzte kompetente Ratschläge gäben und folgten diesen dann bereitwillig.

Auch Martina R.s Familie ist einem bürgerlichen Milieu zuzuordnen. Dementsprechend brauchte ihr soziales Umfeld nur wenige Wochen, um – wie ihre Schwiegermutter es formulierte – von einem Familienmitglied zu sagen, es sei nicht mehr normal und als Konsequenz daraus eine Einweisung in eine psychiatrische Anstalt zu initiieren. Die Tatsache, dass Martina R. überhaupt sofort einen Platz in einer

Anstalt bekam, verweist zugleich darauf, wie sehr der Nutzungsanspruch für psychiatrische Einrichtungen in der Westdeutschen Nachkriegsgesellschaft von der gesellschaftlichen und ökonomischen Stellung der Familie abhing.

Die ersten Jahre nach dem Krieg waren vor allem durch einen Mangel an stationären Plätzen, durch Unterfinanzierung und durch sehr hohe Sterbezahlen gekennzeichnet. Patienten und ihre Familien wurden noch viele Jahre später in akuten Notfällen von Kliniken und Anstalten wegen Überfüllung abgewiesen und mussten auch bei Suizidgefahr oder dringender Behandlungsnotwendigkeit neurologischer Erkrankungen, wie Multipler Sklerose, unter Umständen Monate auf Plätze warten. Martina R. war jedoch Privatpatientin. Ihre herausgehobene Behandlung zeigt sich noch heute in der physischen Präsenz ihrer Krankenakte: Sie ist ungleich dicker als diejenigen der „Normal"-Patienten, die in dieser Zeit häufig kaum einen Arzt zu Gesicht bekamen. Hier zeigt sich nicht nur die Zeitgebundenheit der Behandlung psychiatrischer Erkrankungen, sondern auch ihre Systemgebundenheit: Während die Bundesrepublik die etablierte Trennung zwischen Privat- und Kassenpatienten fortführte, gab es eine solche im sozialistischen Nachbarstaat nicht.

4 Nachfrage nach stationärer psychiatrischer Behandlung

Diese Schwierigkeiten, einen Platz in einer stationären psychiatrischen Einrichtung zu erhalten, verweisen auf einen häufig ausgeblendeten Aspekt: Aus der Gesellschaft heraus bestand eine Nachfrage nach Plätzen in psychiatrischen Einrichtungen. Hier ging es oft um Menschen, die massives psychisches Leid erduldeten und die Hoffnung hatten, in der Anstalt könnte ihr Leid gelindert werden. Der öffentliche Diskurs über psychisch kranke Menschen stand in starkem Kontrast hierzu: Die gesellschaftlich diskutierten Themen beinhalteten nicht selten im Kern die Forderung, psychisch kranke Menschen als Gefahr präventiv aus der Gesellschaft auszuschließen und – eng damit verknüpft – die Angst vor falschen Zwangseinweisungen.

Es ist von zentraler Bedeutung, zu verstehen, dass diese Diskursmuster in der NS-Zeit etabliert wurden: In den Jahren 1933 bis 1945 kam es zu einer Radikalisierung der Einweisungspraxis, die angetrieben wurde von einem omnipräsenten Sicherheitsdiskurs und einem Primat der Ökonomie. Psychisch kranke Menschen galten im öffentlichen Diskurs nur noch als Gefahr und Kostenfaktor. Psychisches Leiden wurde daher kaum noch als Grund akzeptiert, eine von der Gesellschaft gegenfinanzierte Behandlung zu erhalten.

5 Alter

Die Frage, inwiefern der Anspruch auf stationäre psychiatrische Behandlung eingelöst wird, spiegelt implizite Wertsetzungen einer Gesellschaft. Insbesondere alte Menschen, die unter psychiatrischen oder neurologischen Alterserkrankungen litten, rückten hierbei in allen drei Systemen in den Fokus. Während des Zweiten Weltkrieges wurden ältere Menschen tendenziell schnell als Gefahr für die öffentliche Sicherheit eingewiesen: vor allem, weil sie verdächtigt wurden die Verdunklungsvorschriften[3] nicht einzuhalten. Gleichzeitig gehörten sie in der Psychiatrie zum nicht-arbeitenden Teil der Patienten und waren so besonders bedroht, ermordet zu werden, um Plätze für als heilbar eingestufte Patienten frei zu machen. In der Nachkriegszeit wiederum drehte sich die Debatte um die Finanzierung psychiatrischer Behandlungen, die vielfach alten Menschen aus Kostengründen nicht gewährt wurde. Ältere Patienten mit psychiatrischen Beschwerden erhielten in der Nachkriegszeit immer wieder Plätze in Altenheimen statt in psychiatrischen Fachkrankenhäusern, die nicht primär auf die Behandlung ihrer Erkrankung ausgelegt waren, weil die Psychiatrien überbelegt waren. Während des Zweiten Weltkrieges hingegen wurden zum einen alte Menschen, wie erwähnt, schnell durch ihr direktes soziales Umfeld den Behörden gemeldet und psychiatrisiert (Coché 2017). Zum anderen transferierte man die Einwohner von Altenheimen immer wieder in Psychiatrien, um den Raum in den Altenheimen etwa zur Versorgung verletzter Soldaten nutzen zu können, die als wehrhafter Teil der „Volksgemeinschaft" Vorrang hatten (Süß 2003). Während der Kriegszeit gelangten alte Menschen also relativ schnell in die Anstalten und liefen Gefahr, dort ermordet zu werden. In der Nachkriegszeit war es für sie hingegen schwierig, stationäre psychiatrische Behandlung zu erhalten (Coché 2017). Erneut zeigt sich hier ein zügiger Wandel des Anstalts- und Krankheitsverständnisses mit dem Regimewechsel. Zugleich deutet sich auf übergeordneter Ebene ein ausgeprägter Utilitarismus an, der eine Gewährung medizinischer Hilfe und Pflege abhängig machte von dem Beitrag des Einzelnen für die moderne Arbeitsgesellschaft.

6 Einfluss ökonomischer, politischer und gesellschaftlicher Rahmenbedingungen

Im Zusammenhang mit den vier zuvor genannten Aspekten vertrete ich nun als fünften Aspekt die These, dass ökonomische, politische und gesellschaftliche Rahmenbedingungen ganz erheblichen Einfluss darauf haben, inwiefern Menschen sich selbst und ihre Mitmenschen als krank oder gesund einstufen. Die Kriterien hierfür unterschieden sich nämlich in bemerkenswerter Weise bereits in den 1950er-Jahren in Ost- und Westdeutschland. Die DDR und die Bundesrepublik sind im Vergleich besonders aussagekräftig und spannend, da sie sich schnell in unterschiedliche Richtungen entwickelten, obwohl sie beide Nachfolgestaaten des nationalsozialistischen Deutschlands waren.

---

[3] Während des Zweiten Weltkrieges wurden Regelungen zur Verdunklung des Wohnraums eingeführt, um die zielgerichtete Bombardierung der Alliierten zu erschweren. Verstöße gegen die Verdunklungsvorschriften wurden verfolgt und bestraft.

In der Bundesrepublik führten Patienten und ihre Angehörigen nahezu immer Probleme bei der Verrichtung von Erwerbs- oder Hausarbeit als Indikator für Krankheit an. Meines Erachtens ist der Stellenwert von Arbeit in den Einweisungs-argumentationen sehr aussagekräftig für unsere Vorstellungen von Normalität und gesellschaftlicher Inklusion und Exklusion. Gerade die Bedeutung, die Arbeitsüber-lastung und Erschöpfung für Einweisungsentscheidungen hat, weist darauf hin, dass die Psychiatrie in der Gesellschaft auch eine Kompensationsfunktion für un-sere Arbeits- und Leistungsgesellschaft hat.

Nicht nur die Argumentationen von Patienten und ihren Familien signalisieren dies, sondern auch die Kontinuität von medizinischen Krankheitskonzepten und Di-agnosen. Es kann gezeigt werden, dass ein Vorläufer unseres heutigen Stresskon-zeptes die Diagnose Psychopathie ist (Coché 2017, S. 268 ff.). Auch in diesem Zu-sammenhang werden Kontinuitäten zur NS-Zeit sichtbar: Hier etablierte sich ein stigmatisierender, utilitaristischer Psychopathiediskurs, der zur medizinischen Ein-ordnung von Arbeitserkrankungen und Leistungsdefiziten diente. Gerade die utilita-ristischen Elemente finden sich weitgehend ungebrochen auch in der frühen Bun-desrepublik wieder. Dies vermag das Beispiel eines Rentengutachtens aus dem Jahre 1952 zu illustrieren: Die Patientin gab laut dem Gutachten an, nicht mehr ar-beiten zu können, da sie täglich unmittelbar nach Arbeitsende „stets völlig erschöpft, schlapp und schwach gleich ins Bett gegangen" sei (Coché 2017, S. 275). Die ehe-malige Näherin erklärte ihre Erschöpfung so:

> Die Anforderungen in einem modernen Betrieb seien eben zu gross [sic!]. Sie habe das Arbeitstempo nicht mehr mithalten können, zum Schluss habe sie Knöpfe mit der Hand annähen müssen, im Akkord, wobei sie weniger geschafft habe als die jungen Mädchen. Das habe sie gewurmt zumal sie schlechter verdient habe. (Coché 2017, S. 275)

In der Argumentation der Näherin ging es also auch um die Selbstwahrnehmung im Kontext des Arbeitsumfeldes, nicht allein um die Ausübung der Tätigkeit. Es wird deutlich, dass es sich in diesem Fall nicht nur um direkte physiologische Folgen der Arbeit handelt, sondern zum einen um indirekte körperliche Folgen, wie Erschöp-fung, und zum anderen um das Gefühl, dass ihre Arbeit im Vergleich weniger wert sei. Diese nicht untypische Erklärung ist bemerkenswert. Denn die beiden Aspekte, die bereits in den 1940er- und 1950er-Jahren angebracht wurden, – das Gefühl dau-ernder Erschöpfung und der Eindruck, dass die Arbeit von der Umgebung nicht gewürdigt wird – sind auch von hoher Bedeutung für unser Stresskonzept, das sich seit den 1970er-Jahren durchsetzte (Kury 2012).

Im Jahre 1952 fasste der Gutachter seine Einordnung der Beschwerden hingegen so zusammen: „Wenn die Patientin sich auf Grund ihrer Wesensabartigkeit und ihrer Rentenbegehrvorstellungen jetzt für invalide hält, so handelt es sich um abartige persönliche Reaktionsweisen." (Coché 2017, S. 276) Auf heutige Leser wirkt der Kommentar des Gutachters zunächst befremdlich. Abstrahiert man jedoch von der rüden Sprache, werden Kontinuitäten zum später etablierten Stresskonzept sichtbar: Auch in den heutigen Burnout-Zuschreibungen wird in erster Linie das Individuum hinterfragt: Seine Wahrnehmung von Stresssituationen und sein vermeintlich un-produktives Verhalten werden therapiert. Nicht oder nur selten thematisiert, geschweige denn hinterfragt oder als ursächlich betrachtet werden die ökonomischen und gesellschaftlichen Umstände (Kury 2012, S. 223 ff.).

Dies verhielt sich in der DDR grundsätzlich anders. Die ökonomischen und gesellschaftlichen Umstände spielten im Sinne des sowjetischen Vorbilds in der ärztlichen Diagnostik eine deutlich größere Rolle. Gleichzeitig veränderte sich auch die Vorstellung eines gesunden Selbst in der DDR: Arbeitsunfähigkeit wurde – ganz im Gegensatz zur Bundesrepublik – von medizinischen Laien kaum noch als Indikator für Krankheit herangeführt. Dies ist auf zwei Veränderungen zurückzuführen, die die Erwerbsarbeit betrafen. Zum einen veränderten sich in der DDR die Erwerbsbiographien. So war es vielen Menschen aus politischen Gründen nicht möglich, ihren bisherigen oder ihren gewünschten Berufsweg zu verfolgen oder einzuschlagen. Damit dürfte die Identifikation mit der Arbeit für den einzelnen geringer geworden sein. Zum anderen fehlten finanzielle Anreize. Beruflicher Aufstieg führte in der Regel nicht zu mehr Geld. Und selbst wenn dies der Fall war, verhalf das höhere Gehalt nicht unbedingt zu besseren Lebensbedingungen, da die Waren begrenzt waren. Aus diesen Gründen spielte Arbeit für die Konstituierung eines gesunden Selbst in der DDR eine vergleichsweise geringe Rolle.

7   Zwang zur diagnostischen Zuordnung

Wie sich hier zeigt, liegt das Kerngebiet der Psychiatrie an der Grenze medizinischer Expertise sowie gesellschaftlicher und individueller Selbstdeutungen. Damit komme ich zu meinem sechsten und letzten Punkt: Der Anspruch psychiatrischer Experten zielte und zielt stets auf die eindeutige diagnostische Zuordnung und Kategorisierung von Patienten. Dies ist historisch bedingt: Im 19. Jahrhundert hoffte die sich gerade etablierende Profession Psychiatrie „Geisteskrankheiten" kausal auf spezifische Ursachen zurückzuführen und konkrete Heilungsmöglichkeiten zu finden. Diese Hoffnung hat sich nicht erfüllt. Vielmehr gelang es den Psychiatern, sich stattdessen als Kategorisierungsexperten zu etablieren (Engstrom 2003). Denn mit dem Aufbau staatlicher Bürokratie und zunehmendem bürgerlichem Unbehagen angesichts der Ambivalenzen der Moderne, entstand eine große Nachfrage nach psychiatrischen Zuordnungen. Dazu entwickelte nicht nur die deutsche Psychiatrie immer ausgefeiltere Diagnosesysteme.

Trotzdem zeichnen sich psychiatrische Diagnosen oft dadurch aus, dass sie beim selben Patienten häufig unterschiedlich ausfallen. In den zahlreichen von mir analysierten Patientenakten und Diagnosesystemen wird deutlich, dass die Psychiater versuchten, diese Ungenauigkeit durch eine Ausweitung und Vereinheitlichung des Diagnosekatalogs zu kompensieren. Seit den 1950er-Jahren gab es große Bemühungen, ein international anerkanntes, weltweit gültiges Diagnosesystem zu etablieren. Unter anderem begann die bis heute äußerst einflussreiche Diagnoseklassifizierung „Diagnostic and Statistic Manual of Psychiatric Disorders" (DSM) zu dieser Zeit ihren Siegeszug. In der Praxis führten diese Bemühungen jedoch dazu, dass die lokale Vielfalt unterschiedlicher Diagnosen eher zunahm. Die Kliniken und

Anstalten passten nationale sowie internationale Diagnosesysteme pragmatisch an die jeweils lokal vorherrschende Tradition an. Wie Ärzte anderer medizinischer Subdisziplinen bemängelten, führte dies dazu, dass man davon ausgehen konnte, dass die Diagnose eines Patienten von der Wahl der Klinik oder Anstalt abhing (Coché 2017, S. 205). Von den Diagnosen hing und hängt jedoch die Bewilligung von Medikamenten ebenso wie die Deckung der Kosten für stationäre Aufenthalte ab.

Die sechs in diesem Beitrag vorgestellten Parameter – Geschlecht, Schicht, leidbedingte Behandlungsnachfrage, Alter, gesellschaftliche Rahmenbedingungen und Zwang zur eindeutigen „wissenschaftlichen" Zuordnung – verdeutlichen, dass Vorstellungen von Krankheit, Gesundheit, Normalität und Gefahr zeitgebundene Konstruktionen sind. Psychiatrische Diagnosen sind in diesem Sinne nicht in erster Linie objektive, zeitlose medizinische Erfassungen von Krankheitszuständen. Sie transportieren immer auch lokale Traditionen, professionelle Machtkämpfe, politische Rahmenbedingungen sowie gesellschaftliche Ungleichheiten und Stereotype.

Literatur

Coché, S. H. 2017. *Psychiatrie und Gesellschaft. Psychiatrische Einweisungspraxis im „Dritten Reich", der DDR und der Bundesrepublik 1941–1963.* Göttingen: Vandenhoecke & Ruprecht.

Engstrom, E. E. 2003. *Clinical Psychiatry in imperial Germany. A History of Psychiatric Practice.* Ithaca: Cornell University Press.

Kury, P. 2012. *Der überforderte Mensch. Eine Wissensgeschichte vom Stress zum Burnout.* Frankfurt am Main: Campus.

Lindner, U. 2002. Unterschiedliche Traditionen und Konzepte. Frauen und Geschlechtskrankheiten als Problem der Gesundheitspolitik in Großbritannien und Deutschland. In *Ärztinnen – Patientinnen. Frauen im deutschen und britischen Gesundheitswesen des 20. Jahrhunderts.* Hrsg. dies. und M. Niehuss, 215–242. Köln: Böhlau.

Süß, W. 2003. *Der „Volkskörper" im Krieg. Gesundheitspolitik, Gesundheitsverhältnisse und Krankenmord im nationalsozialistischen Deutschland, 1939–1945.* München: Oldenburg.

Figuren mit psychischen Störungen in der aktuellen Film- und Fernsehdramaturgie

Eva-Maria Fahmüller

1 Einleitung

Die Themen Psychose, Depression und Psychiatrie werden in einer ganzen Reihe von internationalen Filmklassikern wie *A Beautiful Mind* (USA 2001) und *One Flew Over the Cuckoo's Nest* (USA 1975) behandelt. Dem Publikum sind deutsche Produktionen wie *Das weiße Rauschen* (D 2002) oder *Vincent will Meer* (D 2015) in Erinnerung geblieben. Darüber hinaus gibt es zahlreiche wissenschaftliche Interpretationen zu Filmfiguren mit psychischen Krankheiten. Kern dieser Analysen sind in der Regel der Spielfilm und sein jeweiliger innovativer Ausdruck. Die Interpretation und Klassifikation von psychischen Störungen so unterschiedlicher Kinohelden wie Professor Unrat (*Der blaue Engel*, D 1930), Travis Bickle (*Taxi Driver*, USA 1976) oder Léon (*Léon – Der Profi*, F/USA 1994) ist Gegenstand der Arbeiten von Psychoanalytikern, Therapeuten und Ärzten.[1]

Eine ausführliche Analyse, speziell von Täter- und Ermittlerfiguren mit psychischer Störung im aktuellen deutschen Krimi inklusive einer Betrachtung aktueller Trends auch im Serienbereich, enthält der Essay der Autorin: *Geniale Psychopathen, labile Kommissare. Figuren mit psychischen Störungen im aktuellen deutschen Krimi* (Fahmüller 2015).

---

[1] Beispielhaft für viele andere werden hier die folgenden Bücher angeführt:
Frankenstein und Belle de Jour. 30 Filmcharaktere und ihre psychischen Störungen (Doering und Möller 2008), *Batman und andere himmlische Kreaturen. Nochmal 30 Filmcharaktere und ihre psychischen Störungen* (Doering und Möller 2010), *Filme auf der Couch. Psychoanalytische Interpretationen* (Wohlrab 2006), *Film und Psychoanalyse. Kinofilme als kulturelle Symptome* (Laszig und Schneider 2008).

E.-M. Fahmüller (✉)
Master School Drehbuch, Berlin, Deutschland
E-Mail: fahmueller@masterschool.de

P. Mantell et al. (Hrsg.), *Psychische Erkrankungen als gesellschaftliche Aufgabe*, Schriften zu Gesundheit und Gesellschaft – Studies on Health and Society 5, https://doi.org/10.1007/978-3-662-65515-3_3

Psychische Krisen werden bei Film- und TV-Figuren jedoch wesentlich häufiger erzählt, als es diese erste Assoziation vermuten lässt. Figuren in Lebenssituationen, in denen Emotionen wie Angst, Wut oder Trauer, Enttäuschungen oder Schuldgefühle dominieren sind dramaturgischer Standard. Dabei werden diese Figuren an ihre Grenzen und gegebenenfalls auch darüber hinaus geführt: Keine Serie ohne Opfer und Angehörige, die angesichts der erlebten Gewalt um ihr inneres Gleichgewicht ringen. Und der Kriminelle im TV-Krimi ist selten ein einfacher Dieb, sondern häufig und in fast schon selbstverständlicher Weise ein psychisch entgleister Serienmörder.

Mit der Darstellung dieser Aspekte gehen TV- und Kinofilme höchst unterschiedlich um. Im TV steht selten eine Hauptfigur im Mittelpunkt, bei der eine langwierige psychische Erkrankung explizit erzählt wird. Ein möglicher Grund dafür könnte sein, dass dies den Fernsehmachern zu düster und schwierig erscheint, um eine dem jeweiligen Programmplatz angemessene Quote zu erreichen. Im TV geht es deshalb oftmals um exogen ausgelöste Krisen oder um Störungen, die sich nur partiell auf das Arbeits- und Sozialleben auswirken. Darunter fallen auch die Störungen vieler Ermittlerfiguren in TV-Serien, die trotz ihrer Labilitäten oder vielleicht sogar gerade deshalb in der Lage sind, ihren Beruf auszuüben und Kriminalfälle aufzuklären. Bei einer Kino-Auswertung bestehen hingegen mehr Möglichkeiten, dramaturgisch und emotional schwierige Geschichten für ein in der Regel kleines Publikum zu erzählen. So kommt es, dass fast nur mit Kinofilmen versucht wird, dem Zuschauer Figuren mit schwerwiegenden psychischen Störungen als Hauptfiguren näherzubringen. Es gibt derweil eine Tradition kleiner deutscher Dramen, die Geschichten über psychische Störungen erzählen wie *Das weiße Rauschen*, *Requiem* (D 2006) oder *Hirngespinster* (D 2014).

Dabei stehen all diese Geschichten aufgrund der besonderen Situation und Symptomatik ihrer Figuren vor ähnlichen dramaturgischen Fragen:

Visualisierung
Welche unterschiedliche Wirkung entsteht – je nachdem ob in Filmen das starke innere Erleben der erkrankten Figur in Bilder übersetzt wird – oder eben nicht?

Ziel und Aktivität
Nach welchen Vorgaben lassen sich Bewegung und Entwicklung einer Handlung konstituieren – insbesondere bei Hauptfiguren, die unter lähmenden Symptomen leiden?

Motivation und Backstory
Wie können komplexe, zum Teil unerklärbare Prozesse wie die Entstehung der Krankheit und das Verhalten von Figuren nachvollziehbar motiviert werden?

Empathie
Bezüglich der Störung des sozialen Erlebens bis hin zu Ablehnung oder Aggression: Wie lässt sich eine Figur so gestalten, dass der Zuschauer Empathie empfindet und ihre Geschichte teilt? In diesen Bereich fällt auch die Ausgestaltung von Figuren mit *besonderen Stärken* und *besonderen Schwächen*.

Grundsätzlich sind Filmgeschichten, die von Figuren mit psychischen Störungen erzählen, im Spannungsfeld zwischen Wirklichkeitsnähe und deren Dramatisierung angesiedelt. Auf der einen Seite soll eine Realität der Krankheit vermittelt werden – dabei definiert jeder Film diese Realität auf seine eigene Art. Andererseits geht es darum, den Zuschauer durch ein bestimmtes Maß an Dramatisierung emotional anzusprechen und in das Geschehen zu verwickeln.

Eine ganz eigene Antwort auf diese dramaturgischen Fragen findet sich in filmischen Konstrukten, in denen eine Figur mit psychischer Störung nicht als Protagonist, also als die zentrale Hauptfigur, die durch die Geschichte führt, auftritt, sondern als *Antagonist*, also als deren Gegenspieler. Diese Krimi- und Thriller-Figuren sind Ausdruck menschlicher Ängste. Sie haben nicht die Funktion, eine psychische Störung möglichst realistisch darzustellen.

Dieser Aufsatz zeigt im Folgenden anhand von Film und TV-Beispielen, welche unterschiedlichen Antworten auf die genannten dramaturgischen Fragen möglich und in aktuellen Formaten gängig sind. Letztlich geht es dabei immer um die Wirkung, die die jeweiligen dramaturgischen Entscheidungen auf die Wahrnehmung des Zuschauers haben.

2 Visualisierung

Die Geschichte einer Erkrankung ist oft subjektiv geprägt und lässt sich einem gesunden Zuschauer nur schwer verständlich machen. Dazu zwei Beispiele aus deutscher Produktion:

Das weiße Rauschen zeigt die Wahnerlebnisse des schizophrenen Protagonisten Lukas auch durch Farbveränderungen und Stimmen. Der Film wagt die Herausforderung, optische und akustische Halluzinationen filmisch umzusetzen. Der Zuschauer soll einen Einblick in die Innenwelt und das Leiden des Protagonisten erhalten.

Eine ganz andere Wirkungsabsicht verfolgt der Film *Requiem*. Angelehnt an den realen Fall der Anneliese Michel aus den 70er-Jahren erzählt der Film die Geschichte einer jungen Frau, die zu einer bestehenden Epilepsie dissoziative Symptome entwickelt und sich am Ende freiwillig einem Exorzismus unterzieht. Der Film fokussiert mit einem naturalistischen Blick von außen auf die Figur die Hilflosigkeit der Studentin Michaela, ihrer Familie und Freunde angesichts ihres psychotischen Erlebens und ihres Abdriftens in religiöse Wahnvorstellungen. Der Zuschauer hat bei *Requiem* keine direkte Möglichkeit, Michaelas Gefühle nachzuvollziehen und bleibt distanziert. Die unterschiedliche Wirkungsabsicht von *Requiem* wird auch an den nüchternen Dialogen und knappen Szenen deutlich. *Requiem* erzählt vor allem von der Ratlosigkeit der Figuren angesichts der Erkrankung. Demgegenüber versucht *Das weiße Rauschen* Symptome der psychischen Störungen für den Zuschauer sicht- und hörbar zu machen. Es wird versucht, dem Zuschauer die Erkrankung näher zu bringen. Die visuelle oder akustische Umsetzung der Wahrnehmung des Erkrankten prägt dabei Inhalt und Aussage der Geschichte entscheidend.

Im Gegensatz zu Wahrnehmungsstörungen lassen sich andere Symptome aus dem Bereich des inneren Erlebens wie Gefühle der Lähmung oder der Angst allerdings nur schwer in Bilder oder Töne übersetzen und für ein unmittelbares Publikumsverständnis aufbereiten.

3   Ziel und Aktivität

Viele Figuren verhalten sich aufgrund ihrer Erkrankung passiv und sind so nur wenig geeignet, die Handlung aktiv voranzutreiben. Zudem steht am Ende der erzählten Zeit zwar gegebenenfalls die Hoffnung auf Besserung oder Behandlung, aber keine große und bewegende Entwicklung. Dabei handelt es sich vor allem um emotional wirkungsmächtige Geschichten, die sich an die universale Erzähltradition der Heldenreise anlehnen: Eine aktive Hauptfigur durchlebt ein Abenteuer und geht am Ende geläutert daraus hervor.

Einige Filme geben der Hauptfigur aus diesem Grund ein externes Ziel, dem die Krankheit als antagonistische Kraft entgegensteht. So bemüht sich beispielsweise in *Requiem* die Hauptfigur Michaela trotz zunehmender Symptome darum, ein Studium der Sozialpädagogik in Tübingen zu absolvieren. Ihre innere Entwicklung ist allerdings rückläufig. Je mehr sie sich für ihr Studium unter Druck setzt, desto schwieriger wird ihre psychische Situation. Der Film endet mit ihrem Tod als Tragödie.

Einfacher ist der Umgang mit Ziel und Aktivität in Filmen, in denen es nicht um ausgeprägte Störungen geht, sondern um Figuren, die in exogen bedingte Krisensituationen geraten und sich am Ende zumindest ein Stück weit wieder daraus befreien. In diesen Fällen bleiben die Figuren einigermaßen handlungsfähig. Sie kämpfen um die Lösung ihres externen Problems oder um die Rückkehr aus der Krise in den Alltag. Im TV werden psychische Störungen fast ausschließlich in dieser Form erzählt. In dem für den Grimme-Preis nominierten Film *Nacht vor Augen* (D 2008) versucht der deutsche Soldat David, sich nach der Rückkehr von einem Einsatz in Afghanistan in seiner früheren Lebenswirklichkeit zurechtzufinden und mit traumatisierenden Erlebnissen umzugehen; *Mobbing* (D 2012) erzählt die Geschichte vom Familienvater Jo, der unter zunehmenden Schwierigkeiten mit seiner neuen Vorgesetzten leidet und versucht, angesichts der großen psychischen Belastung seine Ehe mit Anja zu retten.

Beide Dramen erzählen von Figuren, die in akute psychische Krisen geraten. Sie haben mit Symptomen wie Schlafstörungen, innerem Rückzug, sozial unangepasstem Verhalten, Reizbarkeit oder Ähnlichem zu kämpfen. Dabei ist die Krise dem Genre Drama immanent, auch wenn die Spannbreite des Genres weit gefasst ist und von Melodram bis Sozialdrama reicht. Eine Gemeinsamkeit der Geschichten sind Figuren in Extremsituationen. Der Protagonist gerät in ein Abenteuer und wird dabei mit seinen Grenzen konfrontiert. Er ist gezwungen, Gewohnheiten, Hemmnisse und Ängste zu überwinden und reift dadurch beispielhaft an großer Gefahr. Die Extremsituation kann so stark sein, dass er dadurch in eine psychische Krise gerät.

Die Krise dient dabei vor allem der dramatischen Zuspitzung des Problems, das in der Geschichte thematisiert wird. Im Sinne einer realitätsnahen Anbindung an die Lebenswirklichkeit der Zuschauer beziehen sich zahlreiche Dramen auf gesellschaftlich relevante Milieus, Entwicklungen oder Problemstellungen. Die psychische Krise wird als integraler Bestandteil einer schwierig zu bewältigenden Realität gezeigt. Gängige Themenfelder sind zurzeit unter anderem: Burn-Out, Kinder und Erziehung (von ADHS bis zu Heimkindern in den 60er-Jahren), Demenz, deutsche Soldaten, der Zweite Weltkrieg und die Aufarbeitung der DDR.

4 Motivation und Backstory

Aufgrund der begrenzten Erzählzeit in Spielfilmen bleibt nur wenig Raum, um einen – in der Realität gegebenenfalls nicht fassbaren – Erkrankungsprozess nachvollziehbar zu gestalten. Viele Filme klammern diese Frage deshalb bewusst aus und gehen nicht explizit auf etwaige Auslöser einer Störung ein. Beispielsweise der Film *Das Fremde in mir* (D 2008), in dem die postnatale Depression der Hauptfigur keine individuelle Herleitung erfährt.

Andere greifen auf ein auslösendes Trauma als Standard zurück. Vor allem im TV sind Filme, die die Bewältigung einer traumatischen Vergangenheit erzählen, deutlich überrepräsentiert. So wurde die Entsendung deutscher Soldaten in Kriegsgebiete wie Somalia, Afghanistan oder den Irak mehrfach von verschiedenen Filmemachern aufgegriffen (vgl. Tittelbach 2011). Die *Rheinische Post* schreibt am 14.11.2014 ganz lapidar:

> Nachdem in Afghanistan die ersten Soldaten ausländischer Truppen gefallen waren, griffen etliche Drehbuchschreiber das Thema Krieg erneut auf. Krieg und posttraumatische Belastungsstörung bieten immer die Chance für einen 90-Minüter im TV. (Rheinische Post 2014)

Die Häufigkeit von Traumaerzählungen im deutschen Fernsehen lässt sich jedoch nicht nur im Zusammenhang mit dem Aufkommen entsprechender Sachthemen betrachten. Das Trauma im Sinne eines überwältigenden Lebensereignisses mit dem Potential, psychische Folgestörungen auszulösen, harmoniert auch aus dramaturgischen Gründen mit der Erzählform des Dramas: Im Gegensatz zu anderen psychischen Störungen wie der Depression kann eine aktive, weitgehend in die Gesellschaft integrierte Hauptfigur erzählt werden. Dem Medium Film kommt außerdem besonders entgegen, dass das traumatische Ereignis sich im Gegensatz zu oft nicht fassbaren, häufig komplexen Auslösern, die bei der Genese anderer psychischer Störungen wie Depression oder Schizophrenie maßgeblich sind, deutlich abgrenzen lässt.

Dabei ist das traumatische Ereignis in manchen Filmen als Vorgeschichtenverletzung (Backstorywound), also vor dem eigentlichen Geschehen angesiedelt. Dadurch kommt es zu Beginn der Filmhandlung zu einer Situation, die mit einer Retraumatisierung vergleichbar ist. So trifft in dem für den Grimme-Preis nominierten Film *Es ist nicht vorbei* (D 2011) Carola Weber nach 20 Jahren zufällig ihren größten Peiniger aus dem DDR-Frauengefängnis Hoheneck wieder. Sie ist ihren Erinnerungen ausgesetzt und kämpft gleichzeitig gegen eine Machtstruktur, der sie als einzelne erneut hilflos gegenübersteht.

Möglich ist auch, dass der traumatische Moment zu Beginn der Frontstory als auslösendes Ereignis platziert ist. In *Der letzte schöne Tag* (D 2012) steht der Selbstmord von Sybille Langhoff am Anfang. Es geht um den Ausnahmezustand, in dem sich die Familie in den ersten Tagen nach dieser schockierenden Nachricht befindet. In beiden Fällen, bei der Traumatisierung als Backstorywound wie bei der Platzierung als auslösendes Ereignis, geht es um die Hoffnung, dass die betroffenen Figuren im Laufe der Geschichte einen Zustand erreichen, der zeigt, dass sie das Geschehen verarbeitet haben und dass ihr weiteres Leben relativ unabhängig davon verlaufen kann.

Bemerkenswert ist außerdem, dass zahlreiche Filmgeschichten von kollektiven Traumata wie dem Holocaust erzählen oder stellvertretend für typische seelische Verletzungen stehen. So handelt der Film *Und alle haben geschwiegen* (D 2012) von Heimkindern in den 60er-Jahren und deren Gewalterfahrungen. Solche Filme sind Teil einer Erinnerungskultur, die historisches Geschehen bewahrt, aber auch verdichtet und interpretiert, das heißt entsprechend der Perspektive und Haltung des Filmemachers deutet und weitererzählt. Besonders offensichtlich wird dies an der intensiven Mediendiskussion, die so gut wie jeden Kinofilm und TV-Beitrag kritisch begleitet, der sich mit dem Dritten Reich auseinandersetzt.[2] Diese Filme prägen und verändern jedoch nicht nur das gesellschaftliche Verständnis. Auch für einzelne Betroffene haben sie unter Umständen eine entlastende Wirkung, weil Elemente der eigenen Lebensgeschichte in ein dramatisches Narrativ gefasst sind.

5   Empathie

Manchmal bemühen sich die Angehörigen im Film mit all ihrer Kraft um den Erkrankten. Sie können ihre Hilflosigkeit kommunizieren und sind deshalb für den Zuschauer nachvollziehbarer als die eigentliche Hauptfigur.[3] Deshalb wählen einige Filme eine streng personale Perspektive. Auch in *Requiem* hört und sieht der Zuschauer in (fast) jedem Moment des Films dasselbe wie die Hauptfigur und wird so relativ eng an ihre tragische Erlebniswelt gebunden. Gleichzeitig hat er keine Möglichkeit, ihre Innenwelt wahrzunehmen. Auch anderen Figuren gegenüber öffnet sich die Hauptfigur Michaela nur selten, so dass auch der Dialog über ihr Empfinden nur wenige Informationen vermittelt. So wie in *Requiem* werden dem Zuschauer

---

[2] Dies wird unter anderem deutlich an der journalistischen Diskussion, die Filme wie *Der Untergang* (D/I/RUS/Ö 2004), *Inglorious Basterds* (USA/D 2009) oder *Unsere Mütter, unsere Väter* (D 2012) begleitet hat.

[3] So entwickelt der Zuschauer in *Helen* (USA 2009) phasenweise weniger Empathie für die an einer Depression erkrankte Hauptfigur Helen, als für ihren verständnisvollen Mann David. Damit erschwert der Film die emotionale Beteiligung: Geht es um Helen, geht es um David? Soll ein Innen- oder Außenbild der Depression oder beides auf einmal vermittelt werden?

in vielen um Realitätsnähe bemühten Filmen nur wenige Empathie-Angebote zum Mitfühlen mit der gestörten Figur gemacht.

Ganz anders ist der Film *A Beautiful Mind* angelegt. Die Hauptfigur, der geniale und schizophrene Mathematiker John Nash, entwickelt nach ersten mathematischen Erfolgen zunehmend Wahnvorstellungen. Er besitzt alle Attribute, um größtmögliches Mitgefühl zu erzeugen. Schon zu Beginn – im Gespräch mit Charles – wird deutlich, dass John unter seiner Beziehungsarmut leidet. John versucht dies durch seine besondere Stärke, seinen mathematisch arbeitenden Verstand zu kompensieren. Damit verfügt er über Anlagen, die ihn von ‚normalen Kranken' abheben und die bewundernswert sind: Klugheit und Leidenschaft. Dies erhöht den emotionalen Faktor, bedeutet aber auch die Anlehnung an das Stereotyp von ‚Genie und Wahnsinn'.

Im Kontrast dazu stehen seine Krankheit und die damit verbundene Unfähigkeit, menschlich angemessen zu agieren. Doch auch dies wird auf besondere Weise erzählt. John ist immer radikal offen und ehrlich. Sogar bei der Nobelpreisrede spricht er seine Wahnvorstellungen an. Er wird außerdem als überaus friedfertig gezeigt. Während eines Schubes ist er unfähig, seiner Frau Alicia etwas anzutun, obwohl ihm die Stimmen genau dies befehlen. Er hat Einsicht in dieses Dilemma, leidet darunter und weckt beim Zuschauer Mitgefühl. Nachdem er den Nobelpreis erhalten hat, gibt er in seiner Dankesrede die gesellschaftliche Anerkennung als persönliche an Alicia weiter. Er bezeichnet die Liebe als wichtigste Entdeckung seiner Karriere. „– *Ich bin heute Abend nur deinetwegen hier, du bist der Grund meines Lebens, du bist mein einziger Grund.*" Mehr Liebeserklärung geht nicht!

Die Behauptung, dass psychische Störungen und Kreativität eng verknüpft sind – bis hin zur größtmöglichen öffentlichen Ehrung am Ende von *A Beautiful Mind* – verklärt, überhöht, harmonisiert einerseits das Leid und die sozial eher schwierige Situation vieler Erkrankter. Dadurch ist der Film aber andererseits in der Lage, die größtmögliche emotionale Beteiligung des Zuschauers zu erzeugen. Er lenkt den Blick darauf, dass Depression oder Schizophrenie nicht nur Kummer und Elend bedeuten, sondern dass auch andere Erfahrungen stattfinden können.

Insgesamt lässt sich festhalten, dass Dramen, in denen Figuren in psychischen Krisen auftreten, trotz der starken und damit einseitigen Konzentration auf Traumaerzählungen zur Entstigmatisierung psychisch Kranker beitragen. Denn es geht um gesellschaftlich bedingte Geschehnisse, die jeden treffen können. Gerade das Drama macht in einer realitätsnahen Tonalität nachvollziehbar, dass alle Menschen unter Druck von außen in psychische Krisen geraten können, welche Symptome sie entwickeln und wie sie sich bemühen, ihre Situation zu überwinden.

5.1 Besondere Stärken

Auch in TV-Krimis treten derweil im Kontext psychisch kranker Figuren vermehrt „geniale" Figuren auf. Oftmals haben sie einen psychologischen oder psychiatrischen Hintergrund zum Beispiel als Profiler. Ihre stereotypen Stärken sind: Sie verfügen über ein beeindruckendes Fall- und Fachwissen. Zumeist sind sie genauso genial wie die Täter, die sie verfolgen. Ihre Methode ist die der logischen Deduktion in der Tradition der Kunstfigur Sherlock Holmes. Sie erstellen aus winzigen Details, die über den Mörder bekannt sind, umfangreiche Psychogramme. Sie simulieren mit Vorliebe die Situation des Verbrechens, um sich in die Psyche von Täter und Opfer einzufühlen.

Geschichten mit Profilern oder Ermittlern mit psychologischem oder psychiatrischem Hintergrund erzählen von der vollständigen Enträtselung der menschlichen Psyche – einer offensichtlich geheimnisvollen und nur schwer kontrollierbaren Welt. Es geht darum, die Motivation, die Denk- und Gefühlsweise des Täters möglichst vollständig zu dechiffrieren. Sobald der Täter mit rationalen Methoden identifiziert und gefasst ist, endet der Krimi. Das zunächst unverständliche Handeln des Täters ist dann als in sich schlüssig aufgeklärt, auch wenn er aufgrund persönlicher Erfahrungen einen falschen, weil kriminellen Bezug zur Realität entwickelt hat. Der weitere Umgang mit seiner Störung oder die Suche nach Möglichkeiten, die seine Beschwerden lindern, werden nicht mehr thematisiert.

Bemerkenswert ist daran allerdings, dass das Menschenbild des vernunftorientierten Psycho-Ermittlers häufig Elemente der Entfremdung enthält. Die Konzentration auf die Ratio hat problematische Auswirkungen auf den Charakter des Ermittlers: Nicht nur Profiler, Psychologen und Psychiater in Krimis erleben die Grenzen ihres großen Denk- und Arbeitsvermögens regelmäßig an sich selbst.

Allerdings traten im deutschen TV-Krimi noch lange eher warmherzige Helfer-Figuren mit Verständnis und/oder Humor auf wie der Psychiater und Psychotherapeut Dr. Maximilian Bloch (*Bloch*, SWR/WDR 2002–2013) oder der Kriminalpsychologe Vince Flemming (*Flemming*, ZDF 2009–2012). Doch inzwischen hat sich das beschriebene intellektuelle Muster fast durchgängig etabliert. Die Krimi-Reihe *Neben der Spur*, deren erste Folge *Adrenalin* (D 2015) am 23.02.15 auf dem Sendeplatz „Fernsehfilm der Woche" im ZDF ausgestrahlt wurde, ist ein typisches Beispiel dafür. Im Zentrum steht Psychiater Dr. Johannes „Joe" Jessen als Helfer der Polizei. Natürlich ist auch Jessen in der Lage, marginale Details zu einem Gesamtbild zu interpretieren. Er führt sich typgemäß als Enträtseler anderer Menschen ein:

> Ich weiß, wer Sie sind. Sie sind ein Junge vom Land, der es in die große Stadt geschafft hat. Kein Ring am Finger, Kaffeeflecken auf dem Hemd. Ich glaube, Sie sind verwitwet oder geschieden. Nach der Arbeit belohnen Sie sich mit zwei Bier. Sie haben Schwierigkeiten Ihr Gewicht zu halten, seit Sie nicht mehr rauchen und stattdessen Kaugummi kauen. Und zuletzt haben Sie in Italien Urlaub gemacht (*Adrenalin*, D 2015).[4]

Jessen legt Wert darauf, als Psychiater wahrgenommen zu werden und betont damit seine fachärztliche Eignung; er korrigiert sein Gegenüber sobald er als Psychologe bezeichnet wird. Er wird zwar als Verfasser von Gutachten benannt, doch man sieht nicht wie er Medikamente verschreibt oder Einweisungen anordnet. Der Zuschauer erlebt ihn als einen klugen Mann, der seinen Beruf sehr ernst nimmt, insbesondere als er dabei auf einen Mörder mit Persönlichkeitsstörung trifft. Doch seine Haltung und Behandlungsmethoden bleiben gegenüber der Schwere des Falls lange Zeit un-

---

[4]Aussage Jessens zu Kommissar Vincent Ruiz, als er ihn zum ersten Mal sieht.

angemessen zurückhaltend und theoretisch. Die lebenspraktische Hemmung Jessens spiegelt sich auch in der Darstellung seines Privatlebens. Während er seine Patienten zum Dialog auffordert, kann oder will er selbst nicht sprechen: über die Angst-Erkrankung seiner Mutter und ihren daraus resultierenden Unfalltod, über seine Parkinson-Erkrankung, seine Eheprobleme inklusive seiner Affäre. Der geniale Jessen laviert selbst an der Grenze einer psychischen Störung.

5.2   Besondere Schwächen

Wie am Beispiel von Dr. Johannes „Joe" Jessen gezeigt, ist ein zurzeit gängiges Muster, dass Kommissare derweil selbst vermehrt unter Ambivalenzen, psychischen Labilitäten, Krisen und Störungen leiden. Dazu ist anzumerken, dass die Auflösung der heldenhaften, redlichen Ermittlerfigur ein Prozess ist, der über Jahrzehnte hinweg erfolgte – vom väterlichen Stephan Derrick (*Derrick*, D, ZDF/ORF/SF 1974–1998), der seine Tätigkeit 1974 begann, über Horst Schimanski (*Schimanski*, ARD 1997–2013),[5] der sich in den 80er-Jahren selbst nicht mehr an Recht und Gesetz hielt. Einen weiteren Umbruch bringt der schwedische, mit deutscher Beteiligung verfilmte Roman-Kommissar Kurt Wallander[6] zum Ausdruck, der sich nicht mehr in der Lage sieht, die globalisierte Kriminalität einzudämmen und deshalb verzweifelt. Diese Entwicklung setzt sich fort bis zu Ermittlern in aktuellen US-amerikanischen Pay-TV-Serien. Sie sind weder edel noch stark, sondern weisen problematische Charakterzüge auf, die zum Teil Symptome für psychische Störungen sind: Der Polizei-Berater Adrian Monk leidet in der gleichnamigen Serie (USA Network 2002–2009) unter zahlreichen Phobien und Zwängen. Der als Forensiker beim Miami-Metro Police Department arbeitende Protagonist Dexter Morgan ist selbst ein Serienmörder mit Persönlichkeitsstörung (*Dexter*, USA Showtime 2006–2013). Und die CIA-Analystin Carrie Anne Mathison kämpft in *Homeland* (USA, Showtime seit 2011) nicht nur gegen den internationalen Terrorismus, sondern auch gegen ihre bipolare Störung.

Häufig wird erzählt, dass eine Sucht die eigentliche Störung überlagert. So kämpfen im deutschsprachigen Fernsehen der depressive *Tatort*-Kommissar Frank Steier aus Frankfurt und die reizbare Bibi Fellner aus Wien mit akuten oder früheren Alkoholproblemen.

Fast alle aktuell ermittelnden labilen Kommissare werden trotz psychischer Einschränkungen von einer extremen Leistungs- und Erfolgsorientierung angetrieben. Ein ungebrochenes Arbeitsethos ist das Element, das die Charaktere all dieser

---

[5] Schimanski als Hauptfigur im *Tatort*: 29 Episoden, davon zwei mit Kino-Auswertung, D, ARD 1981–1991 und Schimanski: 17 Episoden, D, ARD 1997–2013.

[6] Die Romane Henning Mankells mit Kommissar Kurt Wallander wurden und werden sowohl vom schwedischen Fernsehen (SVT) von 1994–2007, von der BBC seit 2008 und als internationale Co-Produktion mit Beteiligung der ARD unter dem Titel *Mankells Wallander* seit 2005 verfilmt.

Ermittler maßgeblich bestimmt. Kaum ein deutscher Ermittler würde sich zurzeit vom Dienst suspendieren lassen, auch wenn das Privatleben der Ermittler, häufig als Nebenhandlung erzählt, bei jedem neuen Fall leidet. Das Festhalten am Beruf, auch unter widrigsten Umständen, wird als identitätsstiftendes Moment behauptet.

Psychisch kranke Ermittler sind in der Regel einsam, sie verhalten sich ablehnend bis gefühllos gegenüber ihren Kollegen, ihr Privat- und Familienleben ist zerrüttet. Sie sind nicht in der Lage, ein soziales Leben aufrechtzuerhalten und ganz auf ihre Arbeit fixiert, was eine Verbesserung oder Heilung der psychischen Problematik erschwert. Gleichzeitig ist diese Fixierung auch eine besondere Stärke, die den Kommissaren hilft, den Fall zu lösen.

Während der ‚Psychopath‘ im deutschen Krimi eine tiefenpsychologisch verankerte Größe bleibt, erlebt die Ermittler-Figur also eine kontinuierliche Schwächung. Das, was ihr am Ende vor allem bleibt, sind Beruf und Dienstmarke. Insgesamt ist der Typus des labilen Ermittlers Ausdruck von Diskursen und Befindlichkeiten, die auch innerhalb der Gesellschaft zurzeit eine große Rolle spielen. Es geht um Burnout, traumatische Erlebnisse, Depressionen, Ängste oder Alkoholprobleme. Die aufgezeigten TV-Ermittler erzählen also auch von der Angst, das letzte identitätsstiftende Element zu verlieren und mit unklarem Ziel abzurutschen. Sie handeln von dem Bemühen, an der Arbeit, als einer der letzten starken Bastionen, festzuhalten: Der Ehrgeiz der Kommissare ist Symptom für die Angst vor dem Verlust einer einigermaßen gesicherten, positiv besetzten Identität, die auf anderem Weg nicht oder kaum mehr gebildet werden kann.

Als Spiegelbild seines archetypischen Gegenübers, dem Täter mit Persönlichkeitsstörung, ist der Kommissar mit psychischer Störung wesentlich realitätsnäher. Er wird nicht als das Fremde, das Andere betrachtet. Seine Kollegen auf der Dienststelle müssen mit seinen Launen und Besonderheiten zurechtkommen, schon allein deshalb, weil er – im Unterschied zum verhafteten Täter – in der nächsten Folge wieder dabei ist. Seine Störung wird nicht diskutiert, sondern als integraler Bestandteil der Gesellschaft gezeigt. Der Zuschauer sieht Auslöser und Symptome, aber vor allem das Bemühen der Kommissare, das Leben zu meistern, stark zu sein und den Täter zu fassen als ‚ganz normalen‘, dauerhaften Teil dieser Welt.

6 Antagonisten

Filmfiguren mit psychischen Störungen übernehmen in Filmgeschichten zumeist eine besondere Funktion. Insofern sie als Protagonisten auftreten, wird der Zuschauer dazu angeregt, sich mit ihrem Charakter inklusive ihrer Störung auseinanderzusetzen. Doch noch häufiger treten sie nicht als Protagonisten, sondern als Antagonisten auf. Die psychische Störung wird dabei nicht differenziert dargestellt, sondern dient vor allem als Spannungselement. Dies ist mit Abstand die gängigste Form ihrer Darstellung in Film und TV. Ca. 40 % aller Figuren mit einer psychischen Störung werden als Täter im Krimi gezeigt. In der Regel leiden sie unter einer schweren Persönlichkeitsstörung.

In der Folge *Blutige Fährte* (D 2010) der Reihe *Stralsund*, die auf dem Sendeplatz des ZDF-Fernsehfilms der Woche ausgestrahlt wird, tritt Boris Gerg als Frauenmörder in Erscheinung. Seine späteren Opfer hat er auf einem Online-Dating-Portal kennengelernt. Als er herausfindet, dass die Frauen dafür bezahlt werden, mit ihren Kontakten am Telefon zu flirten, startet er eine Mordserie. Mit einem Blumenstrauß aus weißen und violetten Malven sucht er die Frauen auf, stellt sich als die frühere Telefonbeziehung vor und fragt sie aus. Wichtig ist ihm, ob sie während der Zeit mit ihm auch Kontakt zu anderen hatten:

Hast du sie (die anderen Männer) auch so angeschaut, mit diesem Blick?

Danach tötet er sie. Gerg ist ein Mann, der unfähig ist, Beziehungen zu Frauen realistisch einzuschätzen und mit Enttäuschungen umzugehen. Sein Verhalten ist klug, höflich und gebildet. Es weist in vielen Punkten die Merkmale eines stereotypen Krimi-Täters auf. Denn der Täter als Antagonist ist umso stärker, wenn er intelligent vorgeht oder seinem Morden sogar etwas Geniales anhaftet. Es dient der Steigerung der Spannung, wenn er zunächst überlegen und unberechenbar wirkt.

Oft stellt sich dann heraus, dass ein beeindruckend komplexer Ritus die Taten bestimmt: so wie der Serienmörder Buffalo Bill in *The Silence of the Lambs* (USA 1991) Frauen entführt, sie hungern lässt bevor er sie tötet, um sich aus ihrer Haut selbst ein Frauenkleid zu nähen – und so wie Boris Gerg Malvensträuße mitbringt und die Leichen immer mit Unterwäsche bekleidet auf ihrem Bett platziert.

Ein häufig vorhandener genialer Zug im Charakter der Serienmörder ist in der Regel allerdings nur die Kehrseite einer weitreichenden sozialen Inkompetenz. Auch Gerg ist einsam. Nach dem tragischen Tod seiner Eltern und seines Bruders scheint er nicht in der Lage zu sein, soziale Kontakte aufzubauen. Dies lässt er sich jedoch nicht anmerken, ganz im Gegenteil: Wie viele seiner Kollegen ist er überaus charmant, sieht gut aus und ist in seinem Auftreten um größte Anpassung an gesellschaftliche Normen bemüht.

Vielen Tätern fällt es vor allem schwer, eine Beziehung zu Frauen aufzubauen. Ihre sexuelle Entwicklung ist gestört oder verzögert. So hat Gerg einen grundsätzlichen Hass auf Frauen entwickelt. Er erträgt ihren Blick nicht, in dem er sexuelles Begehren vermutet. Er findet Frauen schmutzig. Der Film legt nahe, dass Gerg, der 32 Jahre alt ist, noch keine sexuellen Erfahrungen mit anderen gemacht hat.

Als Begründung für die sexuelle Komponente der Störung dient gemeinhin eine Backstory mit einer schwierigen Eltern-, insbesondere Mutter-Beziehung. Die Mutter war häufig dominant oder besitzergreifend, oft in einer Ausprägung, die selbst als psychische Störung angesehen werden kann.

Diese und ähnliche psychologische Erklärungsmuster „rationalisieren" das Geschehen und vermitteln dem Zuschauer einen Anschein von Realitätsnähe. Der mögliche Rückbezug zur Wirklichkeit lässt den Täter mit Persönlichkeitsstörung im Krimi umso bedrohlicher, weil glaubwürdiger erscheinen.

Sobald der Mörder gefasst und die Vermittlung zwischen Verbrechen und Gesellschaft geglückt ist, endet die Geschichte. Ob der Täter in eine Psychiatrie oder ins Gefängnis kommt und was dort mit ihm passiert, spielt für den klassischen Krimi keine Rolle.

Mit diesen Figuren wird das ‚Böse', vor allem aber die Angst davor, personifiziert und in eine Geschichte gebannt. Es hat dort eine klar definierte Aufgabe, die mit den Ambivalenzen der realen Welt wenig zu tun hat. Je stärker die Angst im Film ausgelebt wird, umso entlastender ist diese Erfahrung für den Zuschauer, denn mit dem Filmende wird die Angst aufgelöst und entsorgt. Der psychisch kranke Täter im Krimi hat zwar stereotype Eigenschaften, somit aber auch archetypische Züge. Gleichwohl trägt diese Figur ganz wesentlich dazu bei, negative und irreale Vorstellungen über psychisch Kranke in der Gesellschaft zu zementieren.

7 Schlussbetrachtung

Es wäre wünschenswert, Figuren mit psychischen Krisen, Störungen und Krankheiten nicht nur im Krimi/Thriller oder im Drama zu erzählen. Ein selbstverständlicherer Umgang in der Gesellschaft kann auch durch die unaufgeregte Darstellung in Liebesfilmen, Buddy-Movies, Road-Movies und anderen Genres erreicht werden, bei denen nicht nur die Krankheit, also ‚das Problem', sondern auch andere Aspekte jedweder menschlicher Lebenswelt wie Liebe oder Freundschaft, wie Abenteuer oder Kunst im Vordergrund stehen: so wie in *Silver Linings* (USA 2012) eine Liebesbeziehung zwischen psychisch labilen Tanzpartnern entsteht und in *Vincent will Meer* (D 2010) drei erkrankte Jugendliche aus einer Klinik nach Italien fliehen und unterwegs Vertrauen zueinander fassen. Möglich ist außerdem, manchen Aspekten einer Krankheit mit Humor zu begegnen und einen leichteren Ton anzuschlagen. *Hedi Schneider steckt fest* (D 2015) ist ein Film mit einer komischen Hauptfigur, die bunte Kleider trägt und sich einen Rest Kindlichkeit bewahrt hat, bis sie plötzlich – ausgerechnet beim Sex mit ihrem Mann – eine Panikattacke bekommt und im Anschluss eine Angststörung entwickelt. *Hedi Schneider steckt fest* ist „eine Komödie, die die Depression so ernst nimmt, wie es die meisten Dramen bei all ihrer Anstrengung nicht könnten. Eine Komödie, „die mit Leichtigkeit die schwere Zeit bebildert (…)" (Mühlbeyer 2015). Filme in dieser Tonalität sind vermutlich am ehesten geeignet, zur Entstigmatisierung psychisch Kranker beizutragen.

Literatur

Bundesministerium für Bildung und Forschung, Hrsg. 2009. *Seele aus der Balance. Erforschung psychischer Störungen*. Berlin.

Chehadi, O., und E. Nebi. 2011. Antisoziale Persönlichkeitsstörung. Universität Duisburg Essen. https://www.uni-due.de/imperia/md/content/rke-forensik/material/nebi___berischt__psychopathie_1.pdf. Zugegriffen am 17.03.2015.

Doering, S., und H. Möller. Hrsg. 2008. *Frankenstein und Belle de Jour. 30 Filmcharaktere und ihre psychischen Störungen*. Heidelberg: Springer Verlag.

Doering, S., und H. Möller. Hrsg. 2010. *Batman und andere himmlische Kreaturen. Nochmal 30 Filmcharaktere und ihre psychischen Störungen*. Heidelberg: Springer Verlag.

Fahmüller, E.-M. 2015. „Geniale Psychopathen, labile Kommissare. Figuren mit psychischen Störungen im aktuellen deutschen Krimi." Berlin: Master School Drehbuch Edition.
Laszig, P., und G. Schneider. Hrsg. 2008. Film und Psychoanalyse. Kinofilme als kulturelle Symptome. Gießen: Psychosozial-Verlag.
Mühlbeyer, H. 2015. Hedi Schneider steckt fest. Kino Zeit. http://www.kino-zeit.de/filme/hedi-schneider-steckt-fest. Zugegriffen am 26.06.2015.
N. N. 2014. Luxus-Resort statt Psychiatrie. RP Online. http://www.rp-online.de/panorama/fernsehen/luxus-resort-statt-psychiatrie-aid-1.4667029. Zugegriffen am 26.06.2015.
N. N. 2005. Persönlichkeits- und Verhaltensstörungen. Universität Duisburg Essen. https://www.uni-due.de/imperia/md/content/rke-ap/lehre/personlichkeitsstorungen_fr._dr.pdf. Zugegriffen am 17.03.2015.
Tittelbach, R. 2011. Kino-Koproduktion „Nacht vor Augen". Tittelbach.tv. http://www.tittelbach.tv/programm/kino-koproduktion/artikel-286.html. Zugegriffen am 26.06.2015.
Wittchen, H., und F. Jacobi. 2012. Studie zur Gesundheit Erwachsener in Deutschland (DEGS). Was sind die häufigsten psychischen Störungen in Deutschland? Robert Koch-Institut. https://www.rki.de/DE/Content/Gesundheitsmonitoring/Studien/Degs/degs_w1/Symposium/degs_psychische_stoerungen.pdf?__blob=publicationFile. Zugegriffen am 11.03.2015.
Wohlrab, L. Hrsg. 2006. Filme auf der Couch. Psychoanalytische Interpretationen. Gießen: Psychosozial-Verlag.

Filme

A Beautiful Mind: R: Ron Howard, B: Akiva Goldsman, USA 2001.
Basic Instinct: R: Paul Verhoeven, B: Joe Eszterhas, USA 1992.
Bloch: 24 Episoden, Konzept: Peter Märthesheimer und Pea Fröhlich, SWR/WDR 2002–2013.
Blutige Fährte. Reihe: Stralsund: R: Martin Eigler, B: Martin Eigler, Sven Poser, D 2010.
Das Fremde in mir: R: Emily Atef, B: Emily Atef, Esther Bernstorff, D 2008.
Das weiße Rauschen: R: Hans Weingartner, B: Hans Weingartner, Tobias Amann, D 2002.
Der Blaue Engel: R: Josef von Sternberg, B: Carl Zuckmayer, Karl Gustav Vollmoeller, Robert Liebmann nach dem Roman Professor Unrat von Heinrich Mann, D 1930.
Der letzte schöne Tag: R: Johannes Fabrick, B: Dorothee Schön, D 2012.
Der Untergang: R: Oliver Hirschbiegel, B: Bernd Eichinger, D/I/RUS/Ö 2004.
Derrick: 281 Episoden, B: Herbert Reinecker, D, ZDF/ORF/SF 1974–1998.
Dexter: 96 Episoden, Idee: Jeff Lindsay, Lauren Gussis, Timothy Schlattmann, Showtime 2006–2013.
Die Auslöschung: R: Nikolaus Leytner, B: Nikolaus Leytner, Agnes Pluch, Ö/D 2013.
Es ist nicht vorbei: R: Franziska Meletzky, B: Kristin Derfler, Clemens Murath, D 2011.
Fatal Attraction (Eine verhängnisvolle Affäre): R: Adrian Lyne, B: James Dearden, USA 1987.
Flemming: 22 Episoden, B: Gregor Edelmann, ZDF 2009–2012.
Hedi Schneider steckt fest: R u. B: Sonja Heiss, D 2015.
Helen: R u. B: Sandra Nettelbeck, USA 2009.
Hirngespinster: R u. B: Christian Bach, D 2014.
Homeland: 48 Episoden, Idee: Howard Gordon, Alex Gansa, Showtime seit 2011.
Inglorious Basterds: R u. B: Quentin Tarantino, USA/D 2009.
Léon (Léon – Der Profi): R u. B: Luc Besson, F/USA 1994.
Mobbing: R: Nicole Weegmann, B: Volker A. Zahn, Eva Zahn nach dem Roman von Annette Pehnt, D 2012.
Monk: 125 Episoden, Idee: Andy Breckman, USA Network 2002–2009.
Nacht vor Augen: R: Brigitte Bertele, B: Johanna Stuttmann, D 2008.
Neben der Spur – Adrenalin: R: Cyrill Boss, Philipp Stennert, B: Frederik Weis, Cyrill Boss, Philipp Stennert nach dem Roman von Michael Robotham, D 2015.

One Flew Over the Cuckoo's Nest (*Einer flog übers Kuckucksnest*): R: Miloš Forman, B: Bo Goldman, Lawrence Hauben, USA 1975.

Psycho: R: Alfred Hitchcock, B: Joseph Stefano, USA 1960.

Requiem: R: Hans-Christian Schmid, B: Bernd Lange, D 2006.

Schimanski: 17 Episoden, D, ARD 1997–2013.

Tatort – Schimanski: 29 Episoden, davon zwei mit Kino-Auswertung, D, ARD 1981–1991.

Silver Linings: R u B: David O. Russell, USA 2012.

Taxi Driver: R: Martin Scorsese, B: Paul Schrader, USA 1976.

The Hand that Rocks the Cradle (Die Hand an der Wiege): R: Curtis Hanson, B: Amanda Silver, USA 1992.

The Silence of the Lambs (Das Schweigen der Lämmer): R: Jonathan Demme, B: Ted Taily, USA 1991.

The Wire: 60 Episoden, Idee: David Simon, USA, HBO 2002–2008.

Und alle haben geschwiegen: R: Dror Zahavi, B: Andrea Stoll, D 2012.

Unsere Mütter, unsere Väter: R: Philipp Kadelbach, B: Stefan Kolditz, D 2012.

Vincent will Meer: R: Ralf Huettner, B: Florian David Fitz, D 2010.

Die volkswirtschaftliche Tragweite psychischer Erkrankungen

Hans-Joachim Salize

1 Einleitung

Nimmt man die öffentliche Debatte als Maßstab (Stand: Herbst 2019), lässt sich kaum abstreiten, dass psychische Störungen als Volkskrankheiten anzusehen sind. Allein die jährlichen Krankenkassenreports berichten regelmäßig von alarmierend hohen Steigungsraten, z. B. bei Suchterkrankungen und depressiven Störungen. Folgt man diesen Berichten, müssen mit der steigenden psychiatrischen Krankheitslast zwangsläufig hohe volkswirtschaftliche Belastungen einhergehen. Diese wird nicht zuletzt deshalb breit diskutiert, weil entsprechende Anstiege direkt auf die Krankenversicherungsbeiträge durchschlagen und damit unmittelbare finanzielle Folgen für weite Teile der Bevölkerung haben.

Steigt man tiefer in die Problematik ein, wird schnell klar, dass sie einer differenzierten Sichtweise bedarf – vor allem, wenn die durch psychische Störungen bedingten ökonomischen Belastungen in Euro und Cent beziffert werden sollen. Eine der Komplexität der Problematik angemessene Sichtweise muss u. a. folgende Aspekte berücksichtigen:

- die Heterogenität psychischer Erkrankungen, die sich von den verschiedenen Formen der Demenz über Suchterkrankungen, wahnhafte oder affektive Störungen bis zu den Persönlichkeitsstörungen erstrecken und ganz unterschiedlichen Symptomatiken, Verläufen und Behandlungsanforderungen unterliegen,

H.-J. Salize (✉)
Arbeitsgruppe Versorgungsforschung, Zentralinstitut für Seelische Gesundheit,
Mannheim, Deutschland
E-Mail: hans-joachim.salize@zi-mannheim.de

P. Mantell et al. (Hrsg.), *Psychische Erkrankungen als gesellschaftliche Aufgabe*, Schriften zu Gesundheit und Gesellschaft – Studies on Health and Society 5, https://doi.org/10.1007/978-3-662-65515-3_4

- die tatsächliche Verbreitung psychischer Störungen in der Bevölkerung („Prävalenz") sowie der Anteil davon, der erkannt und behandelt wird („Behandlungsprävalenz"),
- die komplexen Versorgungs- und Behandlungsanforderungen psychischer Erkrankungen, die über die engere medizinisch-psychiatrische Therapie hinaus, weit in Lebensbereiche wie Arbeit, Wohnen und Sozialbeziehungen hineinreichen,
- und nicht zuletzt die Strukturen und Unzulänglichkeiten des deutschen Gesundheitswesens mit ihren verschlungenen und für psychisch Kranke oftmals nachteiligen Versorgungs- und Finanzierungsbedingungen.

Hinzu kommt, dass an der Debatte um die stets zu knappen Budgets im Gesundheitswesen eine Vielzahl von Akteuren und Interessengruppen beteiligt ist, die oft ganz unterschiedliche Auffassungen und Wahrnehmungen haben, was unter der von psychischen Störungen verursachten ökonomischen Belastung – den „Kosten" – zu verstehen ist. Diese Auffassungen oder Interessenlagen sind keinesfalls deckungsgleich, sondern sie stehen oftmals im Gegensatz zueinander. Der hier abgedruckte Text wurde zuletzt im Herbst 2019 aktualisiert und bezieht pandemiebedingte Veränderungen noch nicht ein.

2 Welche Kosten sind im Gesundheitswesen relevant?

Aus den letztgenannten Gründen ist es notwendig, wenn man von „Kosten" im Gesundheitswesen oder von „Kosten" einer Erkrankung spricht, die jeweilige Perspektive klar zu benennen, aus der diese Kosten beleuchtet werden. Dies ist eine zentrale Qualitätsanforderung an wissenschaftliche Studien, die sich mit gesundheitsökonomischen Fragen beschäftigen (Müller et al. 2017).

Kosten, die einem Anbieter von Gesundheitsleistungen, wie z. B. einem Krankenhaus, bei der Erbringung von Versorgungsleistungen entstehen, sind etwas anderes als die Kosten, die ein Finanzierungsträger, z. B. eine Krankenkasse, erstattet. Beides sind zwar ähnliche Budgetposten, die sich in der Realität jedoch eher selten decken.

In der Regel verstehen Behandlungs- und Versorgungseinrichtungen und deren Träger unter Kosten ihre eigenen Ausgaben, d. h. den finanziellen Aufwand, die sie für ihre Versorgungsleistungen am Patienten erbringen.

Die Finanzierungsträger, z. B. Krankenkassen, Berufsgenossenschaften oder Rentenversicherungsträger, haben neben den eigentlichen Kosten für Behandlungsmaßnahmen und Versorgungsleistungen – den sog. *direkten Kosten* – auch die Produktivitätsverluste, d. h. Arbeitsleistungen, die durch psychische Erkrankungen verloren gehen, im Fokus, weil sie für diese in großen Teilen ebenfalls aufkommen müssen. Dies sind die sog. *indirekten Kosten*. Dabei handelt es sich u. a. um Fehlzeiten am Arbeitsplatz oder Ausgliederungen aus dem Erwerbsleben, sog. Frühberentungen, die gerade bei psychischen Erkrankungen eine erhebliche Rolle spielen (s. u.). Krankschreibungen und Frühberentungen sind meist auch die Kostengrößen, die in der öffentlichen Debatte als Beispiele angeführt werden, um die steigenden volkswirtschaftlichen Belastungen psychischer Störungen zu illustrieren.

Über die direkten und indirekten Kosten hinaus fallen jedoch noch weitere Kosten bei psychischen Erkrankungen an, die von der gesetzlichen Krankenversicherung oder anderen Finanzierungsträgern nicht übernommen und in der öffentlichen Debatte deshalb oft ignoriert werden. Diese Kosten werden weitgehend von den Betroffenen selbst oder deren Familien bestritten. Zu diesen Kosten zählen u. a. die erheblichen Eigenbeteiligungen und Zuzahlungen zu Behandlungen oder Medikamenten, Fahrtkosten zu Behandlungseinrichtungen sowie ein Vielzahl weiterer finanzieller Leistungen, zu denen die Betroffenen oder deren Familien gezwungen sind (z. B. die Beschaffung von Matratzen oder Bettzeug bei inkontinenten dementen Patienten etc.).

Zusätzlich können bei den Betroffenen und deren Familien sogenannte *immaterielle Kosten* entstehen, die allerdings häufig schwer in finanziellen Größen zu beziffern sind. Zu den immateriellen Kosten zählen z. B. der Verlust an Lebensqualität oder verpasste Karrierechancen bei zur Versorgung gezwungenen Ehepartnern. Auch überlastungsbedingte Sekundärerkrankungen pflegender Angehöriger, die aufgrund erhöhter Pflegebeanspruchungen selbst ein erhöhtes Risiko für psychische Störungen aufweisen, zählen zu den immateriellen Kosten. Solche Sekundärerkrankungen haben bei Behandlung des Angehörigen – etwa von Rückenschmerzen oder Erschöpfungszuständen – dann wiederum direkte Kosten zur Folge. Hierbei gerät die eigentliche Ursache, die psychiatrische Primärerkrankung des zu pflegenden Patienten, in der gesundheitsökonomischen Betrachtung sehr leicht aus dem Blick.

Alle genannten Faktoren sind zu berücksichtigen, wenn man von der volkswirtschaftlichen Belastung psychischer Störungen spricht. Oftmals werden jedoch einzelne Kostenbereiche ausgeblendet, wenn diese nicht in den Verantwortungs- oder Budgetbereich von Interessenvertretern fallen.

3 Die epidemiologische Perspektive – Wie viele Menschen leiden an psychischen Störungen?

Es gibt keine definierte Schwelle, ab welcher Höhe oder Krankheitslast eine bestimmte Erkrankung als Volkskrankheit zu werten ist. Eine weite Verbreitung in der Bevölkerung muss jedoch gegeben sein. Führt man sich die epidemiologischen Befunde hinsichtlich psychischer Störungen in der Bevölkerung aus den letzten Jahren vor Augen, trifft die These der Volkskrankheit sicherlich zu.

Allerdings gilt es auch hier, zwischen den einzelnen psychischen Erkrankungen zu differenzieren. Sie haben zum Teil eine sehr unterschiedliche Verbreitung und Erscheinungsweise. Gemeinsam ist ihnen jedoch, dass sie anders als internistische oder andere somatische Erkrankungen bislang keine etablierten biologischen Marker, wie z. B. Blut- oder andere physiologische Messwerte aufweisen, anhand derer sie eindeutig festgestellt werden könnten. Das macht ihre Bestimmung schwierig, weil die Diagnostik sich weitgehend auf die Beobachtung von Verhaltens-, Funktions- oder kognitiven Einschränkungen stützen muss.

Bei der Erfassung der Verbreitung psychischer Störungen in der Bevölkerung hat dieser Nachteil jedoch auch gewisse Vorteile, weil keine größere technische oder diagnostische Infrastruktur notwendig ist, sondern die entsprechenden Interviews oder Tests auch z. B. mittels direkter oder telefonischer Befragung durchgeführt werden können (Korkeila et al. 2003).

In Deutschland liegen zwei auf diese Art in der jüngeren Zeit durchgeführte repräsentative Bevölkerungsstudien vor, die es erlauben, die psychiatrische Belastung bei Erwachsenen zu beziffern. Die jüngere davon ist die „Studie zur Gesundheit Erwachsener" (DEGS1), die zwischen 2008 und 2011 eine repräsentative Bevölkerungsstichprobe von ca. 8000 Personen zwischen 18 und 79 Jahren hinsichtlich ihrer gesundheitlichen Verfassung befragte. Die Befragung wies ein Modul zur psychischen Gesundheit auf (Zusatzsurvey „DEGS1-MH"), mittels dessen die Verbreitung psychischer Störungen anhand der Befragung von 5318 Erwachsenen erfasst wurde (Jacobi et al. 2013).

Eine vergleichbare Erhebung wurde bereits in den Jahren 1998 und 1999 durchgeführt („Bundesgesundheitssurvey BGS"; Wittchen et al. 1999), sodass mit den Daten aus beiden Studien Schlussfolgerungen hinsichtlich des oftmals postulierten Anstiegs psychischer Erkrankungen im zeitlichen Verlauf möglich wurden.

Die Ergebnisse der DEGS1-Studie legen eine erhebliche psychiatrische Krankheitsbelastung der Bevölkerung nahe. Demnach erfüllten 27,7 % der Befragten die Kriterien von mindestens einer psychischen Störung in den 12 Monaten vor der Erfassung (sog. Jahresprävalenz). Angststörungen (15,3 %), affektive, d. h. in der Mehrzahl depressive Störungen (9,3 %) und Abhängigkeitserkrankungen (5,7 %) waren am häufigsten. Fast der Hälfte dieser Betroffenen (44 %) wurde mehr als eine psychiatrische Diagnose zugeschrieben und bei 22 % fanden sich mehr als drei verschiedene psychische Störungen gleichzeitig innerhalb der erfassten zwölf Monate. Bei Frauen betrug die Erkrankungsrate 33 %, während bei Männern der Anteil mit psychischen Störungen 22 % betrug (Jacobi et al. 2014). Die Studie ermittelte zusätzlich eine Reihe von Faktoren, die mit erhöhten psychischen Erkrankungsraten einhergingen, wie z. B. Partnerlosigkeit, Zugehörigkeit zu jüngeren Altersgruppen (18–34 Jahre), niedriger sozioökonomischer Status oder städtisch-urbane Lebensbedingungen.

Eine hohe volkswirtschaftliche Belastung ist bei solchen Erkrankungsraten evident. Diese wird noch verstärkt durch die spezifischen Charakteristika psychischer Störungen, wie z. B. den häufig chronischen Verläufen (wie z. B. bei Schizophrenie, Depression oder Alkoholismus), dem gehäuften Auftreten in jungen Lebensphasen, was die Ausbildung und dauerhafte Integration in den Arbeitsmarkt beeinträchtigt, sowie die im Vergleich zu Krebs- oder Herz-Kreislauferkrankungen geringere Mortalität psychischer Störungen. Alle diese Faktoren bedingen oftmals lebenslange Beeinträchtigungen der Betroffenen, die entsprechend lange Behandlungs- und Versorgungsleistungen erforderlich machen.

Wissenschaftliche Belege für die vielfach vertretene These einer objektiven Zunahme psychischer Störungen über die Zeit liefern diese epidemiologischen Studien jedoch nicht. Eine zusammenfassende Analyse aller internationalen Studien, die über mehrere Jahre das Vorkommen psychischer Erkrankungen in der Bevölkerung untersuchten, erbrachte keine eindeutigen Hinweise auf einen Anstieg der psychiatrischen Prävalenz über die Zeit (Richter et al. 2008; Richter und Berger 2013). Damit muss die verbreitete Wahrnehmung einer Zunahme andere Gründe haben.

4 Die behandelte Prävalenz – Wer erhält eine Behandlung?

Einer dieser Gründe liegt in der unzureichenden Behandlungsquote psychischer Störungen. Wenngleich es sich bei den dargestellten Erkrankungsraten um behandlungsbedürftige psychische Störungen handelt, ist nicht automatisch sichergestellt, dass auch alle Betroffenen eine Behandlung erhalten.

Gemäß der Selbstauskunft der Betroffenen im Rahmen der o. g. DEGS-1 Studie haben lediglich 23,5 % der Frauen mit behandlungsbedürftigen psychischen Störungen und nur ca. 11,6 % der Männer in den zwölf Monaten vor der Befragung eine psychiatrische Versorgungseinrichtung (Arzt, Psychotherapeut, Krankenhaus etc.) aufgesucht (Mack et al. 2014).

Diese enorme Unterversorgung differiert stark nach den jeweiligen Krankheitsbildern. Sie ist jedoch entscheidend, wenn man die Ausgaben für die psychiatrische Versorgung der Bevölkerung in Deutschland qualitativ bewerten will. Diese Ausgaben kommen nur dem o. g. sich in Behandlung befindlichen Personenkreis zugute und müssten um entsprechende Summen ergänzt werden, wenn man die ökonomische Dimension einer psychiatrischen Vollversorgung skizzieren will.

Die Zunahme psychischer Störungen in den Statistiken der Krankenkassen oder anderer Finanzierungsträger geht vermutlich auf die Verschiebung von unbehandelter zu behandelter Prävalenz zurück. Dies bedeutet, dass in den Zeiträumen zwischen zwei jährlichen Leistungsreports nicht mehr Menschen an psychischen Störungen erkranken, sondern dass wahrscheinlich nur entsprechend mehr psychiatrische Diagnosen gestellt und mehr Personen unter diesen Diagnosen behandelt werden.

Natürlich kann sich das Verhältnis von unbehandelter und behandelter Prävalenz nicht nur in eine, sondern in beide Richtungen verschieben. Die immer schnelleren Veränderungen der Sozialstruktur mit Phänomenen wie des Zustroms von Flüchtlingen und Asylbewerbern oder der asymmetrischen Umverteilung gesellschaftlichen Reichtums mit der Zunahme von Armut und sozialem Abstieg verstärken den Zuwachs unbehandelter psychiatrischer Risikopopulation in beträchtlichem Ausmaß.

5 Die Kostenperspektive – Wie hoch sind die Ausgaben?

Im Jahr 2012 beliefen sich die Ausgaben für die Versorgung psychisch Kranker in Deutschland auf ca. 33 Mrd. € (STATISTA 2017). Dabei handelt es sich um direkte Kosten, d. h. die Ausgaben aller relevanten Kostenträger (Krankenkassen, Sozialhilfeträger, Rentenversicherung etc.) für die stationäre, ambulante und sog. komplementäre, d. h. rehabilitative Behandlung von Menschen mit psychischen Störungen. Diese Ausgaben wurden für die oben beschriebene behandelte Prävalenz aufgewendet. Insgesamt machte die Summe ca. 9,5 % der jährlichen Ausgaben für die Behandlung und Versorgung aller Krankheitsbilder, d. h. des gesamten zur Verfügung stehenden Gesundheitsbudgets in Deutschland aus.

Damit lagen die Ausgaben für psychiatrische Erkrankungen mit den Ausgaben für Herz-Kreislauf-Erkrankungen und den Erkrankungen des Verdauungssystems (inkl. der Kosten der Zahnversorgung) an der Spitze aller Krankheitsgruppen.

Die jährliche Kostensteigerungsrate ist bei psychiatrischen Erkrankungen deutlich höher als in allen anderen Krankheitsgruppen. Zwischen 2002 und 2008 stiegen die Ausgaben in der Psychiatrie um 22,8 %, während die Steigerung bei den Herz-Kreislauf- und den Erkrankungen des Verdauungssystems bei jeweils 10,8 % lag (eigene Berechnung auf der Grundlage von Statistisches Bundesamt 2010).

Ebenso hoch sind auch die durch psychische Störungen verursachten indirekten Kosten. Beim jährlichen Verlust von Erwerbstätigkeitsjahren (d. h. die Summe aller Krankschreibungs- und Frühberentungstage eines Jahres) lagen die psychischen Erkrankungen im Jahre 2008 an der Spitze aller Krankheitsgruppen. Übertroffen wurden sie lediglich durch die Produktivitätsausfälle aufgrund von Verletzungen und Vergiftungen (worunter vor allem Verkehrs-, Haushalts- und Arbeitsunfälle fallen). Diese hatten im Jahr 2008 in Deutschland einen Verlust von insgesamt 834.000 Erwerbstätigkeitsjahren zur Folge, während es bei den psychischen Störungen 736.000 Erwerbstätigkeitsjahre waren. Alle anderen großen Volkskrankheiten wie z. B. Krebserkrankungen (526.000 Jahre), Erkrankungen des Muskel- und Skelettsystems

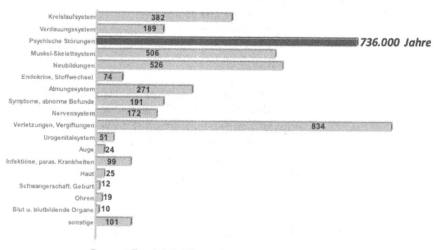

Abb. 1 Verlorene Erwerbstätigkeitsjahre im Jahre 2008 in Deutschland nach verursachenden Krankheitsgruppen. (Daten: Statistisches Bundesamt 2010)

(506.000 Jahre) oder Herz-Kreislauferkrankungen (382.000 Jahre) lagen deutlich darunter (Statistisches Bundesamt 2010) (siehe Abb. 1).

6   Was kostet die Versorgung eines Patienten?

Erkenntnisse über Behandlungskosten von Patienten mit psychischen Störungen liegen oft nur aus wissenschaftlichen Projekten mit kleinen, oftmals mit speziellen Verfahren behandelten Stichproben vor (sog. Bottom-up Befunde).

Analysen der ungleich umfangreicheren Datenbanken von Finanzierungsträgern (sog. Top-Down-Befunde) sind für Pro-Kopf-Kosten nur bedingt aussagekräftig, da einzelne Finanzierungsträger nur für bestimmte Segmente der Gesamtversorgung eines psychisch Kranken zuständig sind und deshalb nur Teile der Gesamtkosten abbilden können. Eine patientenbezogene Zusammenführung von Daten etwa der Krankenkassen (zuständig für die stationäre und ambulante psychiatrische Behandlung), der Rentenversicherung (zuständig u. a. für Rehabilitationsbehandlungen) oder der überörtlichen Sozialhilfeträger (zuständig für komplementäre Behandlungen bei chronisch psychisch Kranken) ist datenschutzrechtlich und technisch nicht möglich. Darüber hinaus ist bei der Vielzahl von Diagnosedaten und Komorbiditäten die eigentliche Primärerkrankung in einem Datensatz eines Versicherten kaum zu identifizieren (etwa, wenn neben einer Depression noch eine Suchtproblematik und entsprechende körperliche Erkrankungen codiert sind).

Zudem können sich selbst innerhalb des gleichen psychiatrischen Krankheitsbildes die Behandlungs- und Versorgungskosten von Patient zu Patient deutlich unterscheiden. Verursacht wird dies von den individuell verschiedenen Krankheitsverläufen, den unterschiedlichen Versorgungsanforderungen oder den regional zur Verfügung stehenden Versorgungsangeboten. Generell ist die Art der Behandlung, die ein Patient mit psychischen Störungen erhält – und damit deren Kosten – von einer Vielzahl externer Faktoren abhängig, wie z. B. ob der Patient in einer Großstadt, im Einzugsgebiet einer Universitätsklinik oder auf dem Lande wohnt (Melchior et al. 2014).

Vor diesem Hintergrund finden sich in der wissenschaftlichen Literatur der letzten Jahre so z. B. für einen Patienten mit Depression, wenn er sich in Behandlung eines Hausarztes befindet, mittlere jährliche Behandlungskosten in Höhe von 2750 € (Krauth et al. 2014). Die sehr häufig beim Hausarzt stattfindende Depressionsbehandlung wird jedoch wahrscheinlich deutlich weniger (teure) Psychotherapieanteile aufweisen als die Depressionsbehandlung beim psychiatrischen oder psychologischen Psychotherapeuten, die demzufolge höhere Pro-Kopf-Kosten aufweisen dürfte.

Hohe Kostenunterschiede je nach Behandlungsart zeigen sich auch bei der Borderline-Persönlichkeitsstörung, die zu den schweren und chronischen psychischen Erkrankungen mit sehr hohem Versorgungsaufwand zählt. Eine Studie aus der jüngeren Zeit ergab hier mittlere jährliche Kosten eines Patienten in Höhe von

10.524 € bei der Behandlung mit dialektisch-behavioraler Psychotherapie (DBT).[1] Im Jahr vor der Behandlung mit dieser gegenwärtig stark favorisierten Psychotherapieform lagen mittlere jährliche Behandlungskosten in Höhe von 19.038 € vor, die vor allem auf die vielen notwendigen psychiatrischen Krankenhausaufenthalte zurückzuführen waren. Im Folgejahr der DBT-Behandlung sanken die mittleren Behandlungskosten auf jährlich 6549 €, was die mittelfristige Nachhaltigkeit und Kosteneffektivität der DBT-Behandlung nahelegt (Wagner et al. 2014). Analog dazu verhielten sich die mittleren gesellschaftlichen Kosten eines Patienten mit Borderline-Persönlichkeitsstörung, d. h. die Produktivitätsverluste aufgrund von Krankschreibungen usw. Diese lagen im Jahr vor der DBT-Behandlung bei 28.026 €, im DBT-Behandlungsjahr bei 18.758 € und im Folgejahr bei 14.750 € (Wagner et al. 2014).

Ähnliche Effekte lassen sich auch bei der Behandlung von posttraumatischen Belastungsstörungen bei Frauen, die sexuellen Missbrauch erlitten, feststellen. Vor der Behandlung mit DBT waren hier im Durchschnitt 18.986 € jährliche Behandlungskosten pro Patientin zu verzeichnen, die im Jahr nach der DBT-Behandlung auf 7233 € sanken (Priebe et al. 2017).

Patienten, die chronisch an Schizophrenie erkrankt sind, haben aufgrund ihres umfangreichen Versorgungsbedarfs, der sich nicht nur auf die engere medizinisch-psychiatrische Behandlung, sondern auch auf Betreuungsleistungen in den Lebensfeldern Wohnen, Arbeit und Sozialbeziehungen erstreckt, ähnlich hohe Pro-Kopf-Kosten wie Patienten mit Borderline-Persönlichkeitsstörung zu verzeichnen. Hier fielen in einer internationalen Vergleichsstudie in einem mit betreuten Wohn- und Arbeitsrehabilitationseinrichtungen gut ausgestatteten deutschen Versorgungsgebiet mittlere jährliche Kosten in Höhe von 16.868 € pro Patient an (Salize et al. 2009). Die Studie zeigte zudem sehr hohe internationale Kostenunterschiede bei Patienten mit gleichem Versorgungsbedarf, die auf die international stark variierenden Behandlungskonzepte sowie die qualitativ und quantitativ unterschiedlich gut ausgebauten Versorgungsnetze zurückzuführen sind.

Die sehr unterschiedlichen Pro-Kopf-Kosten summieren sich je nach der Verbreitung der jeweiligen Störung in der Bevölkerung zu den Gesamtkosten der jeweiligen Krankheitsbilder auf. Aufgrund der hohen Prävalenz sind deshalb die Gesamtkosten der Depression deutlich höher als die jährlichen Gesamtaufwendungen für die Schizophrenie, die trotz deutlich höherer Pro-Kopf-Kosten vergleichsweise seltener auftritt.

---

[1] Bei der dialektisch-behavioralen Therapie (DBT) handelt es sich um eine in den letzten Jahren stark an Bedeutung gewonnene Form der Psychotherapie, die in den USA unter dem Einfluss von Konzepten aus asiatischen Meditationsschulen entwickelt wurde. Die DBT fußt auf Elementen der Verhaltenstherapie und betont dabei die therapeutische Beziehung sowie Werte wie z. B. Akzeptanz. DBT findet vor allem bei schweren Formen psychischer Erkrankungen wie z. B. der Borderline-Persönlichkeitsstörung Anwendung.

7 Strukturelle Probleme in der Finanzierung der psychiatrischen Behandlung

Obwohl nach einem der zentralen Behandlungsgrundsätze in der Psychiatrie die ambulante Behandlung der Behandlung im Krankenhaus vorzuziehen ist, wenn der Zustand des Patienten dies ermöglicht, verschlingt die psychiatrische Krankenhausbehandlung immer noch einen Großteil des Psychiatriebudgets.

Daran hat weder die kontinuierliche Reduzierung der vorgehaltenen Krankenhausbetten in der Psychiatrie in den vergangenen Jahrzehnten auf weniger als die Hälfte des Bestandes von 1970 etwas geändert noch die gleichzeitige Verringerung der durchschnittlichen Verweildauer einer psychiatrischen Krankenhausepisode von monatelanger Dauer auf gegenwärtig ca. 20 Tag im Durchschnitt.

Aufgrund der Vielzahl der Finanzierungsträger und der Schwierigkeit einer Zusammenschau aller Finanzströme fehlen genaue und vor allem aktuelle Übersichten über die Finanzierungströme. Einer früheren Analyse der Kostenströme in der psychiatrischen Versorgung des Bezirks Oberbayern ergab, dass die psychiatrische Krankenhausbehandlung mit ca. 42 % etwa doppelt so viele Mittel verschlang wie die ambulant-psychiatrische Behandlung, die von den Kassenärztlichen Vereinigungen bestritten wird (ca. 26 %). Weitere ca. 20 % der Mittel flossen in den Heim- und Wohnbereich (Langzeiteinrichtungen, betreutes Wohnen, Übergangseinrichtungen). Die Kostenträgerschaften verteilten sich zu ca. zwei Drittel auf die Krankenkassen und die kassenärztlichen Vereinigungen und zu ca. einem Drittel auf die Sozialhilfeträger (Melchinger et al. 2006). Trotz andauernder Reformbemühungen in der Psychiatrie dürfte sich an dieser Verteilung bis heute kaum etwas geändert haben.

Die Konzentration vieler Experten auf die Reform der Abrechnungs- und Entgeltverfahren der psychiatrischen Krankenhausbehandlung hat dabei die Tendenz, von anderen strukturellen Mängeln in der Finanzierung der psychiatrischen Versorgung in Deutschland abzulenken, die für die Betroffenen möglicherweise noch viel weitreichender und einschneidender sein können als Struktur- oder Finanzierungsveränderungen in der Krankenhausbehandlung.

Anders als bei körperlichen Erkrankungen beschränken sich die Leistungsansprüche vor allem chronisch psychisch Kranker nicht nur auf Leistungen der gesetzlichen Krankenversicherung, sondern dehnen sich auf vielfältige, über die medizinisch-psychiatrische Behandlung hinausgehende Versorgungsleistungen aus (betreutes Wohnen, Heimunterbringung, beschützte Werkstätten, sozialpsychiatrische Leistungen etc.), die von anderen Finanzierungsträgern erbracht werden. Dabei handelt es sich vor allem um die überörtlichen Sozialhilfeträger und die Rentenversicherung. Die jeweiligen Ansprüche und Bewilligungsgrundlagen sind in mehreren unterschiedlichen Sozialgesetzbüchern geregelt. Da viele psychisch Kranke aufgrund ihres komplexen Krankheitsbilds mehrere dieser Leistungsarten gleichzeitig beanspruchen, sind Zuständigkeits- und Abstimmungsprobleme nicht selten. In Fachkreisen ist diese Zersplitterung der Angebots- und Finanzierungsträgerschaften unter dem Stichwort „Versorgungsfragmentierung" bekannt. Eine sektorenübergreifende und bedarfsgerechte Versorgung ist deshalb in der deutschen Psychiatrie ein zentrales Versorgungsziel, das mit einer Vielzahl von regionalen oder überregionalen Steuerungs- und Koordinationsansätzen versucht wird zu erreichen. Deren Effizienz ist jedoch kaum überprüft und methodisch nur sehr schwierig zu evaluieren.

8 Benachteiligung psychisch Kranker hinsichtlich der Finanzierung von Maßnahmen

Ein Beispiel, wie die verzweigten Finanzierungsträgerschaften zu einer strukturellen Benachteiligung psychisch Kranker führen kann, ist die berufliche Rehabilitation. Berufs- und arbeitsrehabilitative Maßnahmen, die zur Erhaltung oder Wiederherstellung der Arbeitskraft dienen und die Ausgliederung aus dem Erwerbsleben (die sog. Frühberentung) verhindern sollen, werden vor allem von der Rentenversicherung finanziert.

Ähnlich wie bei den Krankenkassen sind auch bei den Rentenzugängen aufgrund verminderter Erwerbsfähigkeit in den vergangenen Jahren hohe Zuwachsraten im Bereich der psychischen Erkrankungen zu verzeichnen. Zwischen den Jahren 2000 und 2012 stieg die Zahl der Ausgliederungen aus dem Erwerbsleben (sog. Frühberentungen) aufgrund psychischer Störungen um 44,7 %. Im Jahr 2012 waren psychische Erkrankungen bereits die Ursache von mehr als einem Drittel (35,9 %) aller Frühberentungen. Im gleichen Zeitraum gingen dagegen bei allen körperlichen Erkrankungen die Frühberentungen deutlich zurück (bei Erkrankungen des Skelett- und Muskelsystems um 55,3 %, bei Herz-Kreislauferkrankungen um 39,8 %, bei Stoffwechselerkrankungen um 36,2 %, bei Krebserkrankungen um 22,5 %, usw.).

Bei den sog. Maßnahmen zur Teilhabe am Arbeitsleben, d. h. bei den berufsrehabilitativen Maßnahmen, die die Rentenversicherung bei einem drohenden Verlust der Erwerbsfähigkeit vorschaltet, um eine Frühberentung zu verhindern, ist der Trend jedoch genau umgekehrt. Bei den körperlichen Volkserkrankungen überstieg die Zahl der jährlich genehmigten berufsrehabilitativen Maßnahmen zwischen 2000 und 2012 die Zahl der Frühberentungen deutlich (z. B. bei den Skelett- und Muskelerkrankungen um durchschnittlich 29 %), während im gleichen Zeitraum bei den psychischen Erkrankungen die genehmigten berufsrehabilitativen Maßnahmen zwischen 18 bis 28 % pro Jahr *unter* der Zahl der Frühberentungen lagen (DRV 2013, eigene Berechnungen).

Im Klartext heißt dies, dass psychisch Erkrankte viel früher aus dem Erwerbsleben ausgegliedert werden, ohne dass entsprechende Maßnahmen zur Verhinderung der Frühberentung stattfinden. Zumindest geschieht dies nicht in dem Ausmaß wie bei körperlichen Erkrankungen. Die Hypothese einer strukturellen Benachteiligung psychisch Kranker ist angesichts dieses Vergleiches nicht von der Hand zu weisen. Gleichzeitig ist zu klären, ob diese Benachteiligung nicht wesentlich zu den hohen Produktivitätsverlusten bei psychiatrischen Krankheiten beiträgt (vgl. Abb. 1) und diese bei angemessenen Rehabilitationsleistungen nicht deutlich reduziert werden könnte.

Auch die von den Betroffenen selbst oder deren Familien geschulterten Versorgungs- oder Pflegelasten können im Kontext der strukturellen Benachteiligung psychisch Kranker gesehen werden, wenngleich solche Leistungen vermutlich auch im somatischen Bereich von Angehörigen erbracht werden. Vergleichsdaten liegen allerdings kaum vor, nicht zuletzt da eine Thematisierung der mit diesen informellen Pflegeleistungen verbundenen Entlastung offizieller Gesundheitsbudgets nicht im primären Interesse von Gesundheitspolitik oder Finanzierungsträgern liegt. Dabei sind die psychosozialen wie auch finanziellen Belastungen von Angehörigen psychisch Kranker hoch und die Reduzierung der familiären Belastung bei adäquater Behandlung des erkrankten Patienten signifikant (Jungbauer et al. 2001; Salize et al. 2014). So hat z. B. eine jüngere Studie gezeigt, dass die krankheitsbezogenen Ausgaben von Familien mit einem unbehandelten alkoholabhängigen Mitglied sich im Mittel auf 676 € monatlich belaufen, wobei sich die direkte finanzielle Belastung der Familien bei erfolgreicher Entwöhnungsbehandlung des Patienten nach 12 Monaten auf durchschnittlich 145 € monatlich reduziert hatte (Salize et al. 2013).

9 Schlussfolgerungen

Die berichteten Befunde unterstützen allesamt die Hypothese, dass die Versorgung psychisch Kranker als ein äußerst dringliches Problem der Gesundheitspolitik und deren Finanzierung in Deutschland gewertet werden muss. Weitere Steigerungen der derzeit bereits sehr hohen finanziellen Aufwendungen für die Versorgung psychisch Kranker werden das vorhandene Budget sehr bald an seine Grenzen bringen.

Eine psychiatrische Vollversorgung der Bevölkerung steht bei den derzeitig zur Verfügung stehenden infrastrukturellen und finanziellen Ressourcen außerhalb der Möglichkeiten. Eine weitere Steigerung der Behandlungsquote ist jedoch angesichts der sehr hohen Rate unbehandelter Störungen in allen Bevölkerungsgruppen ethisch unabdingbar.

Hinzu kommen die Effekte des gesellschaftspolitischen und demographischen Wandels mit dem rapiden Anwachsen psychiatrischer Hochrisikogruppen wie Flüchtlingen oder hochbetagter Menschen, die den Druck auf das System weiter erhöhen werden.

Die gegenwärtige Finanzierungsstruktur und die herkömmliche kurative und rehabilitative Ausrichtung des deutschen Gesundheitswesens scheinen für diese kurz- und mittelfristigen Trends kaum gerüstet.

Es braucht vermutlich eine grundlegende Reform der Finanzierungstrukturen, die es ermöglicht, Synergie- oder Einspareffekte, die durch psychiatrische Maßnahmen in anderen als den Sektoren, in denen diese Maßnahmen finanziert worden sind, erreicht werden, sichtbar zu machen (wie beim o. g. Beispiel der finanziellen Auswirkungen der Alkohol-Entwöhnungstherapie auf die familiären Kosten). Solche sektorenübergreifenden Effekte müssen in eine sozialpolitische und gesellschaftliche Gesamtrechnung einbezogen werden.

Ein weiterer dringend notwendiger Schritt ist ein grundlegender Perspektivenwechsel von der Akuttherapie und Rehabilitation psychischer Störungen hin zu deren Prävention. Das Ziel sollte die Identifikation psychischer Risikofaktoren in allen gesellschaftlichen Bereichen und die Verhinderung der Manifestation psychischer Störungen mittels geeigneter individueller und sozialpolitischer Maßnahmen sein. Ein solch radikales Umdenken überfordert das konservative und unbewegliche deutsche Gesundheitswesen derzeit noch deutlich. Es erfordert eine langfristig angelegte, gesamtgesellschaftliche Strategie mit aktivem Einbezug aller relevanten Sektoren wie z. B. Erziehung, Bildung, Arbeitswelt usw. Es braucht einen gesamtgesellschaftlichen Konsens über die Notwendigkeit, bevor die Konturen einer solchen Strategie entworfen werden können. Dass dieser derzeit noch nicht vorhandenen ist, ändert nichts an der Dringlichkeit eines solchen Projektes.

Literatur

DRV Deutsche Rentenversicherung Bund. 2013. *Rentenversicherung in Zeitreihen*. DRV-Schriften Bd. 22. Berlin: Deutsche Rentenversicherung Bund.

Jacobi, F., M. Höfler, J. Siegert, S. Mack, A. Gerschler, L. Scholl, M. A. Busch, U. Hapke, U. Maske, I. Seiffert, W. Gaebel, W. Maier, M. Wagner, J. Zielasek, und H. U. Wittchen. 2014. Twelve-month prevalence, comorbidity and correlates of mental disorders in Germany: the Mental Health Module of the German Health Interview and Examination Survey for Adults (DEGS1-MH). *International Journal of Methods in Psychiatry Ressearch* 23: 304–319.

Jacobi F., S. Mack, A. Gerschler, L. Scholl, M. Höfler, J. Siegert, A. Bürkner, S. Preiss, K. Spitzer, M. Busch, U. Hapke, W. Gaebel, W. Maier, M. Wagner, J. Zielasek, und H. U. Wittchen. 2013. The design and methods of the mental health module in the German Health Interview and Examination Survey for Adults (DEGS1-MH). *International Journal of Methods in Psychiatry Research* 22: 83–99.

Jungbauer J., J. Bischkopf, und M. Angermeyer. 2001. Belastungen von Angehörigen psychisch Kranker – Entwicklungslinien, Konzepte und Ergebnisse der Forschung. *Psychiatrische Praxis* 28: 105–114.

Korkeila J. A., V. Lethinen, R. Bijl, O. S. Dalgard, V. Kovess, A. Morgan, und H. J. Salize. 2003. Establishing a Set of Mental Health Indicators for Europe. *Scandinavian Journal of Public Health* 31 (6): 451–459.

Krauth C., J. Stahmeyer, I. Juliana, J. Petersen, A. Freytag, F. Gerlach, und J. Gensichen. 2014. Resource Utilisation and Costs of Depressive Patients in Germany: Results from the Primary Care Monitoring for Depressive Patients Trial. *Depression Research and Treatment*. doi: https://doi.org/10.1155/2014/730891.

Mack S., F. Jacobi, A. Gerschler, J. Strehle, M. Höfler, M. Busch, U. Maske, U. Hapke, I. Seiffert, W. Gaebel, J. Zielasek, W. Maier, und H. U. Wittchen. 2014. Self-reported utilization of mental health services in the adult German population – evidence for unmet needs? Results of the DEGS1-MentalHealthModule (DEGS1-MH). *International Journal of Methods in Psychiatry Research* 23: 289–303.

Melchinger H., W. Rössler, und W. Machleidt. 2006. Ausgaben in der psychiatrischen Versorgung – Ist die Verteilung der Ressourcen am Bedarf orientiert? *Nervenarzt* 77: 73–80.

Melchior H., H. Schulz, und M. Härter. 2014. *Faktencheck Gesundheit – Regionale Unterschiede in der Diagnostik und Behandlung von Depression*. Gütersloh: Bertelsmann Stiftung.

Müller D., S. Stock, C. M. Dintsios, N. Chernyak, A. Gerber-Grote, T. D. Gloede, B. Hermann, E. Huppertz, F. Jülich, S. Mostardt, J. Köberlein-Neu, A. Prenzler, H. J. Salize, S. Santos,

B. Scheckel, A. Seidl, K. Wahlers, und A. Icks. 2017. Checkliste zur Erstellung und Bewertung von Krankheitskostenstudien. *Das Gesundheitswesen*. doi: https://doi.org/10.1055/s-0042-124664.

Priebe K., M. Roth, A. Krüger, K. Glöckner-Fink, A. Dyer, R. Steil, H. J. Salize, N. Kleindienst, und M. Bohus. 2017. Psychiatrische Behandlungskosten von Patientinnen mit Posttraumatischer Belastungsstörung nach sexuellem Missbrauch vor und nach stationärer DBT-PTSD. *Psychiatrische Praxis* 44: 75–84.

Richter D., und K. Berger. 2013. Nehmen psychische Störungen zu? Update einer systematischen Übersicht über wiederholte Querschnittstudien. *Psychiatrische Praxis* 40: 176–182.

Richter D., K. Berger, und T. Reker. 2008. Nehmen psychische Störungen zu? Eine systematische Literaturübersicht. *Psychiatrische Praxis* 35: 321–330.

Salize H. J., C. Jacke, und S. Kief. 2014. Produktivitätsverluste, berufliche Einbußen und Unterstützungsleistungen von Angehörigen von Patienten mit Alkoholabhängigkeit vor und nach der Entzugsbehandlung. *Sucht* 60 (4): 1– 10.

Salize H. J., C. Jacke, S. Kief, M. Franz, und K. Mann. 2013. Treating Alcoholism Reduces Financial Burden on Caregivers and Increases Quality-Adjusted Life Years. *Addiction* 108 (1): 62–70.

Salize H. J., R. McCabe, J. Bullenkamp, L. Hansson, C. Lauber, R. Martinez-Leal, I. Reinhard, W. Rössler, B. Svensson, F. Torres-Gonzalez, R. van den Brink, D. Wiersma, und S. Priebe. 2009. Cost of Treatment of Schizophrenia in Six European Countries. *Schizophrenia Research* 111: 70–77.

STATISTA Datenportal. 2017. Direkte Kosten psychischer Erkrankungen in Deutschland nach Krankheitsart in den Jahren 2001 bis 2012. https://de.statista.com/statistik/daten/studie/246590/umfrage/direkte-kosten-psychischer-erkrankungen-in-deutschland-nach-krankheitsart/. Zugegriffen am 11.06.2017.

Statistisches Bundesamt. 2010. *Gesundheit – Krankheitskosten 2002, 2004, 2006 und 2008*. Fachserie 12 Reihe 7.2. Wiesbaden: Statistisches Bundesamt.

Wagner T., T. Fydrich, C. Stiglmayr, P. Marschall, H. J. Salize, B. Renneberg, S. Fleßa, und S. Roepke. 2014. Societal cost-of-illness in patients with borderline personality disorder one year before, during and after dialectical behavior therapy in routine outpatient care. *Behaviour Research and Therapy Journal* 22, 61C: 12–22.

Wittchen H. U., N. Müller, H. Pfister, S. Winter, und B. Schmidtkunz. 1999. Affektive, somatoforme und Angststörungen in Deutschland – erste Ergebnisse des bundesweiten Zusatzsurveys „Psychische Störungen". *Gesundheitswesen* 61: 216–222.

Leistungsträger außer Kontrolle? ‚Agency' in Burnout-Ratgeberliteratur

Theresa Schnedermann

1 Einleitung

In den Jahren 2011/2012 hatte die Berichterstattung zum Thema „Burnout" einen Höhepunkt erreicht.[1] In der Presse und von Verbänden wurde über einen enormen Anstieg der Anzahl von Krankschreibungsfällen mit der Zusatzdiagnose *Burnout* ausführlich berichtet,[2] hinzu kamen Aktionen gesellschaftspolitischer Akteure in

---

In diesem sprachwissenschaftlichen Beitrag werden die folgenden Konventionen für Notation und Hervorhebung verwendet, um die verschiedenen – in der Sprachwissenschaft notwendigen – Perspektiven auf Sprache zu unterscheiden: Objektsprachliche Ausdrücke werden *kursiv* gesetzt, Begriff und Konzept werden weitgehend synonym verwendet und durch einfache Anführungszeichen (‚so') notiert. Themen werden neben Zitaten mit „diesen" Anführungszeichen versehen. Uneigentlicher oder distanzierender Sprachgebrauch werden neben Zitaten im Zitat mit einfachen Anführungszeichen oben und unten (‚so') angezeigt. Bedeutungsinhalte von Begriffen bzw. Teilbedeutungen schließlich werden ebenfalls durch einfache Anführungszeichen (‚so') verdeutlicht.

---

[1] Siehe die zeitliche Verteilung zur Gebrauchshäufigkeit des Ausdrucks *Burnout* im Deutschen Referenzkorpus (DeReKo) des Leibniz-Instituts für Deutsche Sprache (http://www.ids-mannheim.de/kl/neoplots/owid/179379.html, zugegriffen am 18.12.2020).

[2] Vgl. die Zahlen zu Arbeitsunfähigkeitstagen, bei denen Burnout (Z73) auf der Krankschreibung vermerkt ist, in einer Studie der Bundespsychotherapeutenkammer aus dem Jahr 2012. Die Zeitung „Die Welt" titelte am 27.01.2013 „1800 Prozent mehr Krankentage durch Burn-out" und bezieht sich dabei auch auf die von der IG-Metall geforderte „Antistressverordnung" (= Grabitz und Wisdorff 2013).

T. Schnedermann (✉)
Leibniz-Institut für Deutsche Sprache, Mannheim, Deutschland
E-Mail: schnedermann@ids-mannheim.de

© Der/die Autor(en), exklusiv lizenziert an Springer-Verlag GmbH, DE, ein Teil von Springer Nature 2023
P. Mantell et al. (Hrsg.), *Psychische Erkrankungen als gesellschaftliche Aufgabe*, Schriften zu Gesundheit und Gesellschaft – Studies on Health and Society 5, https://doi.org/10.1007/978-3-662-65515-3_5

Bezug auf Burnout[3] oder das Bekenntnis prominenter Persönlichkeiten.[4] Zudem zeigte u. a. das Erscheinen zweier HTA-Berichte[5] im Jahr 2010 und 2012, dass das Thema „Burnout" von verschiedenen Interessengruppen im Bereich des Gesundheitswesens schon damals als bedeutsam für die Patientenversorgung in Deutschland angesehen wurde und daher überprüft werden sollte.

Insbesondere von medizinischer und psychiatrisch/psychotherapeutischer Seite aus erschienen in diesem Zeitraum jedoch auch kritische Kommentare zur Verwendung des Terminus *Burnout* in der öffentlichen Berichterstattung und innerhalb der ärztlichen Diagnostik und Fachliteratur. In einer Stellungnahme schrieb die „Deutsche Gesellschaft für Psychiatrie und Psychotherapie, Psychosomatik und Nervenheilkunde e. V." (DGPPN) im März 2012:

> Die DGPPN sieht […] in der jetzigen Burnout-Diskussion erhebliche Verwirrungen und potenzielle Fehlentwicklungen. Die Spannweite der Diskussion reicht von der völligen Negierung der Relevanz des Burnouts als psychische Erkrankung bis hin zur Warnung vor einer tickenden, bisher übersehenen Zeitbombe. (DGPPN 2012, S. 1)

Obwohl die DGPPN den Umstand grundsätzlich begrüßt, dass über psychische Sachverhalte in der Öffentlichkeit berichtet wird, da dadurch das gesellschaftliche Stigma psychischer Erkrankungen reduziert werden könne, sieht sie die Burnout-Berichterstattung kritisch und die Begriffsverwirrung in ihr begründet:

> Bei der Berichterstattung in den Medien wird zum Teil eine Krankheitsdefinition gefördert, die den Begriff Burnout mit einer Erkrankung der Leistungsträger und der „Starken" gleichsetzt, den Begriff Depression dagegen mit einer Erkrankung der (anlagebedingt) „Schwachen" verknüpft. Diese Bewertung trifft nicht zu und bringt zudem die Gefahr einer neuen Stigmatisierung depressiv erkrankter Menschen mit sich. (DGPPN 2012, S. 1)

Die DGPPN nennt keine konkreten Beispiele, auf die sie sich mit ihrer Medienkritik bezieht. Auch das breite Feld der Ratgeberliteratur zum Thema „Burnout" wird nicht erwähnt, obwohl insbesondere Ratgeber das Bild des typischen Vertreters eines Beschwerde- oder Krankheitsbilds wirkmächtig mitprägen können (z. B. ob die

---

[3] Die damalige Arbeitsministerin Ursula von der Leyen kündigte eine Kampagne an, um Arbeitsschutz „auch in seelischer Hinsicht" voranzubringen (so zitiert in einem Beitrag der FAZ aus dem Jahr 2012 = Astheimer (2012)). Die IG-Metall fordert seit 2012 eine Antistressverordnung (siehe Grabitz und Wisdorff 2013).

[4] Im September 2011 löste der Rücktritt Ralf Rangnicks von seinem Fußballtraineramt des FC Schalke 04 eine verstärkte öffentliche Reflexion über den Ausdruck und das Phänomen *Burnout* und das *Burnout-Syndrom* aus. Vgl. den Artikel von dpa/sid/sara (2011). Im Jahr 2010 war Miriam Meckels Buch „Brief an mein Leben" erschienen, in dem sie über ihren Burnout schreibt und das in verschiedenen Medien rezensiert wurde, so zum Beispiel in der Süddeutschen Zeitung (= Pfauth 2010).

[5] Zum Thema „Burnout" sind zwei HTA-Berichte erschienen: Zur „Differentialdiagnostik des Burnout-Syndroms" (Korczak et al. 2010) und zur „Therapie des Burnout-Syndroms" (Korczak et al. 2012). Die Abkürzung HTA geht zurück auf „Health Technology Assessment". Unter HTA wird nach der Bundesärztekammer die „systematische, evidenzbasierte Bewertung medizinischer Verfahren und Technologien im Hinblick auf deren Effekte auf die Gesundheitsversorgung verstanden." https://www.bundesaerztekammer.de/aerzte/qualitaetssicherung/health-technology-assessment/, zugegriffen am 18.12.2020.

Person als autonome kontrollfähige Leistungsträgerin auch noch innerhalb des Krankheitsprozesses dargestellt wird). Durch die textsortentypische Adressierung und Perspektivenübernahme ist Ratgeberliteratur dadurch gekennzeichnet, sich stärker als andere Vermittlungstexte in Zeitschriften oder Zeitungen auf einen bestimmten Lesertypus zu konzentrieren, diesen auf dem Buchumschlag und Klappentext auch direkt anzusprechen und das Ziel zu haben, die als rat- und hilfsbedürftig antizipierten Leser/innen potenziell in die Lage von Handelnden zu versetzen (s. Abschn. 3.3).

In diesem Beitrag wird untersucht, wie in Ratgebern Fragen nach Verantwortung, Schuld, Kontrollfähigkeit und Absicht versprachlicht werden und mit dem Thema „Burnout“ verknüpft werden. Zur Analyse dieser Dimensionen bietet sich das in gesprächsanalytischen Studien zu Therapeut-/Arzt-Patienten-Gesprächen schon mehrfach verwendete Konzept der ‚Agency‘ an. Mit diesem Konzept können wechselnde Handlungsrollen und -dimensionen, die der Einzelperson und ihrem Umfeld in Burnout-Ratgebern zugeschrieben werden, differenziert beschrieben werden. Ob dies das oben als problematisch bewertete Konzept einer „Erkrankung der Leistungsträger“ stützen kann und ob Burnout-Ratgeber in ihrer Rollenzuweisung für die Individuen eher unterstützende oder überfordernde Wirkung entfalten können, wird im Schlusskapitel diskutiert.

2   Aktuelle Bewertung des Konzepts ‚Burnout‘ aus medizinisch-psychologischer Sicht

Wie in der Einleitung zu diesem Beitrag schon angedeutet, wird die wissenschaftliche Grundlage und Verwendung des Konzepts ‚Burnout‘ in der klinischen Praxis in vielen fachlichen Übersichtsartikeln der letzten Jahre kritisch beurteilt. Dabei wird in verschiedenen Beiträgen betont, dass es keine verbindliche, allgemeingültige, international konsentierte Definition und kein differenzialdiagnostisches Instrument für ‚Burnout‘ gebe (siehe u. a.: Kaschka et al. 2011; Koch und Broich 2012; Hamann et al. 2013; Kissling et al. 2014; Kahl und Winter 2017). Die Konstatierung einer nicht ausreichenden Definition scheint sich dabei insbesondere auf den Umstand zu beziehen, dass ‚Burnout‘ in den gängigen Diagnosemanualen (Diagnostic and Statistical Manual of Mental Disorders [DSM] IV/V, International Classification of Diseases [ICD] 10/11) nicht als Diagnose, sondern nur als zusätzlicher Faktor in der ICD-10 unter der Kategorie „Z73 = Probleme mit Bezug auf Schwierigkeiten bei der Lebensbewältigung“ neben „Stress“ oder „sozialen Rollenkonflikten“ gelistet ist.[6] Denn fachkulturelle und diskursive Praktiken, die zu einer definitorischen konzeptuellen Verdichtung führen, lassen sich sowohl in fachlichen als auch öffentlichen Tex-

---

[6] Den Eintrag in der ICD-10 kann man online einsehen unter: http://www.icd-code.de/icd/code/ Z73.html, zugegriffen am 18.12.2020. Die WHO berichtet, dass Burnout in der ICD-11 im Kapitel 'Factors influencing health status or contact with health services' als 'occupational phenomenon' verzeichnet ist. (Siehe WHO (5/2019) unter: https://www.who.int/news/item/ 28-05-2019-burn-out-an-occupational-phenomenon-international-classification-of-diseases, zugegriffen am 16.11.2022).

ten über ‚Burnout' durchaus nachweisen (vgl. Schnedermann 2021).[7] Des Weiteren ist das Vorhandensein konkurrierender Definitionen nicht unbedingt als Zeichen mangelnder Forschung zu betrachten, da Forscher/innen verschiedener Fachrichtungen sich mit dem Phänomen Burnout auseinandersetzen, dabei auch unterschiedliche Schwerpunkte in den Erklärungsmodellen setzen und es mit unterschiedlichen Nachbarkonzepten in Verbindung bringen (z. B. mit dem aus der Medizinsoziologie stammenden Konzept der ‚Gratifikationskrise') (Klein et al. 2010) oder unterschiedlichen Stressmodellen im Bereich der Arbeits- und Organisationspsychologie (vgl. z. B. Michel et al. 2011).

Die Testkonstruktion des „Maslach Burnout Inventory" (MBI) (Maslach und Jackson 1981; Maslach et al. 1997), das Messinstrument mit Fragen zur Selbsteinschätzung, das in vielen Studien bis heute zum Einsatz kommt, wird im Hinblick auf seine Gültigkeit als Diagnoseinstrument (Korczak et al. 2010, S. 21) ebenfalls in Frage gestellt, wobei eingeräumt wird, dass es ursprünglich nicht als Diagnoseinstrument von seinen Autorinnen konstruiert worden sei (ebd.). Wörfel et al. (2015) kommen in einer Studie zur „Validierung der deutschen Kurzversion des Maslach-Burnout-Inventars für Studierende" beispielsweise zu dem Schluss, dass sich dieses auf Studierende zugeschnittene Inventar „besonders für Mehrthemenbefragungen" eigne. Studien, die die Validität und Reliabilität des MBI überprüft haben, ergeben ein geteiltes Stimmungsbild (vgl. Demerouti und Nachreiner 1996; Neubach und Schmidt 2000; Schutte et al. 2000; Gumz et al. 2013). Eine Übersicht zu weiteren Messinstrumenten zum Konzept ‚Burnout' findet man bei Burisch ([5]2014, S. 35 ff.) und Korczak et al. (2010, S. 20 ff.).

Trotz dieser Einschränkungen wird die Diagnose laut einer Studie der Bundespsychotherapeutenkammer von Seiten der Ärzte/Ärztinnen vergeben (BPtK 2012, S. 5 ff.). Ein Übersichtsartikel in der Deutschen medizinischen Wochenschrift empfiehlt:

> Da das Thema „Burnout" derzeit in allen Medien intensiv behandelt wird, steigt die Zahl der Menschen, die wegen Burnout-Beschwerden ärztliche Hilfe in Anspruch nehmen. Ärzte aller Fachrichtungen sollten deshalb die wichtigsten Symptome und Diagnosen kennen, die diesem unscharf definierten Syndrom zu Grunde liegen können. (Kissling et al. 2014, S. 2592)

---

[7] So wird beispielsweise auf die Symptomtrias, die auf Maslach und Jackson 1981 zurückgeht, in beinahe jedem Übersichtsartikel verwiesen. Dabei wird die Definition zwar mitunter kritisiert, aber sie wird trotz Kritik in vielen Studien dennoch bis heute verwendet (Stier-Jarmer et al. 2016; Schneider et al. 2017, teilweise von den Kritikern selbst, Neubach und Schmidt 2004) oder sie wird an prominenter Stelle im Text zunächst ohne Distanzierungssignale zitiert (z. B. im Abstract) und erst im weiteren Textverlauf an typographisch unauffälligerer Stelle im Fließtext kritisiert (z. B. Bauer et al. 2003). Weiterhin sind Zitatnetze für den Burnout-Diskurs in diskursanalytischer Terminologie nach Foucault als „verknappend" zu bewerten, in denen einzelne Autoren/Autorinnen im Vergleich zu anderen Stimmen sehr häufig zitiert werden und dies nicht nur im Rahmen einer „Diskursgesellschaft" (also z. B. Fachzirkeln), sondern über verschiedene Diskursgruppierungen bzw. Teilöffentlichkeiten hinweg (vgl. Foucault [1970] 1993, S. 19 f.). Für den deutschen Diskurs erzeugen beispielsweise Publikationen von Matthias Burisch und Praktiken der Wiederaufnahme seiner Aussagen bzw. Kategorisierungen in anderen Texten einen solchen diskursiven Verknappungseffekt. Seine Konzeptualisierungen finden sich in beinahe jeder untersuchten Textsorte im Diskurs wieder (z. B. im HTA-Bericht von Korczak et al. 2010); Burisch ist seit der 16. Auflage (2013) Verfasser des Eintrags zum Stichwort „Burn-out" im Lexikon der Psychologie „Dorsch" (= Burisch 2013), aus diesem Eintrag stammt fast wörtlich der erste Satz des Wikipedia-Eintrags zu „Burn-out" (Artikelfassung vom 13.08.2018 in der Versionengeschichte) (https://de.wikipedia.org/w/index.php?title=Burn-out&oldid=179991172, zugegriffen am 18.12.2020) und Burisch ist beispielsweise auch Verfasser einer Broschüre „Burnout vorbeugen" der Techniker Krankenkasse aus dem Jahr 2012 (= Burisch 2012).

In mehreren Beiträgen der letzten Jahre wird ‚Burnout' vor diesem Hintergrund als „Risikofaktor"[8] für somatische und psychische Folgeerkrankungen in die Prophylaxe und Diagnostik aufgenommen:[9]

> Burn-out, respektive Z73 wird jedoch als Risikozustand verstanden. Im Besonderen stellt es ein Risiko für somatische und psychische Folgeerkrankungen wie Hypertonie, Tinnitus oder Depressionen, Angsterkrankungen oder Medikamentenabhängigkeit dar [...]. Die diagnostische Klärung dieser typischen Folgestörungen ist in jedem Fall unerlässlich, da diese das Rational zur Therapie bestimmen. Falls eine Erkrankung infolge eines Burn-outs eingetreten ist, sollte sie selbstverständlich ebenfalls codiert werden und durch die Zusatzcodierung Z73 der Zusammenhang mit einer Arbeitsbelastung dokumentiert werden. Dies ist für die Therapie, aber vor allem für die berufliche Wiedereingliederung und Rückfallprophylaxe von hoher Relevanz. (Berger et al. 2012, S. 1366)

3 Linguistische Analyse von ‚Agency' in Burnout-Ratgeberliteratur

3.1 Das Analysekonzept ‚Agency' und die damit verbundenen Erkenntnisinteressen

Das Konzept ‚Agency' wird in verschiedenen Disziplinen der Sozial- und Verhaltensforschung sowie Geisteswissenschaften verwendet (eine Übersicht bietet Helfferich 2012). Im linguistischen Bereich wurde das Konzept bislang vorwiegend in gesprächslinguistischen Studien eingesetzt (vgl. Lucius-Hoene 2012; Deppermann 2015; Kook 2015) und mit der Theorie der semantischen Rollen[10] verbunden (vgl. Deppermann 2015, S. 65 mit Bezug auf Fillmore 1968; Primus 2012).

Deppermann legt einer Studie über „Agency in Erzählungen über Gewalterfahrungen in Kindheit und Jugend" einen sechs Dimensionen umfassenden Begriff von

---

[8] Das Konzept ‚Risiko' bezogen auf das Ereignis Burnout impliziert, dass dieses Ereignis „in der Vergangenheit bereits angelegte Ursachen und potenzielle Folgen" hat. Felder/Jacob heben in einem Beitrag über Diskurslinguistik und Risikoforschung hervor, dass es aus linguistischer Sicht interessant sei, zu analysieren, mit welchen sprachlichen Mitteln eine Verbindung zwischen Ursachen, Ereignissen und Folgen hergestellt würde (Felder und Jacob 2014, S. 23).

[9] Vgl. ebenfalls Korczak et al. 2010, S. 97; Kissling et al. 2014, S. 2588.

[10] Basale semantische Rollen in der Versprachlichung eines Ereignisses sind zum Beispiel „Agens" und „Patiens". „Agens [ist] die Kategorie des Verursachers von Ereignissen, Patiens hingegen die des von einer Handlung Betroffenen" (Deppermann 2015, S. 66). Die Analyse semantischer Rollen fragt: „Wie werden die an einem Ereignis beteiligten Partizipanten und ihr Verhältnis zueinander in Bezug auf Aktivität, Initiative und Betroffensein, aber auch andere Relationen wie Instrument, Ort und Ziel von Handlungen konzeptualisiert?" (ebd.). Neben den Rollen ‚Agens' und ‚Patiens' wird im Folgenden mehrfach die Rolle des ‚Zustandsträgers'/‚Experiencers' genannt, eine „Person, oder Figur, die etw. wahrnimmt, fühlt oder denkt" (Müller 2007, S. 93). Weitere semantische Rollen und prototypische Eigenschaften, die in der Theorie der semantischen Rollen den einzelnen Rollen charakterisierend zugewiesen werden (z. B. Verursachung, Handlungskontrolle, Intentionalität oder Affiziertheit, Betroffenheit, vgl. Primus 2012, S. 17 und 32), werden im Fließtext an den jeweiligen Beispielen erläutert.

,Agency' zugrunde, der im Folgenden zitiert und der vorliegenden Analyse als Orientierungskonzept zugrunde gelegt wird (Deppermann 2015, S. 65):

> „Agency umfasst dabei sechs Dimensionen. Auf jeder kann eine Handlung durch hohen oder niedrigen Grad von Agency gekennzeichnet sein:
>
> 1. Aktivität vs. Passivität, d. h., nicht Handelnder, sondern von Handlungen Betroffener zu sein; dabei zählt intentionale Unterlassung auch als Handeln,
> 2. Handlungsverursachung durch das Selbst (Autonomie) oder andere (Heteronomie),
> 3. Bewusstheitsgrad des Verhaltens, wobei vorbewusste Routinehandlungen eine wichtige Variante sind
> 4. Kontrolle und Kontrollierbarkeit und damit Verantwortlichkeit des Handelns
> 5. Intentionalitäts- und Planungsgrad: Während strategische und spezifisch situiert entworfene Handlungen einen hohen Grad von Agency aufweisen, haben konventionelle, sozial präformierte Routinehandlungen einen mittleren Grad und unabsichtliche, ungeplante geringe Agency; autonomes Handeln impliziert intentionales Handeln, moralische Beurteilung hinsichtlich (Zweck-)Rationalität und ethischer Qualität des Handelns.
> 6. moralische Beurteilung hinsichtlich (Zweck-)Rationalität und ethischer Qualität des Handelns."

Die Dimensionen des Konzepts ,Agency' konstituieren nach Deppermann „eine Guttman-Skala, d. h., sie bauen aufeinander auf: Hohe Werte auf einer folgenden Dimension setzen hohe Werte auf einer niederen voraus" (ebd.). Die dargelegten Dimensionen überschneiden sich mit Kriterien, die auch bei linguistischen Analysen von Verantwortungszuschreibungen,[11] Kausalitätsanalysen,[12] ätiologischen Fragestellungen und insbesondere bei der Analyse semantischer Rollen (Primus 2012) zum Tragen kommen. Das Konzept bewegt sich zwischen zwei Polen, die in ihrer Extremform in der Praxis kaum anzutreffen sind, aber in theoretischer Hinsicht die analytischen Dimensionen nochmals verdeutlichen: Auf der einen Seite steht das autonome Subjekt, das sich aller Voraussetzungen und Folgen seines Handelns vollständig bewusst ist und auf dieser Basis absichtsvoll, kontrolliert prospektiv für sich und andere handelt und retrospektiv Verantwortung übernimmt.[13] Auf der anderen Seite steht das heteronome Subjekt, das durch Handlungen oder Faktoren von außen in seinem Verhalten/ Erleben beeinflusst bzw. determiniert wird und auf diese Einflüsse nur unbewusst und

---

[11] Eine linguistische Betrachtung und Anwendung des Verantwortungskonzepts bietet Jacob 2011.

[12] Zur Analysekategorie der „Kausalität" aus linguistischer Perspektive vgl. Breindl und Walter (2009), Mattfeldt (2014).

[13] Diese Rolle ähnelt dem traditionellen ,Agens-Begriff' in der Theorie semantischer Rollen. Es handelt sich um „einen typischerweise belebten Partizipanten, welcher die vom verbalen Prädikat bezeichnete Situation absichtlich herbeiführt. Die grundlegenden Begriffe, die ein Agens charakterisieren, sind mithin Verursachung (auch Kausalität) sowie Begriffe im Umfeld von Handlungskontrolle (auch Absichtlichkeit, Intentionalität, Volitionalität [...])." (Primus 2012, S. 17).

ohne Kontrollmöglichkeiten sowie ohne erkennbare eigene Absichten reagiert und daher nicht verantwortlich gemacht werden kann.[14]

In der realen Praxis beim Umgang mit Krankheiten wird man es stets mit Subjekten zu tun haben, die zwischen diesen Polen stehen. Um zu analysieren, in welcher Weise verschiedenen Personen ‚Agency' in Burnout-Ratgeberliteratur zugeschrieben wird, erscheinen vor diesem Hintergrund folgende Fragen zentral zu sein:

1. An welchen Stellen und mit welchen sprachlichen Mitteln wird den Personen, die Burnout-Symptome aufweisen, ein (hoher, mittlerer, niedriger) Grad an Eigenbeteiligung bei der Entstehung bzw. Aufrechterhaltung des Burnout-Zustands zugesprochen?
2. Wo setzen die einzelnen Ratgeber die Grenze zwischen unkontrolliertem, vorbewusstem Verhalten und kontrollierbarem, bewusstem Handeln und wie wird diese Grenze sprachlich markiert?

Es besteht Grund zu der Annahme, dass Ratgeber von Personen gelesen werden, die sich von der Lektüre des Ratgebers Handlungsempfehlungen zum Umgang mit konkret erlebten Problemen erhoffen. Die Leser/innen bringen demnach möglicherweise gewisses Vorwissen und die Einstellung mit, dass sie durch die Lektüre etwas bewirken bzw. ihre Agency bezogen auf das Problem ‚verbessern' können. Im folgenden Kapitel werden weitere Merkmale von Ratgeberliteratur aus linguistischer Sicht beschrieben, die sich auf die Zuschreibungspraktiken von ‚Agency' auswirken können.

3.2   Burnout-Ratgeber – Merkmale aus linguistischer Sicht

In der hier untersuchten Ratgeberliteratur zum Burnout-Phänomen wenden sich in der Regel Expertinnen und Experten aus der psychosozialen und medizinischen Praxis schriftlich in Buchform[15] an Laien. Der Expertenstatus wird nicht selten bereits auf dem Umschlag durch die Nennung beruflicher Titel vor den Autorennamen deutlich gemacht.[16] Die Kommunikationsrichtung ist unidirektional und die potenziellen Rezipienten sind grundsätzlich wie in Massenmedien „anonym, heterogen und dispers" (Burger und Luginbühl 2014, S. 8). Mit großer Wahrscheinlichkeit jedoch sind sie am Thema „Burnout" schon vorab interessiert und eventuell auch schon in diesem Themenbereich vorgebildet. Ratgeber definieren in der Regel ihre „intendierten Rezipienten" (Burger und Luginbühl 2014, S. 12) im Klappentext oder Vorwort dadurch, dass sie ihre mögliche Leserschaft mit Fragen, die Merkmale des anvisierten Lesertyps enthalten, ansprechen und Zielgruppen aufzählen:

---

[14] Diese Beschreibung ähnelt dem traditionellen Patiens-Begriff, eines „Partizipanten […], der in dem Prädikat bezeichneten Geschehen physisch manifest betroffen ist und dessen Zustand sich physisch verändert." (Primus 2012, S. 31 f.).

[15] In diesem Beitrag werden nur Ratgeber in Buchform analysiert. Ratgebende Aufklärungstexte finden sich aber auch in populärwissenschaftlichen Zeitschriften oder anderen medialen Veröffentlichungsformen.

[16] So zum Beispiel bei den untersuchten Ratgebern Dr. med. Angela Drees; Dr. med. Volker Schmiedel.

„‚Ich kann nicht mehr!' Fühlen Sie sich dauergestresst, seit Monaten erschöpft und gereizt? Gehören Sie zur sog. ‚Helfer-Gruppe' wie Mütter, Lehrer oder pflegende Angehörige? Gut, wenn Sie jetzt gegensteuern wollen". (Schmiedel 2010, Buchrückseite)[17]

Durch die direkte Leseransprache („Fühlen Sie sich ..."), eine hohe Dichte von sprachlichen Mittel, die ein (Nicht)-Können, -Sollen oder -Dürfen transportieren („Ich kann nicht mehr!") und über wertende, motivierende Sprachhandlungen („Gut, wenn Sie jetzt gegensteuern wollen") transportieren Ratgebertexte neben einem sog. Faktenwissen auch nicht-verbindliches Handlungswissen (Franke 1997, S. 161 ff.) bzw. „‚nicht-bindende' Aufforderungen" (Hindelang 1977, S. 378).[18] Man findet zahlreiche Indizien, die darauf schließen lassen, dass die Autoren/Autorinnen der Ratgeber bei denjenigen, die sie ansprechen, eine spezifische Einstellungs-, Verhaltens- und Handlungsänderung erzielen möchten. Ratgeber versuchen mit verschiedenen Mitteln eines informellen umgangssprachlichen Stils („sie werden in die ‚Normalität' zurückkatapultiert" (Freudenberger und North ⁹2002, S. 15)) und der Konstituierung von Gruppenzugehörigkeit („Wir fühlen uns lustlos und leer – ausgebrannt" (Drees und Stüllenberg ²2014, S. 10)) Nähe zu ihrer Leserschaft herzustellen. Auch Personen mit geringer fachlicher Vorbildung sollen erreicht werden, was sich dadurch zeigt, dass Fachwörter in der Regel erläutert werden („Kraftwerke der Zellen – die Mitochondrien", ebd., S. 5).

Die dargelegten Charakteristika lassen vermuten, dass in Ratgeberliteratur gestaltungsreich mit semantischen Rollen und Handlungsmodalitäten gespielt wird, weshalb sie einen besonders interessanten Untersuchungsgegenstand im Hinblick auf Zuschreibungen von ‚Agency' darstellen. Die folgende Untersuchung beruht auf zehn Titeln der Burnout-Ratgeberliteratur aus verschiedenen Dekaden und Autoren/Autorinnen aus unterschiedlichen Teilfächern (z. B. Sozialwissenschaft, Psychoanalyse, Konflikt- und Stressmanagement, Wirtschafts- und Gesundheitspsychologie).

3.3 Burnout-Ratgeber als Agency-Verstärker?

Die folgende Analyse im linguistisch-hermeneutischen Paradigma der pragmasemiotischen Textarbeit[19] hat zum Ziel, an Sprachgebrauchsformen Komponenten der Grammatik, (Wort-)Bedeutung (Semantik) und Sprachhandlung (Pragmatik)

---

[17] Weitere Sprachmittel, um die intendierte Leserschaft festzusetzen, sind zum Beispiel Konstruktionen mit der Präposition *bei*: „Burnout bei Frauen" (Freudenberger und North ⁹2002) oder das syntaktische Muster *wer ..., der* (siehe z. B. bei Drees und Stüllenberg (²2014, S. 9)).

[18] Es gibt verschiedene Positionen in der linguistischen Forschung, ob Ratgebertexten eher den informationsbetonten, assertiven oder den direktiven Textsorten zuzuordnen sind. Zu diesen Positionen siehe im Überblick Franke (1997, S. 162 f.) und Schnedermann (2021, S. 194 f.).

[19] Bei dieser Analyse gilt es, die perspektivierende Kraft und den Handlungswert lexikalischer und grammatischer Zeichen verschiedener Ebenen (Morphem-, (Mehr-)Wort-, Satz- und Textebene) im Hinblick auf die gewählte Fragestellung herauszuarbeiten. Vgl. zur pragma-semiotischen Textarbeit Felder (2012) sowie zu linguistisch-hermeneutischen Interpretationsmethoden Gardt (2007).

aufzuzeigen, über die ‚Agency' in den Ratgebertexten zugeschrieben wird.[20] Die folgenden längeren Zitate entstammen zwei Ratgebern, die unterschiedliche Agency-Zuschreibungs-Strategien verfolgen.[21] Im ersten Analysebeispiel des Ratgebers von Drees und Stüllenberg ([2]2014) wird die persönliche Involviertheit in Bezug auf die Entstehung/Aufrechterhaltung des Burnoutzustands zunächst sprachlich minimiert. Im weiteren Verlauf jedoch wird, wie Beispiel 2 verdeutlicht, über wechselnde semantische Rollen und unter Anwendung der folgenden semantischen Komponenten innerhalb weniger Sätze den Adressaten dennoch ‚Agency' bzw. Mit-Verantwortung zugeschrieben: 1) aktiv – passiv 2) kontrolliert – unkontrolliert, 3) bewusst – un-/vorbewusst, 4) individuell – kollektiv 5) motiviert/intendiert/verantwortlich – nicht motiviert/intendiert/verantwortlich.[22] Im letzten Beispiel des Ratgebers von Müller-Timmermann ([7]2012) schließlich wird stärker als bei Drees und Stüllenberg von Beginn an auf die Autonomie der beteiligten Personen gesetzt, wobei dennoch Abzüge für eine vollumfängliche ‚Agency' sprachlich markiert werden.

Die folgende Passage stammt aus dem ersten Kapitel des Ratgebers von Drees und Stüllenberg ([2]2014, S. 9 f.):

Beispiel 1

Leistung über alles …
    Eines ist sicher: Unsere Gesellschaft hat sich in den letzten 25 Jahren radikal verändert. Das Diktat exponentiell wachsender Produktion zwingt Arbeitnehmer nicht nur, in immer kürzeren Abständen Höchstleistungen bei unzureichender Regeneration zu erbringen. Auch die Komplexität der Aufgaben wächst ständig. […]
    … und die Folge: ausgebrannt
    […] Wer am Arbeitsmarkt bestehen will, muss sich permanent anpassen. Das bringt eine Fülle von Risiken, die auch die Sicherheit des Arbeitsplatzes betreffen. […] Die Folge für den Menschen: immer weniger Wertschätzung, immer weniger Freude und Erfüllung in dem, was er tut. Zudem verliert, wer zu viel arbeitet, Raum für Rückzug, Ruhe, Kreativität, Familienleben und Erholung. […]

---

[20] In bisherigen linguistischen Agency-Analysen wurde beispielsweise ein Fokus auf Aktiv- und Passivkonstruktionen, Modalverben, Verbalvalenzen, verschiedene Prädikationsausdrücke (Aktionsprädikate, Prozessprädikate etc.), semantische Rollen und auf Besonderheiten auf gesprächsorganisatorischer Ebene etc. gelegt (vgl. Helfferich 2012, 12; Lucius-Hoene 2012; Kook 2015, S. 27 ff., im Überblick S. 111; Deppermann 2015).

[21] Zum Einen der Ratgeber: „Burnout naturheilkundlich behandeln" von Drees und Stüllenberg ([2]2014) und zum anderen der Ratgeber „Ausgebrannt – Wege aus der Burnout-Krise" von Müller-Timmermann ([7]2012). Beispiele aus den anderen untersuchten Ratgebern werden über Fußnoten oder im Fließtext an den jeweiligen Stellen ergänzt.

[22] Diese Kriterien-Paare überschneiden sich mit semantischen Komponenten, die in der weiter oben zitierten Begriffsbestimmung von ‚Agency' genannt wurden. Sie lassen sich aber auch auf Bestimmungsmerkmale semantischer Rollen mit den beiden Oberkategorien „Agens", „Patiens" und „Rezipient" beziehen. Innerhalb einer differenzierten Theorie semantischer Rollen stellen einige dieser Kriterien grundlegende Begriffe dar, um die Rollen „Agens" und damit verbundene „Patiens-" und „Rezipient-Rollen" zu charakterisieren (vgl. Primus 2012, S. 17). Bezogen auf diese differenzierte Theorie stellen die obigen Gegenüberstellungen abstrahierte Orientierungskategorien dar.

> Wenn Arbeit deutlich mehr Energie kostet, als man daraus zurückerhält (das gilt auch für das Privatleben), sind irgendwann die Depots leer. Wir fühlen uns lustlos und leer – ausgebrannt.

In diesem Zitat wird über verschiedene sprachliche Mittel ein sehr geringer Grad an Agency auf Seiten der Individuen, die Burnout-Symptome zeigen, konstituiert. Das beginnt damit, dass ‚Burnout' als zwangsläufige Folge („Diktat", „zwingt") veränderter gesellschaftlicher und wirtschaftlicher Bedingungen versprachlicht wird, die sich nicht nur auf Einzelpersonen, sondern generalisierend („man", „wer …, muss", „für den Menschen") auf eine Gruppe von Menschen in dieser Situation („Arbeitnehmer") auswirkt. Nur im letzten Satz wird der Leser durch die inkludierende Verwendungsweise von „wir" direkt einbezogen und dies in der semantischen Rolle des ‚Zustandsträgers'/‚Experiencers'.[23] Dieser empfindet als Folge des vorher Genannten – ohne, dass er dies intendiert und wirklich kontrollieren könnte – die Gefühle der Leere, Lustlosigkeit und des Ausgebranntseins. Die wenigen Momente verbalisierter Aktivität sind durch Kriterien von außen vorgeschrieben („muss sich […] anpassen") oder durch damit einhergehenden Verlust gekennzeichnet („immer weniger Freude […] in dem, was er tut. Zudem verliert, wer zu viel arbeitet […]"). Als Motor des ganzen Geschehens fungiert die „Gesellschaft" der „letzten 25 Jahre", wobei jedoch kein weiterer Verursacher für diese Veränderung explizit angegeben wird. Kotextuell – also in der konkreten textuellen Umgebung des Beispiels – bieten sich noch das veränderte Leistungs- und exponentielle Wachstumsprinzip an.[24] Die Mehrheit der untersuchten Ratgeber schreibt ihrer anvisierten Zielgruppe zu Beginn eine nicht oder eingeschränkt aktive Rolle zu, in der die Personen entweder als solche präsentiert werden, die Leidtragende sind, Erlebende der Burnout-Symptome oder vormalige Besitzer von Handlungsmöglichkeiten und Fähigkeiten, die sie verloren haben.[25] Der Burnout-Prozess wird gerne mit Prozessverben oder Verben der Zustandsveränderung (auch in substantivierter Form) ohne explizite Nennung eines Verursachers beschrieben. Auch rücken einzelne Symptome und Begleiterscheinungen in die Agens-Rolle: „Wenn die Maske zerbricht, der Halt im Außen verschwindet und die Verankerung im Inneren nicht geübt ist, befindet man sich im unbekannten Terrain von Burn-out" (Nelting 2010, S. 12); sie „werden […] in den Strudel emotionaler Hetze hineingezogen, der sie schließlich ausgebrannt zurücklässt." (Freudenberger und North [9]2002, S. 12); „Bei einigen Helfern entwickeln sich daraus berufliche Deformationen" (Fengler [2]1992, S. 11).

---

[23]Zustandsträger und Experiencer ist eine „Person oder Figur, die etw. wahrnimmt, fühlt oder denkt" (Müller 2007, S. 94; vgl. auch Primus 2012, S. 25 f.).

[24]Ähnliche Kausalitätsmuster finden sich in den Ratgebern von Prieß (2013, S. 7): „Wir befinden uns in einer Zeit, in der sich immer mehr Grenzen auflösen […]" und Ruhwandl (2009, S. 15): „Seit der Jahrtausendwende spitzen sich die Zustände in der Arbeitswelt weiter zu: Globalisierung, Arbeitsverdichtung und Kommunikations-Vervielfachung führen zu einem steten Anstieg der Burnout-Gefährdung […]." Vgl. Zudem auch den Ratgeber von Schmiedel (2010, S. 7).

[25]Vgl. auch Schmiedel (2010, S. 7): „Dass aber immer mehr Menschen die wichtigsten Kriterien des Burnout erfüllen, ihren normalen Alltagsbelastungen kaum noch nachkommen können und einen echten Leidensdruck haben, kann nicht mehr weggedeutet werden." Ähnliche Beispiele bei Ruhwandl (2009, S. 24); Freudenberger und North ([9]2002, S. 12); Aronson et al. (1983, S. 13).

Der Ratgeber von Drees und Stüllenberg setzt, wie der Titel schon verrät, überwiegend auf naturheilkundliche Methoden, um Burnout zu ‚behandeln'. Von der
Ausgangslage einer sehr geringen ‚Agency' ist es interessant, sich anzuschauen,
wie der Ratgeber in seinem „beiliegenden Folder" sein Programm „auf einen
Blick"[26] beschreibt und welche semantischen Rollenwechsel hin zu mehr Agency
den Adressaten dabei quasi im Schnelldurchlauf zugedacht werden:

Beispiel 2

> **Einführung** [im Orig. als Überschrift farbig, T.S.]
> Burnout-Betroffenen ist häufig die Vitalität abhanden gekommen, sie fühlen sich elend
> und energielos. Mit den vorgeschlagenen Punkten (Instrument) unterstützen Sie die Ener-
> giegewinnung auf kleinster Ebene – das heißt, die Kraftwerke in den Zellen, die
> Mitochondrien. Können sie wieder ungestört arbeiten, kann der Körper eine ausreichende
> Menge an Botenstoffen im Gehirn produzieren – die Voraussetzung für Ihre Vitalität. Zum
> Programm gehören nicht nur Tipps für die Ernährung, sondern auch Schritte für mehr Le-
> bensfreude. [...]
> **Pushen Sie Ihr seelisches Gleichgewicht** [im Orig. als Überschrift farbig, T.S.]
> Zögern Sie nicht, für die Unterstützung Ihres körperlichen und seelischen Gleichge-
> wichts ein Mittel einzunehmen. Viele Burnout-Patienten haben gute Erfahrungen gemacht
> mit Neurodoron® (Weleda). Warum nicht auch Sie? [...]. (Drees und Stüllenberg ²2014,
> Folder, S. 3)

Die „Betroffenen"[27] werden im ersten Satz in der semantischen Rolle von vorma-
ligen ‚Besitzern' präsentiert. Der verlorene Besitzgegenstand ist die abstrakte Eigen-
schaft „Vitalität". In der Theorie der semantischen Rollen wird bei Besitzrelationen
jeweils unterschieden, ob der ‚Besitz', ‚veräußerbar' oder ‚unveräußerbar' ist, also ob
der ‚Besitzer' das Erwerben oder Veräußern kontrollieren kann. Ohne hier in existen-
zielle Diskurse der Verfügbarkeit über die eigene Vitalität einsteigen zu können, kann
man in diesem Beispiel aus rein grammatischer Perspektive darauf schließen, dass
diese Kontrollfähigkeit dem ‚Besitzer' (den „Burnout-Betroffenen") im ersten Satz
durch das Verb *abhandenkommen* und die Dativrolle abgesprochen wird. Denn das
Verb *abhandenkommen* bezeichnet wie andere sog. „unakkussative" Verben[28] eine
Zustandsveränderung, bei der „kein anderer Partizipant als kontrollfähiges Agens
fungiert" (Primus 2012, S. 34).[29] Im zweiten Teil des ersten Satzes („sie fühlen
sich ...") erscheinen die „Burnout-Betroffenen" dann wiederum in der Rolle der ‚Experiencer', die aufgrund des Verlusts – dieser wird durch das Adjektiv energie-*los*[30]
nochmals betont – negative Emotionen empfinden. Ein Wechsel hin zu mehr Aktivität
wird im zweiten Satz eingeleitet. Dies passiert einerseits dadurch, dass die „Betroffe-

---

[26] Dieses „Folder" wird auf dem Umschlag des Buchrückens beworben.

[27] Schon durch die Bezeichnung *Betroffene* wird den Personen, auf die man damit Bezug nimmt,
eine Patiens-Rolle zugeschrieben.

[28] Z. B. *zerbrechen, schmelzen, erröten* etc.

[29] Vgl. Primus zu Dativargumenten in Aktivsätzen in Bezug auf die semantische Komponente
der ‚Nicht-Kontrollfähigkeit' (Primus 2012, S. 55 ff.).

[30] Köller weist bei Adjektiven mit – *los* darauf hin, dass dieses Suffix perspektivitätstheoretisch
interessant ist, da es in der Regel Eigenschaften als „nicht erwünscht" kennzeichnet (vgl. Köller
2004, S. 366).

nen" bzw. die Leser/innen jetzt direkt angesprochen werden („unterstützen Sie ...")
und andererseits durch das Verb *unterstützen* in die Rolle von Agierenden gebracht
werden, die einen Prozess (die „Energiegewinnung"), den sie eigentlich nicht bewusst und intendiert kontrollieren können, mit den vom Ratgeber vorgeschlagenen
Mitteln anstoßen können. Die „Mitochondrien", der „Körper" und die „Botenstoffe"
sind mitspielende „Verursacher" im Geschehen, die über „genügend Eigenenergie"
verfügen, um eine Zustandsveränderung („Energiegewinnung", Wiedergewinnung
von „Vitalität") hervorzurufen (vgl. Primus 2012, S. 73). Durch wen oder was sie
vorher an ihrer ‚Arbeit' „gestört" wurden, wird nicht expliziert. Neben dem Ernäh-
rungsprogramm weist die Zusammenfassung des Ratgeberprogramms schließlich
noch mehrere „Schritte zu mehr Lebensfreude" auf. Innerhalb dieser folgen Hand-
lungsanweisungen im Imperativ, was die Angesprochenen nun explizit als kontrollfähige Akteure ausweist.[31] Doch auch hier unterliegt wieder nur die Anschubhandlung
(„pushen") der bewussten Kontrolle der Individuen, sie sind nur vermittels des Medikaments Mitverursacher ihres „körperlichen und seelischen Gleichgewichts". Dennoch werden die „Burnout-Betroffenen" in dieser Passage deutlicher als bisher potenziell für das Fortbestehen ihrer Symptome verantwortlich gemacht, dadurch dass
ihnen durch das Verb *zögern* eine bewusste (zeitweilige) Handlungsunterlassung unterstellt wird. Durch diese Unterlassung würden sie selbst zu ihren Symptomen beitragen, weil sie sich damit gegen die von anderen „Burnout-Patienten" erlebte therapeutische Wirkung des Medikaments, also gegen kollektive Erfahrung, stellen würden.

Zusammenfassend starten die „Burnout-Betroffenen" bei Drees und Stüllenberg
in einer passiven Rolle des unkontrollierten Verlierers, danach wird ihnen ihre Rolle
als Teil-Agens, also als Unterstützer für die Aktivierung selbsttätig ablaufender Prozesse, bewusst gemacht. Am Ende wird aus dieser zuvor bewusst gemachten Unter-
stützerrolle eine Pflicht. Denn wenn die „Burnout-Betroffenen" diese Rolle nicht
ausfüllen, dann handeln sie bewusst wider besseren Wissens und gehen selbstver-
schuldet ein Risiko ein, ihre Symptome zu verstetigen.

Dieses Entwicklungsmodell manifestiert sich in den meisten Ratgebern mehr
oder weniger explizit, nämlich dadurch, dass ein Ratgeber seine Leser/innen je nach
Bewusstseinsgrad zunächst als ‚Betroffene' und nach der ‚Aufklärung' als ‚(Mit-)
Verantwortliche' konstituiert oder auch innerhalb der Kapitel zwischen diesen Rollen hin- und herwechselt.[32] Passagen mit diesen Rollenwechseln oder -dopplungen
geben meist besonders deutliche Hinweise auf die im Hintergrund mitschwingen-
den Therapieschulen und Theorien, die den jeweiligen Ratgebern zugrunde liegen.[33]

---

[31] Vgl. dazu Primus (2012, S. 19): „Wenn man eine Aufforderung erhält, so setzt dies voraus, dass
man fähig ist, die betroffene Handlung selbstständig in Gang zu setzen und deren Zustandekommen und Ergebnis zu kontrollieren."

[32] Bei Ruhwandl (2009) sieht man diesen Wechsel bspw. an den direkt aufeinander folgenden
Überschriften: „IV. Warum brennt mein Job mich aus?" (S. 39 ff.) und „V. Wege aus dem Burnout:
Was kann ich in meinem Job verändern, um mich vor Burnout zu schützen?" (S. 52 ff.).

[33] Im Ratgeber von Drees und Stüllenberg sind dies Mikronährstofftherapie und Homöopathie. Im
Ratgeber von Freudenberger und North (⁹2002) scheinen hingegen psychoanalytische Denkmuster
durch, wenn unbewusste Verleugnungsmechanismen beschrieben werden, die durch Bewusstmachung später kontrolliert werden sollen. (Freudenberger und North ⁹2002, S. 27 ff.).

Denn die Leser/innen sollen schließlich durch die jeweils angeführten Theoriekonzepte zu diesen Entwicklungsschritten angeleitet werden.

Im Folgenden wird nun abschließend eine Passage aus dem Ratgeber von Müller-Timmermann ([7]2012, S. 8) den bisherigen Beispielen gegenübergestellt. Den ‚Betroffenen' wird darin im Vergleich zu den zitierten Passagen aus Drees und Stüllenberg (Beispiel 1 und 2) zwar von Beginn an eine deutlich aktivere Rolle zuteil. Doch auch hier findet ein deutlicher Wechsel von Patiens- zu Agens-Rollen statt:

Beispiel 3

> Dieses Buch beschäftigt sich vorwiegend mit den Bedingungen, die in der Persönlichkeit des Betroffenen selbst liegen. Der vom Ausbrennen bedrohte Leser wird neben den Symptomen des Burnout in erster Linie sich selbst kennen lernen. Er wird mit den eigenen riskanten Lebensgrundsätzen, Glaubenssystemen und Verhaltensweisen konfrontiert. Das bedeutet nicht, diejenigen Betriebe und Behörden freizusprechen, die lausige Arbeitsbedingungen zur Verfügung stellen; ebenso wenig dem Einzelnen die ‚Schuld' in die Schuhe zu schieben. Der gewählte Leitgedanke fußt auf der Überzeugung, dass man den Hebel der Veränderung am wirksamsten – wenn auch nicht gerade am leichtesten – bei sich selbst ansetzen kann und dass dafür eine hohe Selbstverantwortung vonnöten ist. (Müller-Timmermann ([7]2012, S. 8))

In diesem kurzen Abschnitt wird vier Mal mit der Partikel *selbst*, einmal davon als Erstglied im Kompositum *Selbstverantwortung*, mit Nachdruck auf die ‚betroffenen' Individuen und ihre Beteiligung beim „Ausbrennen" hingewiesen.[34] In der Mehrzahl der untersuchten Ratgeber zu „Burnout" ist die Verwendung von *selbst* als Einzelwort oder in Zusammensetzungen hochfrequent.[35] Im Vergleich zu den ersten beiden Beispielen im homöopathischen Ratgeber nimmt Müller-Timmermann seine Leser/innen von Beginn an als selbstverantwortlich Handelnde in die Pflicht, weil er das Sich-Einlassen auf sein Aufklärungsprogramm als kollektiv anerkanntes[36] Moment der Selbstverantwortung bzw. -überwindung („am wirksamsten – wenn auch nicht gerade am leichtesten –") positioniert. Doch auch hier wird den angesprochenen Personen zunächst nicht in vollem Umfang ‚Agency' zugesprochen. Sie sind zweimal nur affizierte Partizipanten der Situation. 1.) Es geht um den „bedrohte[n] Leser", der einen möglichen Verlust erleiden könnte, wenn er sich nicht mittels des Ratgebers mit den eigenen Risikoquellen auseinandersetzt. Diese riskanten Lebensbereiche sind der Person bisher nicht vollumfänglich ‚bewusst' (vgl. die dritte und fünfte ‚Agency'-Dimension in Abschn. 3.1 dieses Beitrags). 2.) Sie muss zunächst damit „konfrontiert"

---

[34] Vgl. die Bedeutungsangabe auf Duden Online zu *selbst*: „steht nach dem Bezugswort oder betont nachdrücklich, dass nur die im Bezugswort genannte Person oder Sache gemeint ist und niemand oder nichts anderes". Online einsehbar unter: https://www.duden.de/rechtschreibung/selbst, zugegriffen am 18.12.2020.

[35] Weitere Beispiele sind: „Um aus diesem Zustand herauszukommen, müssen wir selbst all unsere Kräfte mobil machen." (Bronsberg und Vestlund 1988, S. 10); für Prieß (2013) ist Burnout ein „gesunder Selbstregulierungsversuch von Menschen, die den Dialog zu sich selbst […] verloren haben" (S. 10); Schmiedel (2010) fragt: „Wie findet man heraus, was die individuellen Ursachen bei einem selbst sind?" (S. 11); Ruhwandl (2009) weist ihre Leser darauf hin „was Sie selbst tun können" (S. 11); Fengler (1992) spricht in Bezug auf Burnout auch von „Selbstdeformation" (S. 127).

[36] Er verwendet das verallgemeinernde Pronomen *man*.

werden, um diese dann ‚absichtsvoll' und ‚kontrolliert' beeinflussen zu können. Die Entwicklungsstufen der Leser/innen werden demnach auch in diesem Ratgeber gleich zu Beginn vorgezeichnet und durch den Verweis auf die benötigte „hohe Selbstverantwortung" ähnlich wie in Beispiel 2 bei Drees und Stüllenberg schließlich noch mit dem Konzept der ‚Pflicht' verbunden. Das entspricht der sechsten und damit höchsten ‚Agency'-Dimension (vgl. Abschn. 3.1).

Im folgenden Schlusskapitel werden die verschiedenen Dimensionen von ‚Agency' nochmals zusammenfassend auf die analysierten Beispiele bezogen und vor diesem Hintergrund werden Fragen der Einleitung sowie zur Praxistauglichkeit von Burnout-Ratgebern und Fragen für lohnende Anschlussstudien aus linguistischer Sicht entwickelt.

4   Schluss

Die untersuchten Ratgeber unterscheiden sich zwar tendenziell darin, in welchem Ausmaß sie ihren Adressaten zu Beginn der Bücher Handlungskontrolle, Planbarkeit, Absichtlichkeit, Autonomie und Bewusstsein zuschreiben, doch in allen Ratgebern wird eine Bewusstseinsschärfung intendiert und sprachlich ausgestaltet. Über den Katalysator der Bewusstseinssteigerung werden die angesprochenen Leser/innen in den untersuchten Ratgebern auf rollensemantischer Ebene dann auch mit weiteren Agency-Dimensionen ‚ausgestattet'. Diese Versuche, das Bewusstsein auf Seiten der Leser/innen für Risikoquellen und damit zusammenhängende Gegenmaßnahmen zu erweitern, passt zur Textfunktion von Ratgeberliteratur, neben einem sog. Faktenwissen auch nicht-verbindliches Handlungswissen (Franke 1997, S. 161 ff.) zu vermitteln. Interessant dabei ist, dass Lebensbereiche, die von den Beteiligten eigentlich nicht gänzlich kontrolliert werden können, semantisch in den Bereich des Kontrollierbaren gerückt werden: Denn eine Person aufzufordern „Pushen Sie Ihr inneres Gleichgewicht" (Drees und Stüllenberg, siehe Beispiel 2 in Abschn. 3.3) ist nur dann eine plausible kommunikative Absicht, wenn vorausgesetzt wird, dass die Person „die betroffene Handlung selbständig in Gang setzen und deren Zustandekommen und Ergebnis kontrollieren" kann (Primus 2012, S. 19). Einige Ratgeber thematisieren zwar die Problematik, dass viele Routinehandlungen und habituelle Einstellungen und Verhaltensweisen, die zum Burnout-Zustand geführt haben, nicht allein durch Bewusstmachung und Erkenntnis abgeschafft oder kontrolliert werden können. Aber diese Anmerkungen bleiben Randnotizen in den dargelegten Gesamtprogrammen der Selbstaktivierung.[37] Verstärkt dies den Ein-

---

[37] So schreibt Prieß (2013, S. 15): „dass notwendige Veränderungen nicht über eine rein rationale, vom Gefühl isolierte Erkenntnis zu erreichen sind. Auf der emotionalen Ebene blockiert, bleibt das Wissen Theorie, und die praktische Umsetzung gelingt nicht." Doch am Ende des Buchs werden unter der Überschrift „Was können Sie als betroffene Einzelperson tun?" dennoch recht theoretisch-abstrakt klingende Ratschläge im Aufforderungsmodus präsentiert, bei denen die Kontrollierbarkeit wiederum fraglich erscheint, wie z. B.: „Fragen Sie sich, ob es innere unverarbeitete Realitäten waren, die Ihr Ausbrennen bedingten, oder ob Sie gegen Ihre Identität gehandelt haben" (Prieß 2013, S. 161).

druck von ‚Burnout' als „Erkrankung der Leistungsträger",[38] da hier Personen angesprochen werden, die sich mit genügend Ehrgeiz aus eigener Kraft die Kontrolle über ihr Leben zurückerarbeiten können? Dies wirft zudem die Frage auf, inwiefern und für welche ‚Betroffenen'-Gruppen Burnout-Ratgeber realistische Vorstellungen von Handlungskontrolle und Autonomie aufzeigen und ob die damit verbundenen Agency-Vorstellungen für eine mögliche therapeutische Behandlung je nach Persönlichkeitstyp förderlich oder hinderlich sein können.[39] In dieser Hinsicht weist die linguistische Analyse von Agency-Strukturen vielversprechende Berührungspunkte mit der psychologischen Attributions- und Stressforschung auf, da in diesen Modellen ebenfalls die Selbsteinschätzungen von ‚Betroffenen' eine große Rolle spielt.

Für Anschlussstudien aus dem Bereich der Gesprächs- und Diskurslinguistik dürfte es interessant sein, Agency-Zuschreibungen von Ratgebertexten mit der Schilderung des subjektiven Erlebens von ‚Betroffenen' in Therapiegesprächen zu vergleichen und damit auszuloten, welche Wechselwirkungen es zwischen im öffentlichen Diskurs kreierten, fachlichen und subjektiven Krankheitsbildern gibt.

Literatur

Quellen

Aronson, E., A. M. Pines, und D. Kafry. 1983. *Ausgebrannt: Vom Überdruß zur Selbstentfaltung.* Stuttgart: Klett-Cotta.

Bronsberg, B., und N. Vestlund. 1988. *Ausgebrannt. Die egoistische Aufopferung.* München: Heyne.

Drees A., und E. Stüllenberg. [2]2014. *Burnout. Naturheilkundlich behandeln.* München: Gräfe und Unzer.

Fengler, J. [2]1992. *Helfen macht müde. Zur Analyse und Bewältigung von Burnout und beruflicher Deformation.* München: Pfeiffer.

Freudenberger, H., und G. North. [9]2002. *Burn-out bei Frauen. Über das Gefühl des Ausgebranntseins.* Frankfurt a. M.: Foscher.

Müller-Timmermann, E. [7]2012. *Ausgebrannt – Wege aus der Burnout-Krise.* Freiburg.: Herder.

Nelting, M. 2010. *Burn-out – Wenn die Maske zerbricht. Wie man Überlastung erkennt und neue Wege geht.* München: Mosaik bei Goldmann.

Prieß, M. 2013. *Burnout. Kommt nicht nur von Stress. Warum wir wirklich ausbrennen – und wie wir zu uns selbst zurückfinden.* München: Südwest.

Ruhwandl, D. 2009. *Top im Job – ohne Burnout durchs Arbeitsleben.* Stuttgart: Klett-Cotta.

Schmiedel, V. 2010. *Burnout. Wenn Arbeit, Alltag und Familie erschöpfen.* Stuttgart: Trias.

---

[38] Vgl. die Kritik der DGPPN in Abschn. 1, dass *Burnout* gegenüber der *Depression* als „Erkrankung der Leistungsträger" in den Medien konstituiert werde.

[39] Dient zum Beispiel eine Anleitung zu mehr Selbstkontrolle Menschen, bei denen zuvor die Eigenschaften Perfektionismus oder ein zu starkes Kontrollbedürfnis aufgezeigt wurden? (Vgl. Ruhwandl 2009, S. 38; Müller-Timmermann [7]2012, S. 76 ff.).

Sekundärliteratur

Astheimer, S. 2012. Die ausgebrannte Republik. *FAZ.* http://www.faz.net/aktuell/wirtschaft/volkskrankheit-burnout-die-ausgebrannte-republik-11627772.html. Zugegriffen am 18.12.2020.

Bauer J., S. Häfner, und A. Kächele. 2003. Burn-out und Wiedergewinnung seelischer Gesundheit am Arbeitsplatz. *Psychotherapie Psychosomatik Medizinische Psychologie* 53: 213–222. doi: https://doi.org/10.1055/s-2003-38865.

Berger, M., C. Schneller, und W. Maier. 2012. Arbeit, psychische Erkrankungen und Burnout. Konzepte und Entwicklungen in Diagnostik, Prävention und Therapie. *Nervenarzt* 83: 1364–1372. doi: https://doi.org/10.1007/s00115-012-3582-x.

Breindl, E., und M. Walter. 2009. *Der Ausdruck von Kausalität im Deutschen. Eine korpusbasierte Studie zum Zusammenspiel von Konnektoren, Kontextmerkmalen und Diskursrelationen.* Mannheim: amades.

Bundespsychotherapeutenkammer (BPtK). 2012. *BPtK-Studie zur Arbeitsunfähigkeit. Psychische Erkrankungen und Burnout.* https://www.bptk.de/wp-content/uploads/2019/01/20120606_AU-Studie-2012.pdf. Zugegriffen am 18.12.2020.

Burger, H., und M. Luginbühl. [4]2014. *Mediensprache: eine Einführung in Sprache und Kommunikationsformen der Massenmedien.* Berlin und Boston: De Gruyter.

Burisch, M. 2012. *Burnout vorbeugen. Wege zu gesunder Arbeit.* Hrsg. und ergänzt von der Techniker Krankenkasse. https://www.burnout-institut.eu/fileadmin/user_upload/TK-Broschu__776_re_Burnout_vorbeugen.pdf. Zugegriffen am 18.12.2020.

Burisch, M. 2013. Burn-out. In *Dorsch – Lexikon der Psychologie.* Hrsg. M. A. Wirtz, 312–313. Bern: Hogrefe.

Burisch, M. [5]2014. *Das Burnout-Syndrom. Theorie der inneren Erschöpfung – Zahlreiche Fallbeispiele – Hilfen zur Selbsthilfe.* Heidelberg und Berlin: Springer.

Demerouti, E. und F. Nachreiner. 1996. Reliabilität und Validität des Maslach Burnout Inventory (MBI): eine kritische Betrachtung. *Zeitschrift für Arbeitswissenschaft* 50: 32–38.

Deppermann, A. 2015. Agency in Erzählungen über Gewalterfahrungen in Kindheit und Jugend. Sprachliche Praktiken der Zuschreibung von Schuld und Verantwortung an Täter und Opfer. In *Narrative Bewältigung von Trauma und Verlust,* Hrsg. C. E. Scheidt, G. Lucius-Hoene, A. Stukenbrock, und E. Waller, 64–75. Stuttgart: Schattauer.

Deutsche Gesellschaft für Psychiatrie und Psychotherapie,Psychosomatik und Nervenheilkunde e. V. (DGPPN). 2012. *Positionspapier der Deutschen Gesellschaft für Psychiatrie, Psychotherapie und Nervenheilkunde (DGPPN) zum Thema Burnout.* 09.03.2012. http://www2.psychotherapeutenkammer-berlin.de/uploads/stellungnahme_dgppn_2012.pdf. Zugegriffen am 18.12.2020.

Dpa, sid, sara. 2011. Ralf Rangnick – „Es geht mir wieder besser". https://www.welt.de/sport/fussball/article13783043/Ralf-Rangnick-Es-geht-mir-wieder-besser.html. Zugegriffen am 18.12.2020.

Felder, E. 2012. Pragma-semiotische Textarbeit und der hermeneutische Nutzen von Korpusanalysen für die linguistische Mediendiskursanalyse. In *Korpuspragmatik. Thematische Korpora als Basis diskurslinguistischer Analysen,* Hrsg. E. Felder, M. Müller und F. Vogel, 115–174. Berlin und New York: De Gruyter.

Felder, E., und K. Jacob. 2014. Diskurslinguistik und Risikoforschung am Beispiel politischer Debatten zur Atomenergie. *TATuP. Zeitschrift des ITAS zur Technikfolgenabschätzung – Theorie und Praxis* 23 (2): 21–27.

Fillmore, C. J. 1968. The Case for Case. In *Universals in Linguistic Theory.* Hrsg. E. Bach und R.T. Harms, 1–88. New York: Holt, Rinehart and Winston.

Foucault, M. [1970]. 1993. *Die Ordnung des Diskurses. Inauguralvorlesung am Collège de France, 2. Dezember 1970.* Aus dem Französischen von Walter Seitter. Mit einem Essay von Ralf Konersmann. Frankfurt a. M.: Fischer Taschenbuch.

Franke, W. 1997. *Massenmediale Aufklärung. Eine sprachwissenschaftliche Untersuchung zu ratgebenden Beiträgen von elektronischen und Printmedien.* Frankfurt a. M.: Lang.

Gardt, A. 2007. Linguistisches Interpretieren. Konstruktivistische Theorie und realistische Praxis. In *Linguistische Hermeneutik: Theorie und Praxis des Verstehens und Interpretierens*, Hrsg. F. Hermanns, 263–280. Tübingen: Niemeyer.

Grabitz, I., und F. Wisdorff. 2013. 1800 Prozent mehr Krankentage durch Burn-out. https://www. welt.de/wirtschaft/article113159916/1800-Prozent-mehr-Krankentage-durch-Burn-out.html. Zugegriffen am 18.12.2020.

Gumz, A., R. Erices., E. Brähler et al. 2013. Faktorstruktur und Gütekriterien der deutschen Übersetzung des Maslach-Burnout-Inventars für Studierende von Schaufeli et al. (MBI-SS). *Psychotherapie Psychosomatik Medizinische Psychologie* 63: 77–84. doi: https://doi.org/10.1055/s-0032-1323695.

Hamann, J., A. Parchmann, R. Mendel et.al. 2013. Verständnis des Begriffs Burnout in Psychiatrie und Psychotherapie. *Nervenarzt* 84: 838–843. doi: https://doi.org/10.1007/s00115-013-3804-x.

Helfferich, C. 2012. Einleitung. Von roten Heringen, Gräben und Brücken. Versuch einer Kartierung von Agency-Konzepten. In *Agency: Qualitative Rekonstruktionen und gesellschaftstheoretische Bezüge von Handlungsmächtigkeit*, Hrsg. S. Bethmann, C. Helfferich, H. Hoffmann et al., 9–39. Weinheim: Beltz Juventa.

Hindelang, G. 1977. Jemanden um Rat fragen. *ZGL* 5 (1): 34–44.

Jacob, K. 2011. *Diskurs um Verantwortung. Ethische Dimensionen wirtschaftlichen Handelns. Eine linguistische Mediendiskursanalyse*. Frankfurt a.M.: Lang.

Kahl, K. G., und L. Winter. 2017. Burnout: Modelle und Kontroversen. In *Arbeitsplatzbezogene Psychotherapie. Intervention, Prävention und Rehabilitation. Mit einem Therapiemanual*, Hrsg. Dies., 13–18. Stuttgart: Kohlhammer.

Kaschka, W. P., D. Korczak, und K. Broich. 2011. Modediagnose Burn-out. *Deutsches Ärzteblatt International* 108 (46): 781–787. doi: https://doi.org/10.3238/arztebl.2011.0781.

Kissling, W., R. Mendel, und H. Förstl. 2014. Das Burnout-Syndrom: Prävalenz, Symptome, Differenzialdiagnose und Therapie. *Deutsche Medizinische Wochenschrift* 139: 2587–2596. doi: https://doi.org/10.1055/s-0034-1387388.

Klein, J., F. Grosse Frie, K. Blum et al. 2010. Berufliche Gratifikationskrisen, Job Strain und Burnout bei chirurgisch tätigen Krankenhausärzten. *Psychotherapie Psychosomatik Medizinische Psychologie* 60 (9–10): 374–379. doi: https://doi.org/10.1055/s-0029-1246173.

Koch, U., und K. Broich. 2012. Das Burn-out-Syndrom. *Bundesgesundheitsblatt – Gesundheitsforschung – Gesundheitsschutz* 55: 161–163. doi: https://doi.org/10.1007/s00103-011-1415-x.

Köller, W. 2004. *Perspektivität und Sprache. Zur Struktur von Objektivitätsformen in Bildern, im Denken und in der Sprache*. Berlin und New York: De Gruyter.

Kook, J. 2015. *Agency in Arzt-Patient-Gesprächen. Zur interaktionistischen Konzeptualisierung von Agency*. Bern: Lang.

Korczak, D., C. Kister, B. Huber et al. 2010. *Differentialdiagnostik des Burnout-Syndroms. Herausgegeben vom Deutschen Institut für Medizinische Dokumentation und Information (DIMDI)*, Köln. doi: https://doi.org/10.3205/hta000087L.

Korczak, D., M. Wastian, und M. Schneider. 2012. *Therapie des Burnout-Syndroms. Herausgegeben vom Deutschen Institut für Medizinische Dokumentation und Information (DIMDI)*, Köln. doi: https://doi.org/10.3205/hta000103L.

Lucius-Hoene, G. 2012. „Und dann haben wir's operiert". Ebenen der Textanalyse narrativer Agency-Konstruktionen. In *Agency. Qualitative Rekonstruktionen und gesellschaftstheoretische Bezüge von Handlungsmächtigkeit*, Hrsg. S. Bethmann, C. Helfferich, H. Hoffmann und D. Niermann, 40–70. Weinheim und Basel: Beltz Juventa.

Maslach, C., und S. E. Jackson. 1981. *Maslach Burnout Inventory*. Palo Alto: Consulting Psychologists Press.

Maslach, C., S. E. Jackson und M. Leiter. 1997. Maslach Burnout Inventory: Third edition. In *Evaluating stress: A book of resources. Scarecrow Education*, Hrsg. P. C. Zalaquett und R. J. Wood, 191–218. Lanham, Md. und London: The Scarecrow Press.

Mattfeldt, A. 2014. *„Helfen" oder „töten"? Die Mediendebatte um die Sterbehilfe. Eine diskurslinguistische Kausalitätsanalyse*. Frankfurt et al.: Lang.

Michel, A., K. Sonntag, und K. Noefer. 2011. Erfassung psychischer Belastungen: Subjektive und objektive Analysezugänge am Beispiel von Verladetätigkeiten im Logistikbereich eines internationalen Airports. *Zeitschrift für Arbeitswissenschaft* 65 (3): 245–256.

Müller, M. 2007. *Geschichte – Kunst – Nation. Die sprachliche Konstituierung einer ‚deutschen‘ Kunstgeschichte aus diskursanalytischer Sicht.* Berlin und New York: De Gruyter.

Neubach, B., und K.-H. Schmidt. 2000. Gütekriterien einer deutschen Fassung des Maslach Burnout Inventory (MBI-D) – Eine Replikationsstudie bei Altenpflegekräften. *Zeitschrift für Arbeits- und Organisationspsychologie A&O* 44: 140–144.

Neubach, B., und K.-H. Schmidt. 2004. Differenzielle Zusammenhänge von Arbeitsbelastungen und Ressourcen mit Dimensionen des Burnout. *Zeitschrift für Arbeits- und Organisationspsychologie A&O* 48: 25–30.

Pfauth, S. 2010. Frau Nimmersatt und ihr Burn-out. https://www.sueddeutsche.de/leben/miriam-meckel-frau-nimmersatt-und-ihr-burn-out-1.11141. Zugegriffen am 18.12.2020.

Primus, B. 2012. *Semantische Rollen.* Heidelberg: Winter.

Schnedermann, T. (2021). *Die Macht des Definierens. Eine diskurslinguistische Typologie am Beispiel des Burnout-Phänomens.* Berlin und Boston: De Gruyter. doi: https://doi.org/10.1515/9783110727838.

Schneider, H. S., J. Hamann et al. 2017. Bedeutung psychischer Symptome für die Arbeitsunfähigkeitsdauer. Burnout, Depression und Angststörungen als Prädiktoren in der Hausarztpraxis. *Deutsches Ärzteblatt International* 114 (17): 291–297. doi: https://doi.org/10.3238/arztebl.2017.0291.

Schutte, N., S. Toppinen, R. Kalimo et al. 2000. The factorial validity of the Maslach Burnout Inventory-General Survey (MBI-GS) across occupational groups and nations. *Journal of Occupational and Organizational Psychology* 73: 53–66.

Stier-Jarmer, M., D. Frisch, C. Oberhauser et al. 2016. The Effectiveness of a Stress Reduction and Burnout Prevention Program. A Randomized Controlled Trial of an Outpatient Intervention in a Health Resort Setting *Deutsches Ärzteblatt International* 113 (46): 781–788. doi: https://doi.org/10.3238/arztebl.2016.0781.

Wörfel, F., B. Gusy, K. Lohman et al. 2015. Validierung der deutschen Kurzversion des Maslach-Burnout-Inventars für Studierende (MBI-SS KV). *Zeitschrift für Gesundheitspsychologie* 23 (4): 191–196. doi: https://doi.org/10.1026/0943-8149/a000146.

Internetquellen

Bundesärztekammer: https://www.bundesaerztekammer.de/aerzte/qualitaetssicherung/health-technology-assessment/. Zugegriffen am 18.12.2020.

DeReKo: Gebrauchshäufigkeit des Ausdrucks *Burnout* im Deutschen Referenzkorpus des Leibniz-Instituts für Deutsche Sprache: http://www.ids-mannheim.de/kl/neoplots/owid/179379.html. Zugegriffen am 18.12.2020.

Duden online: https://www.duden.de/. Zugegriffen am 18.12.2020.

Internationale statistische Klassifikation der Krankheiten und verwandter Gesundheitsprobleme, 10. Revision, German Modification -ICD-10-GM, Version 2018: Z73, Probleme mit Bezug auf Schwierigkeiten bei der Lebensbewältigung. http://www.icd-code.de/icd/code/Z73.html. Zugegriffen am 18.12.2020.

WHO (5/2019): Burn-out an "occupational phenomenon": International Classification of Diseases. Online abrufbar unter: https://www.who.int/mental_health/evidence/burn-out/en/ (zuletzt eingesehen am 16.11.2022).

Wikipedia: Eintrag zu „Burn-out" in der Version vom 13.08.2018: https://de.wikipedia.org/w/index.php?title=Burn-out&oldid=179991172. Zugegriffen am 18.12.2020.

Teil II
Psychische Erkrankungen –
Herausforderungen für Betroffene

Seelische Gesundheit bei Jugendlichen im Schulalter. Herausforderungen und Lösungsansätze aus der Praxis

Manuela Richter-Werling

1 Prävention psychischer Erkrankungen als gesellschaftliche Herausforderung

Das Stigma psychischer Erkrankungen ist weltweit ein Haupthindernis zur Verbesserung der psychischen Gesundheit (Finzen 2013). Forschungsergebnisse aus Deutschland untermauern das: Sowohl ältere als auch jüngere Menschen vulnerabler Bevölkerungsgruppen finden es im Vergleich verschiedener Gesundheitsprobleme am schwierigsten, bei psychischen Problemen Informationen zu Hilfe und Unterstützung zu finden (Quenzel und Schaeffer 2016).

Jugendliche und junge Erwachsene zwischen 14 und 29 Jahren haben in Bezug auf Krankheiten am meisten Angst vor psychischen Krankheiten: 40 % befürchten an Depressionen und anderen Seelenleiden zu erkranken (Forsa-Studie 2016). In Deutschland ist die Erhaltung und Förderung der psychischen Gesundheit und die Verhütung psychischer Erkrankungen bislang kein nationales Gesundheitsziel. Dieser Beitrag bezieht sich auf Daten und Einsichten, die vor der weltweiten COVID-19-Pandemie vorlagen. Bundeskanzlerin Angela Merkel beschrieb die Situation in Bezug auf die Förderung psychischer Gesundheit und der Vorbeugung psychischer Krankheiten in Deutschland auf dem Internationalen Deutschlandforum am 21./22. Februar 2017 so:

> Mentale Gesundheit ist in der Tat ein Thema, das uns alle zu Entwicklungsländern macht. Auch wir haben noch keinen Aktionsplan und müssten vielleicht über diese Frage wirklich noch einmal nachdenken. Spannend wäre es nochmal zu vertiefen, die Fragen der klassischen psychiatrischen oder psychologischen Ansätze mit denen, was sie als community health betrachtet haben [sic!]. Man muss da sicherlich noch mehr tun als nur die individu-

M. Richter-Werling (✉)
Irrsinnig Menschlich e.V., Leipzig, Deutschland
E-Mail: m.richter-werling@irrsinnig-menschlich.de

P. Mantell et al. (Hrsg.), *Psychische Erkrankungen als gesellschaftliche Aufgabe*, Schriften zu Gesundheit und Gesellschaft – Studies on Health and Society 5, https://doi.org/10.1007/978-3-662-65515-3_6

elle Behandlung. Und ich nehme das auch gerne auf, dass man auch dadurch entstigmatisiert, dass man in den Unternehmen diese Themen anspricht. Sie hängen ja wahrscheinlich auch mit dem rapide zunehmenden Phänomen von Burnout zusammen. (3. Internationales Deutschlandforum 2017)

2 Die Herausforderung: Jugendliche und seelische Gesundheit

Psychische Erkrankungen kommen häufig vor: Jedes Jahr sind 33 % der Bevölkerung in Deutschland von mindestens einer psychischen Störung betroffen. Psychische Erkrankungen werden zunehmend unter gesamtgesellschaftlichen Aspekten betrachtet (Robert Koch-Institut 2015, S. 112). 90 % aller Suizide stehen im Zusammenhang mit psychischen Erkrankungen (ebd., S. 114).

Die Mehrzahl der psychischen Erkrankungen beginnt vor dem 20. Lebensjahr. Dennoch ist die Versorgung von Kindern und Jugendlichen im Vergleich zu Erwachsenen deutlich schlechter (Lambert et al. 2013). Einerseits beeinträchtigen Armut und ein niedriger sozioökonomischer Status das psychische Wohlbefinden von Kindern und Jugendlichen erheblich. Andererseits führt psychische Krankheit in der Familie oft zu Armut (BPTK 2014). Die Folgen psychischer Störungen bei Kindern und Jugendlichen sind weitreichend: Sie können zu dauerhafter seelischer Behinderung, dissozialem Verhalten und zu einer Verkürzung der Lebenszeit führen (Lambert et al. 2013).

2.1 Stigmatisierung und mangelnde Aufklärung

Ein Haupthindernis für die frühe Inanspruchnahme von Hilfen ist das Stigma, das auf psychischen Erkrankungen, den davon betroffenen Menschen und ihren Angehörigen lastet. Betroffene und Angehörige sind unzureichend über psychische Gesundheitsprobleme und Hilfsangebote aufgeklärt. Dazu kommen wenig passende Hilfen und unzureichende Behandlungsangebote. Die Folgen sind späte und niedrige Inanspruchnahme von Hilfe.

Die Zusammenhänge zwischen Belastungsfaktoren und psychischen Erkrankungen sind in Kita, Schule, Jugendhilfe, bei Kinderärzten, Fachärzten u. a. kaum bekannt und Maßnahmen zur Reduktion dieser unzureichend implementiert. Dazu kommen mangelndes Fachwissen, wenige Kapazitäten zur Früherkennung, lange Wartezeiten und bei Früherkennung kaum Kapazitäten zur adäquaten Behandlung (Karow et al. 2013). Alters-, Diagnose- und fachübergreifende Früherkennungs- und Behandlungsnetzwerke fehlen (ebd.).

2.2   Strukturelle Probleme

Die Verantwortung für präventive Maßnahmen teilen sich zahlreiche Akteure mit unklaren und überlappenden Verantwortlichkeiten. Überwiegend sind es freiwillige Leistungen. Um die Wirkungen einer konkreten Maßnahme zur Prävention psychischer Erkrankungen und zur Förderung psychischer Gesundheit nach wissenschaftlichen Kriterien nachzuweisen, ist ein hoher methodischer und finanzieller Aufwand erforderlich.

Es fließen zu wenige Ressourcen sowohl in der Prävention psychischer Krisen als auch in die Zielgruppe Jugendliche und junge Erwachsene. Maßgeschneiderte Angebote für Jugendliche und junge Erwachsene zur Prävention und Entstigmatisierung psychischer Gesundheitsprobleme fehlen.

2.3   Was Schule mit psychischer Gesundheit zu tun hat

Jugendzeit – Krisenzeit

Ausgerechnet in dieser für die Zukunft der Jugendlichen so wichtigen Lebensphase beginnen psychische Erkrankungen so häufig wie in keinem anderen Lebensabschnitt. Die oben genannten Studien weisen nach, dass 75 % aller seelischen Störungen vor dem 20. Lebensjahr beginnen. 20 bis 30 % der Kinder und Jugendlichen gelten als psychisch auffällig; 12,4 % davon sind sozial und familiär stark belastet. Nur wenige bekommen adäquate Hilfen (Lambert et al. 2013). Die gesellschaftlichen Folgekosten psychischer Erkrankungen belaufen sich ca. auf 33 Milliarden Euro direkte Kosten. Viele Jugendliche brauchen Hilfe, um ihre Probleme besser bewältigen zu können und den Schulabschluss zu schaffen. Denn psychisches Wohlergehen, Schulerfolg und eine gute Zukunft sind eng miteinander verknüpft. Wirkungsvolle Präventionsangebote zur Vorbeugung psychischer Krisen und zur Erhaltung psychischer Gesundheit in der Schule sind deshalb unerlässlich (KKH-Allianz 2011).

Schule als Schutzraum

Die Schule ist das ideale Setting, um sich über Lebensfragen auszutauschen, weil Schüler den größten Teil ihrer aktiven Zeit dort verbringen. Das bedeutet, Schutzfaktoren für gutes Aufwachsen zu stärken und Risikofaktoren zu minimieren. Dazu gehört der Umgang mit seelischen Krisen und Nöten, der in guten Zeiten, d. h. präventiv geübt werden sollte. Es lohnt sich, mit seelischer Gesundheit gute Schule zu machen, denn das kann eine ganze Menge Schwierigkeiten beim Erwachsenwerden verringern (Paulus 2010).

Krisen in der Schule sind normal

Psychische Krisen in der Schule sind normal, haben „gute" Gründe und gehören zum Aufwachsen. Häufig verbergen sie sich hinter Problemen wie Drogen, Alkohol, Mobbing, Gewalt, Schulabstinenz, Schulabbruch und suizidalem Verhalten.

Psychische Krisen beeinträchtigen das Klassenklima, den Schulerfolg und werden oft zuerst von Lehrkräften erkannt (Kant-Schaps 2013).

Psychische Krisen sind stigmatisiert
Psychische Krisen und Erkrankungen sind mit Ängsten, Vorurteilen und Stigmata behaftet, weil sie den ganzen Menschen betreffen: sein Denken, Fühlen und Verhalten. Deshalb haben viele Menschen Angst, darüber zu sprechen und sich rechtzeitig Hilfe zu suchen. Sie befürchten als verrückt abgestempelt zu werden, das andere davon erfahren und Gerüchte darüber verbreiten, dass sie Medikamente nehmen müssen und in eine Klinik eingewiesen werden. Sie haben Angst, nichts mehr wert zu sein und aus der Gemeinschaft ausgeschlossen zu werden.

Um Stigmatisierung und Ängsten entgegenzuwirken, empfiehlt die Forschung eine Kombination aus Information, Aufklärung und Austausch mit Menschen, die psychische Krisen gemeistert haben (Rüsch et al. 2004). Dieser Strategie folgt das unten beschriebene Präventionsprogramm *Verrückt? Na und!*.

3 Lösungsansätze zur Prävention psychischer Erkrankungen und zur Förderung seelischer Gesund für Jugendliche im Schulalter am Beispiel von *Verrückt? Na und!*

Der 13. Kinder-und Jugendbericht des deutschen Bundestages von 2009 hat sich erstmals ausführlich mit dem Thema Gesundheit und Krankheit beschäftigt und eine Verschiebung des Krankheitsspektrums von somatischen zu psychischen Auffälligkeiten beschrieben (BMFSFJ 2009). Zugleich wurden gesundheitsrelevante Entwicklungsthemen formuliert, die in Prävention und Gesundheitsförderung für Jugendliche besonders zu beachten sind. Zentrale Entwicklungsthemen sind den Körper spüren, Grenzen suchen und die eigene Identität finden. Als psychische Gesundheitsprobleme in der Adoleszenz sind insbesondere Depressionen, selbstverletzendes Verhalten, Essstörungen, Substanzmittelkonsum, Delinquenz und Suizidalität zu beachten. Psychische Gesundheit im Jugendalter zu fördern und psychischen Erkrankungen vorzubeugen wird deshalb zunehmend wichtiger. Neben dem Familienklima ist das Schulklima der wichtigste Schutzfaktor für die psychische Gesundheit von Kindern und Jugendlichen (Hurrelmann et al. 2003). Nicht zuletzt deshalb gilt die Schule als ideales Setting für Prävention und Gesundheitsförderung. In Deutschland fehlt es jedoch an flächendeckenden etablierten Programmen für Jugendliche und junge Erwachsene, die sich damit auseinandersetzen (KKH-Allianz 2011, S. 222).

Verrückt? Na und! ist Modellprojekt zur Umsetzung der nationalen Gesundheitsziele „Gesund aufwachsen" und „Depressive Erkrankungen verhindern", steht auf der Grünen Liste Prävention – CTC-Datenbank Deutschland für empfohlene Präventionsprogramme, hat das Wirkt-Siegel-PHINEO im Themenfeld Depression erhalten und wurde in mehreren Bundesländern mit Gesundheits- und Präventionspreisen ausgezeichnet. Die BARMER ist bundesweiter Präventionspartner für das Programm.

Im Folgenden wird der Lösungsansatz konkreter beschrieben und mit einem Beispiel illustriert.

3.1 Der Lösungsansatz von Verrückt? Na und!

Verrückt? Na und! ist ein Präventionsprogramm von *Irrsinnig Menschlich e. V.* Der Verein setzt an der Schlüsselstelle zur Verbesserung der psychischen Gesundheit an: der Beseitigung des Stigmas, das auf psychischen Krankheiten lastet. Das Programm trägt dazu bei, ein gesellschaftliches Klima zu schaffen, in dem psychische Krisen besprechbar sind und Stigma verringert wird.

Psychische Erkrankungen beginnen oft schon im Jugendalter. Doch häufig vergehen mehrere Jahre, bis Betroffene Hilfe suchen. Die größte Hürde für sie ist die Angst, stigmatisiert zu werden. *Irrsinnig Menschlich e. V.* verkürzt mit seiner Präventionsarbeit in Schule, Studium und Unternehmen diese Zeitspanne. Der Verein hilft Menschen, ihre Not früher zu erkennen, sich nicht zu verstecken und Unterstützung anzunehmen. Gemeinsam mit krisenerfahrenen Experten öffnet er Herzen, gibt Hoffnung und macht psychische Krisen besprechbar.

Die besondere und einzigartige Wirkung des Programmes *Verrückt? Na und!*, das im Folgenden als beispielhafte und wirkungsvolle Intervention beschrieben wird, entsteht durch Tandems aus fachlichen und persönlichen Experten. Die fachlichen Experten kommen aus der psychosozialen Versorgung, Prävention und Gesundheitsförderung. Persönliche Experten sind Menschen, die seelische Krisen erfahren und gemeistert haben. Durch die Begegnung mit den persönlichen Experten und das Teilen ihrer Lebensgeschichten bekommt das komplexe Konstrukt psychische Gesundheitsprobleme ein konkretes Gesicht, wird zum Greifen nah – und dabei ganz normal.

Irrsinnig Menschlich e. V. informiert, klärt auf und schafft Begegnungen mit Menschen, die Erfahrung mit seelischen Gesundheitsproblemen haben. Diese Strategie reduziert das Stigma psychischer Erkrankungen und hilft jungen Menschen, ihre Not früher zu erkennen, sich nicht zu verstecken und Hilfe anzunehmen.

Irrsinnig Menschlich e. V. bringt das Thema psychische Gesundheit in die Schule und zeigt einfache und wirksame Wege, wie Schüler und Lehrkräfte gemeinsam seelische Gesundheit stärken und Krisen meistern können, um langfristig den Schul- und Ausbildungserfolg zu fördern.

3.2 Psychische Krisen in der Schule besprechbar machen

Wie Verrückt? Na und! an die Schule kommt: ein Beispiel
Sophie geht in die neunte Klasse. Seit Wochen schläft sie schlecht, zweifelt an sich selbst und kann sich in der Schule kaum noch konzentrieren. Dennoch setzt sie ein „cooles" Gesicht auf, damit keiner etwas merkt, sie anspricht und gar schlecht über

sie redet. Sophie weiß selbst nicht genau, was mit ihr los ist, geschweige denn, ob und mit wem sie darüber sprechen kann. Herr Härtel, Sophies Klassenlehrer, merkt, dass sich Sophie immer mehr zurückzieht. Er macht sich Sorgen und möchte helfen, aber wie? Denn da sind noch 26 andere Schüler in der Klasse mit ihren täglichen Fragen, Sorgen und Nöten. Außerdem ist sich Herr Härtel unsicher, wie er Sophie ansprechen soll.

> Über die natürlichsten Sachen der Welt zu reden, fällt uns Lehrern manchmal schwer. Und seelische Notlagen gehören dazu. Da braucht es Unterstützer von außen, die den ersten Schritt mit uns gehen. (Regina Boback, Evangelisches Kreuzgymnasium Dresden, Beratungslehrerin)

Hier setzt *Irrsinnig Menschlich e. V.* mit seiner Intervention an. Der Verein hat derzeit über 80 regionale Standorte in Deutschland, Österreich, Tschechien und der Slowakei. Der Kontakt läuft über die jeweilige Regionalgruppe oder auch direkt über *Irrsinnig Menschlich e. V.* [1]

Die *Verrückt? Na und!*-Schultage eigenen sich für Jugendliche ab Klasse 8 aller Schulen und ihre Lehrkräfte. Eingeladen wird klassenweise zu einem Gespräch über die großen und kleinen Fragen zur seelischen Gesundheit.

Ziele des Schultags
Psychische Krisen und Erkrankungen verstehen zu lernen, Ängste und Vorurteile abzubauen, Zuversicht und Lösungswege in Krisen zu vermitteln und Wohlbefinden in der Klasse zu fördern. Die Teilnehmer lernen Warnsignale seelischer Krisen kennen, diskutieren jugendtypische Bewältigungsstrategien, hinterfragen Ängste und Vorurteile gegenüber seelischen Krisen, erfahren, wer und was helfen kann, finden heraus, was ihre Seele stärkt und begegnen Menschen, die seelische Krisen gemeistert haben.

3.3   *Der* Verrückt? Na und! *Schultag konkret*

Der Schultag dauert fünf bis sechs Stunden, wird klassenweise durchgeführt und hat drei Schritte:

1. Schritt: Ansprechen statt Ignorieren
Wachmachen für seelisches Wohlbefinden/Gesundheit in der Klasse.

Ausgangspunkt sind die Erfahrungen der Schüler. Was macht sie stark? Was schlägt ihnen auf die Seele? Wieso ist es so schwer darüber zu sprechen? Häufige Themen der Schüler: Leistungsdruck, Mobbing, Trennung der Eltern, Süchte, Medienkonsum, Zukunftsängste, seelische Erkrankungen in Familie und Freundeskreis.

---

[1] Eine Liste aller Regionalgruppen mit den entsprechenden Ansprechpartnern findet man unter: https://www.irrsinnig-menschlich.de/psychisch-fit-lernen/regionalgruppe-suchen (Zugegriffen am 11.12.2020).

2. Schritt: Glück und Krisen. Von Lebensschicksalen und eigener Verantwortung

Jeder Mensch hat seine eigenen Vorstellungen vom Leben. Glück, Zufriedenheit und Krisen gehören dazu. Oft lenken Krisen das Leben in neue Bahnen. Und nicht wenige Menschen gehen gestärkt aus Krisen hervor.

In Gruppen beschäftigen sich die Schüler mit Aufgaben wie „Sich in psychischen Krisen zu helfen wissen", „Wie Körper und Seele zusammenhängen", „Wie wir Vorurteile und Ängste überwinden können" oder „Wie nützlich moderne Medien für die Psyche" sind.

3. Schritt: Mut machen, Durchhalten, Wellen schlagen – Erfahrungsaustausch mit Menschen, die seelische Krisen gemeistert haben

Jetzt „outet" sich der persönliche Experte. Das ist für Schüler und Lehrer jedes Mal ein AHA-Erlebnis! Sie hätten nie gedacht, dass ausgerechnet dieser Mensch psychisch krank war. Er erzählt kurz von sich und lädt die Klasse ein, ihm Fragen zu stellen. Das ist der wohl spannendste Teil des Schultages: Das komplexe Konstrukt psychische Gesundheit bekommt nun ein konkretes Gesicht! Überraschend, verrückt und ganz normal.

Was persönliche Experten den Schülern mitgeben

Die persönlichen Experten sprechen darüber, wie schwer es ist, sich einzugestehen, dass man ein Problem hat, wie sich eine Depression oder Psychose anfühlt, wer und was geholfen hat und wie wichtig es ist, gute Freunde zu haben. Das gilt nicht nur für gute Zeiten, sondern gute Freunde sind vor allem auch in schlechten Zeiten wichtig, um gemeinsam Probleme zu meistern. Sie sprechen auch darüber, wie wichtig es ist, in der Schule Ansprechpartner für seelische Krisen zu haben. Außerdem betonen sie, dass es auch Rückschläge geben kann. Doch mit der richtigen Dosis Ausdauer, Geduld, Unterstützung und Entschlossenheit geht es vorwärts und Schritt für Schritt besser. Das Gespräch mit den persönlichen Experten ist fast immer ein Plädoyer dafür, wie man Krisen überstehen und daran wachsen kann.

3.4 Die Wirkung von Verrückt? Na und!

Die *Verrückt? Na und!*-Tandems agieren authentisch, offen und lösungsorientiert, setzen auf den Austausch von Lebenserfahrungen und auf das Voneinander-Lernen. Sie orientieren sich an einem ganzheitlichen Konzept von Gesundheit und unterstützen die Teilnehmer, schwierige und tabuisierte Themen in einer wertschätzenden und konstruktiven Art und Weise zu besprechen. Sie reflektieren jugendtypische Bewältigungsstrategien, Ängste und Vorurteile und tragen zusammen, wer wie im Ernstfall helfen kann: Am Ende des Schultages bekommt jeder Schüler einen Krisenauswegweiser für seine Region. Letztlich forciert *Verrückt! Na und?* den Prozess, mit seelischer Gesundheit gute Schule zu machen.

Verrückt? Na und! wirkt dreifach. Das Programm hilft, psychischen Krisen vorzubeugen. Es macht jungen Menschen und ihren Lehrkräften Mut, aufeinander zuzuge-
hen und offener miteinander zu reden – auch über ernste und traurige Themen. Und
es fördert die Gesundung von Menschen mit psychischen Gesundheitsproblemen.

Die Wirksamkeit wurde in verschiedenen Evaluationen durch das Institut für So-
zialmedizin, Arbeitsmedizin und Public Health (ISAP) der Universität Leipzig belegt.

- Persönliche Experten machen Schülern Mut, einer seelischen Krise mit weniger
  Ängsten zu begegnen.
- 95,5 % der Schüler kennen sich nach dem Schultag besser mit psychischer Gesundheit aus.
- Etwa zwei Drittel (63,2 %) der Schüler gaben an, dass sie gern mehr erfahren
  würden über das Thema psychische Gesundheit/Krankheit.
- Jeweils drei Viertel der befragten Mädchen und Jungen sagen, dass der persönliche Experte für sie ein Vorbild ist.
- 73,7 % gaben an, dass sie mit einer seelischen Krise jetzt besser umgehen können. Dabei zeigten sich keine Unterschiede in Bezug auf Geschlecht und
  Schultyp.
- Hinsichtlich des Hilfesuchverhaltens zeigt die Evaluation, dass gleichaltrige
  Freunde (Peers) und der innerfamiliäre Kreis die entscheidenden Ansprechpartner im Falle einer seelischen Krise sind.
- Als bedeutsam erweist sich die Teilnahme der Klassenlehrer und anderer Lehrkräfte. Sie werden ebenfalls für das Thema sensibilisiert und dadurch zu einem
  möglichen Ansprechpartner für Schüler in Sachen seelischer Gesundheit. Das
  macht es umso wichtiger, die Lehrer darauf vorzubereiten. (Conrad et al. 2009)

Die Jugendlichen nehmen ihre eigenen Stärken und Ressourcen, ihre Ängste, Vorurteile und Vorbehalte besser wahr und lernen, sie zu verstehen. Sie erfahren, wo sie
Hilfe finden und wie sie Freunde und Schulkameraden unterstützen können. Indem
auch die Lehrer in die Gesprächsrunden einbezogen werden, schärfen sich ihre An-
tennen für die Befindlichkeiten der Schüler und sie können leichter ein gutes Klas-
sen- und Schulklima schaffen. Hervorragend unterstützt wird der Schultag durch
jugendgerechte Materialien und Medien, wie z. B. die Krisenwegweiser und Seelen-
Fitmacher im Pocket-Guide-Format. *Verrückt? Na und!* hat Bezüge zum Lehrplan
und lässt sich gut mit anderen Jugendförder- und Präventionsprogrammen wie
z. B. *MindMatters* oder *Lions Quest* verbinden.[2]

Mit ausgereifter Strategie und belegter Wirkung hilft der Schultag präventiv und
gesundheitsfördernd – eine wertvolle Kombination, die Schule macht und ein guter
Ausgangspunkt für umfassendere und regelmäßige Präventionsmaßnahmen in der
Schule ist.

---

[2] *MindMatters* stammt aus Australien und will mit psychischer Gesundheit die Schulqualität fördern. www.mindmatters-schule.de/programm.html, zugegriffen am 11.12.2020. *Lions Quest*
stammt aus den USA, eignet sich für Schüler von 10 bis 15 Jahren und will das soziale Lernen
fördern. https://www.lions-quest.de/lions-quest, zugegriffen am 11.12.2020.

3.5   Verrückt? Na und! *Ausblick*

Seit über 15 Jahren begeistert *Irrsinnig Menschlich e. V.* Jugendliche und junge Erwachsene mit Präventionsangeboten zur psychischen Gesundheit, vermittelt Wissen, klärt auf und schafft Begegnungen mit Menschen, die psychische Krisen gemeistert haben. 2016 gab es 712 *Verrückt? Na und!*-Schultage für 20.000 Schüler und ihre Lehrkräfte. Durch diese Arbeit unterstützt das Programm ein Schulklima, in dem psychische Probleme nicht stigmatisiert, sondern akzeptiert werden, Jugendliche Schwierigkeiten überwinden und an ihren Erfahrungen wachsen können. Damit erhöhen sich die Chancen auf Schul- und Ausbildungserfolg, letztlich auf eine gute Zukunft.

Die zentrale Stärke von *Verrückt? Na und!* besteht darin, dass es von zahlreichen inspirierten, engagierten und hoch motivierten Personen getragen wird.

Die zentrale Schwäche von *Verrückt? Na und!* besteht darin, dass die Prävention im Kinder- und Jugendbereich für die meisten der beteiligten Organisationen nicht zu ihren Kernaufgaben gehört und deshalb nicht regelfinanziert wird. Der Versorgungsauftrag der meisten Trägerorganisationen aus dem psychosozialen Bereich bezieht sich ausschließlich auf die Gruppe der Erwachsenen. Die Schultage sind deshalb für sie eine freiwillige Zusatzleistung.

Irrsinnig Menschlich e. V. sucht aktiv Kooperationspartner in den Regionen, die Regionalgruppen gründen. Erfahrene Experten geben ihr Know-how weiter und bilden neue Partner aus. Kooperationspartner sind Einrichtungen und Organisationen der psychosozialen Versorgung, Prävention und Gesundheitsförderung.

Irrsinnig Menschlich e. V. berät und begleitet bei der Gründung der Regionalgruppen und fördert die Vernetzung. Weil der Schultag die gesellschaftliche Aufgabe verschiedener Akteure nach frühzeitiger Auseinandersetzung mit psychischer Gesundheit berührt und alle gewinnen, besteht eine hohe Bereitschaft zur Vernetzung von Hilfs- und Beratungseinrichtungen, Gesundheitsämtern, Kinder- und Jugendpsychiatrien, engagierten Bürgern, u. a. Die Kooperationspartner gewinnen fachliche und persönliche Experten für die Schultage. Sie werden von *Irrsinnig Menschlich e. V.* ausgebildet und für ihren Einsatz in der Schule vorbereitet. Die Regionalgruppen beginnen mit der Arbeit in den Schulen von der Akquise über die Öffentlichkeitsarbeit bis hin zur Durchführung der Schultage.

4   Fazit

Für eine substantielle Erhöhung der Reichweite von Interventionen mit hoher Qualität wie *Verrückt? Na und!* braucht es eine politisch initiierte gesellschaftliche Strukturveränderung, die es Organisationen wie *Irrsinnig Menschlich e. V.* und dem Sektor ermöglicht, sich zu professionalisieren. Dazu gehören:

Eine enge strukturelle Verbindung zwischen Gesundheit, Kinder-und Jugendhilfe und Schule.

Eine wirkungsorientierte öffentliche Mittelvergabe: Länder und Kommunen sollten in ihren Ausschreibungen stärker Wirkungsziele benennen, anstatt fest Aktivitäten vorzuschreiben. Gut evaluierte Konzepte müssten entsprechend bei der kommunalen Mittelvergabe den Vorzug erhalten. Dann wäre die Chance für innovative Angebote deutlich höher zu skalieren und in Kommunen zur täglichen Praxis zu werden.

Das Präventionsgesetz und der Settingansatz – Theorie und Praxis: Mit dem Präventionsgesetz hat sich die Ausgangslage für den Settingansatz deutlich verbessert durch erheblich höhere finanzielle Mittel und das Gebot der kassenübergreifenden Leistungserbringung. Das kann helfen, die beiden zentralen Probleme der Ressourcenknappheit und der wettbewerblichen Konkurrenz von Krankenkassen zu reduzieren (Geene 2016). Erste Erfahrungen zeigen jedoch, dass in der Praxis weiterhin einzelne Kassen einzelne Programme fördern. Der neue Auftrag zur Gesundheitsförderung nach dem Settingansatz wird so nicht erfüllt.

Eine Kooperation zwischen Sozialunternehmern und Wohlfahrtsverbänden: Die Einbindung sozialunternehmerischer Ideen in diese Struktur wäre überaus nützlich, weil beide Seiten ähnliche Ziele verfolgen, wie das Lösen von sozialen Problemen und weil beide Seiten vor ähnlichen Herausforderungen stehen, z. B. bei der Start- und Anschubfinanzierung für innovative Projekte.

Literatur

3. Internationales Deutschlandforum. 2017 Gesundheit – das betrifft jeden. https://www.bundesregierung.de/breg-de/themen/internationales-deutschlandforum/gesundheit-das-betrifft-jeden-1 87392?view=renderNewsletterHtml. Zugegriffen am 11.12.2020.

BMFSFJ. 2009. *Bericht über die Lebenssituation junger Menschen und die Leistungen der Kinder- und Jugendhilfe in Deutschland – 13. Kinder-und Jugendbericht.* Deutscher Bundestag 16. Wahlperiode. Drucksache 16/12860.3004.2009, S. 116–138.

BPTK. 2014. BPTK-Studie zur Arbeits- und Erwerbsunfähigkeit. Psychische Erkrankungen und gesundheitsbedingte Frühverrentung 2013. https://www.bptk.de/wp-content/uploads/2019/01/20140128_BPtK-Studie_Arbeits-und_Erwerbsunfaehigkeit-2013.pdf. Zugegriffen am 11.12.2020.

Conrad, I., S. Dietrich, D. Heider, A. Blume, M. C. Angermeyer, und S. Riedel-Heller. 2009. „Crazy? So what!" A school programme to promote mental health and reduce stigma – results of a pilot study. *Health Education* 109 (4): 314–328.

Finzen, A. 2013. *Stigma psychische Krankheit. Zum Umgang mit Vorurteilen, Schuldzuweisungen und Diskriminierung.* Köln: Psychiatrie Verlag.

Forsa-Studie Angst vor Krankheiten im Auftrag der DAK (2016) https://www.dak.de/dak/download/studie-2179522.pdf. Zugegriffen am 11.12.2020.

Geene, R. 2016. Das Präventionsgesetz und der Settingansatz. In *Dokumentation Kongress Armut und Gesundheit*, Hrsg. Gesundheit Berlin-Brandenburg. http://www.armut-und-gesundheit.de/fileadmin/user_upload/MAIN-datei-en/Kongress_A_G/A_G_16/A_G_16__Material/Dokumentation/Geene__R._116.pdf. Zugegriffen am 11.12.2020.

Hurrelmann, K., A. Klocke, W. Melzer, und U. Ravens-Sieberer. Hrsg. 2003. *Jugendgesundheitssurvey. Internationale Vergleichsstudie im Auftrag der WHO.* Weinheim: Juventa.

Kant-Schaps, M. 2013. Schule: Schutzfaktor und Übungsraum In *Resilienzförderung im Jugendalter. Praxis und Perspektiven*, Hrsg. C. Steinebach und K. Gharabaghi, 83–92. Berlin und Heidelberg: Springer Verlag.

Karow, A., T. Bock, D. Naber et al. 2013. Die psychische Gesundheit von Kindern, Jugendlichen und Erwachsenen – Teil 2: Krankheitslasten, Defizite des deutschen Versorgungssystems, Effektivität und Effizienz von „Early Intervention Services". *Fortschritt der Neurologie Psychiatrie* 81(11): 628–638.doi: https://doi.org/10.1055/s-0033-1355840.

KKH-Allianz. 2011. *Weißbuch Prävention 2010/2011: Gesund jung?!* Berlin und Heidelberg: Springer-Verlag.

Lambert, M., T. Bock, D. Naber et al. 2013. Die psychische Gesundheit von Kindern, Jugendlichen und Erwachsenen – Teil 1: Häufigkeit, Störungspersistenz, Belastungsfaktoren, Serviceinanspruchnahme und Behandlungsverzögerung mit Konsequenzen. *Fortschritt der Neurologie Psychiatrie* 81: 614–672.

Paulus, P. 2010. Förderung der psychischen Gesundheit von Schülerinnen und Schülern in Schulen. Nationale und internationale Entwicklungen. In *Bildungsförderung durch Gesundheit. Bestandsaufnahme und Perspektiven für eine gute gesunde Schule*, Hrsg. P. Paulus. 275–290. Weinheim: Juventa.

Quenzel, G., und D. Schaeffer. 2016. *Health Literacy – Gesundheitskompetenz vulnerabler Bevölkerungsgruppen*. Bielefeld: Universität Bielefeld.

Robert Koch Institut. 2015. *Gesundheit in Deutschland. Gesundheitsberichterstattung des Bundes*. http://www.rki.de/DE/Content/Gesundheitsmonitoring/Gesundheitsberichterstattung/GesInDtld/gesundheit_in_deutschland_2015.html. Zugegriffen am 11.12.2020.

Rüsch, N., M. Berger, A. Finzen, und M. C. Angermeyer. 2004. In Psychische Erkrankungen- Klinik und Therapie, elektronisches Zusatzkapitel Stigma, Hrsg. M. Berger. http://www.berger-psychische-erkrankungen-klinik-und-therapie.de/ergaenzung_ruesch.pdf. Zugegriffen am 11.12.2020.

Medizinische Behandlung einwilligungsunfähiger Patienten zwischen Zwang und Fürsorge. Überlegungen aus rechtlicher Perspektive

Tanja Henking

1 Einführung in die Problematik

Der Umgang mit psychisch erkrankten Menschen stellt uns als Gesellschaft vor Herausforderungen besonderer Art. Wie wir Menschen mit psychischen Erkrankungen begegnen, wird dann auf eine besondere Probe gestellt, wenn sie eine medizinisch erforderliche Behandlung ablehnen. Leicht kommt der Gedanke auf, dass die Person unvernünftig sei und es wird daran gezweifelt, ob die Person weiß, was gut für sie ist und ob sie für sich selbst entscheiden kann. Dies ist umso bemerkenswerter, weil es um höchstpersönliche Rechtsgüter geht und wir darüber reden, der Person die Kompetenz abzusprechen, ihre eigenen höchstpersönlichen Entscheidungen zu treffen. Grundsätzlich muss also gelten, dass die Entscheidungen psychisch erkrankter Menschen die gleiche Anerkennung finden wie diejenigen somatisch erkrankter. Was ist aber nun, wenn ein psychisch erkrankter Mensch sich entscheidet, eine Behandlung abzulehnen und diese Ablehnung nicht einem mehr oder minder rationalen Entscheidungsprozess entspringt, sondern der Erkrankung selbst? Der Beitrag nimmt den Aspekt der Selbstschädigung in den Fokus. Es stellt sich in zugespitzter Weise die Frage, wann und mit welchen Mitteln einer Person bei Selbstgefährdung gegen ihren aktuell geäußerten Willen Hilfe zuteilwerden kann oder sogar muss. Eine Ablehnung der Behandlung kann für die Person gravierende Folgen haben. Sie gegen ihren Willen zwangsweise zu behandeln, stellt einen tiefen

---

Bei dem Beitrag handelt sich im Wesentlichen um den Abdruck eines am 15.12.2016 gehaltenen Vortrags. Der Vortragsstil ist beibehalten worden.

T. Henking (✉)
Institut für Angewandte Sozialwissenschaften, Hochschule für angewandte Wissenschaften Würzburg-Schweinfurt, Würzburg, Deutschland
E-Mail: tanja.henking@fhws.de

Eingriff in ihre Grundrechte dar und kann gleichermaßen erhebliche Folgen haben.
Der völlige Verlust des Vertrauens in die Möglichkeiten einer psychiatrischen Behandlung durch das Erfahren von Gewalt und Zwang ist dabei als ein Beispiel zu
benennen, das exemplarisch für eine mittel- bis langfristige Verschlechterung der
Versorgung stehen soll. Welche Bedingungen erfüllt sein müssen, um eine aufgedrängte Fürsorge respektive ein paternalistisches Handeln zu rechtfertigen, ist Teil
der folgenden Überlegungen.

1.1   Zwang als Fremdkörper in einer Arzt-Patienten-Beziehung

Ein Arzt-Patienten-Verhältnis soll auf Vertrauen gegründet sein. Ohne Zweifel, dem
wird jeder zustimmen können. Der Patient ist über die Diagnose und die Möglichkeiten einer Behandlung mit den entsprechenden Risiken und Vorteilen aufzuklären
und am Ende ist es der Patient, der entscheidet, ob er einer Behandlung zustimmt
oder nicht. Das ist heute nicht mehr verhandelbar. Denken wir an die Versorgung
von somatisch erkrankten Patienten, erscheint die Idee, Zwang und Gewalt zu rechtfertigen, um einen Patienten zu einer Behandlung zu zwingen und damit seinen
Willen zu überwinden, abwägig. Dies auch dann, wenn die Behandlung vernünftig
und sinnvoll und die Ablehnung aus ärztlicher Sicht unvernünftig erscheint. Zum
Recht zu einer selbstbestimmten Entscheidung gehört auch, etwas Unvernünftiges
zu wollen. Die Konsequenzen der Entscheidung trägt schließlich der Patient selbst.
    Diese Überlegungen gelten für das gesamte Medizinrecht. Mit einer Ausnahme:
bei der Behandlung psychisch erkrankter Personen. Sie dürfen – wenn auch unter
engen Voraussetzungen – auch gegen ihren Willen behandelt werden. Damit soll
keinesfalls bestritten werden, dass Zwang nicht auch in anderen Bereichen der Medizin – sei es bei Kindern oder bei älteren Patienten – vorkommt. Aber bei Letzteren
diskutieren wir Zwang nicht mit dieser gewissen Art von Selbstverständlichkeit,
wie wir Zwang und Gewalt bei psychisch erkrankten Patienten diskutieren. Es entsteht bisweilen der fatale Eindruck, dass Zwang und Gewalt zur Psychiatrie zu gehören scheinen.
    Es mag manche enttäuschen, doch um es vorweg zu nehmen: Auch die Autorin
dieses Beitrags hält Zwang und Gewalt in der Psychiatrie nicht für vollständig ver-
meidbar. Doch erscheint es (mir) wichtig, stets zu betonen, wie fehlplatziert Zwang
und Gewalt in der Arzt-Patienten-Beziehung sind. Ohne diese Reflexion kann es
allzu leicht passieren, in eine Art Rechtfertigungsfalle zu rutschen, die sich nur noch
mit dem *Wie* und nicht mehr mit dem *Ob* beschäftigt.

1.2   Einwilligungsunfähigkeit als Einfallstor für Zwang?

Die Rechtfertigung von Zwang nimmt die fehlende Selbstbestimmungsfähigkeit
des Patienten und seine Inkompetenz, eine wirksame Einwilligung abzugeben,
als Ausgangspunkt. Aus juristischer Sicht sind vor allem zwei Bezugspunkte

bedeutsam: die fehlende Einwilligungsfähigkeit und die krankheitsbedingte Einsichtsunfähigkeit.

Positiv herausgestellt: Beim einwilligungsfähigen Patienten stellen sich die im Weiteren aufgeführten Überlegungen zur Rechtfertigung von Zwang nicht. Kritisch soll daher hinterfragt werden, ob der einwilligungsunfähige Patient schlechter gestellt ist, denn nur bei dieser Patientengruppe diskutieren wir überhaupt die Möglichkeit von Zwang.

Um Zwang zu vermeiden, gilt zu fragen, wie es gelingen kann, den Patienten von der Notwendigkeit und vom möglichen Nutzen einer Behandlung zu überzeugen. Kann dieses stets die richtige Frage sein? Denn die Überlegung könnte doch ebenfalls beinhalten, von der Behandlung Abstand zu nehmen, wenn der Patient sie doch nicht will. Wäre es also angezeigt, den Willen des psychisch erkrankten Patienten genauso zu bewerten wie den des somatisch erkrankten Patienten?

Den Willen des psychisch erkrankten Patienten genauso zu berücksichtigen wie den des somatisch erkrankten, könnte auf den ersten Blick den Charme der Gleichbehandlung beider Patientengruppen für sich beanspruchen. Aber existieren nicht doch Unterschiede, die eine differenzierte Betrachtung verlangen? Dabei gelangen wir mit einem zweiten Blick zum Kern des Problems: Überlassen wir eine Person weiterhin sich selbst und ihrer Krankheit, wenn sie krankheitsbedingt gar nicht erkennt, krank zu sein und eine Behandlung zu benötigen? Es geht um eine Fürsorgepflicht gegenüber dem Patienten, der gerade nicht ausreichend für sich selbst sorgen und entscheiden kann, womit er zugleich seine Patientenautonomie nur unzureichend wahrnehmen kann. Wann und wie weitgehend ein anderer für ihn entscheiden darf, ist später eine weitere Frage.

Das Bundesverfassungsgericht (BVerfG 142, 313 ff., kritisch hierzu Schmidt-Recla 2016) spricht sogar in engen Grenzen von einer staatlichen Schutzpflicht gegenüber Menschen, die sich aufgrund einer krankheitsbedingt fehlenden Behandlungseinsicht einer dringend notwendigen Behandlung verweigern. Das besondere Spannungsverhältnis, das sich hier ergibt, ist allerdings darin zu sehen, dass dieser Schutzpflicht ein Eingriff und damit ein Abwehrrecht gegenüberstehen. Auf der einen Seite gehört es also zur Schutzpflicht des Staates, dem einzelnen Patienten auch gegen seinen Willen eine Behandlung zukommen lassen zu können und auf der anderen Seite soll der Patient das Recht behalten, dieses abzulehnen. Wie dieses Spannungsverhältnis im Einzelnen näher ausgestaltet ist, sollen die folgenden Ausführungen näher beleuchten. Die medizinethischen Kategorien von Respekt vor der Autonomie des Patienten, das Nicht-Schadensgebot und die Fürsorge finden hier eine Entsprechung.

2 Das Konstrukt „Einwilligungsfähigkeit"

Zunächst soll der Begriff der Einwilligungsfähigkeit näher betrachtet werden. Nur der einwilligungsfähige Patient kann wirksam in einen Eingriff einwilligen. Hierzu soll der Patient die für seine Entscheidung notwendigen Informationen erhalten, damit er eine informierte Entscheidung treffen kann und zwar die für ihn persönlich richtige. Anzumerken ist hier bereits, dass Autonomie und Fürsorge sich nicht als Gegenspieler erweisen müssen, sondern es als Fürsorge des Arztes verstanden werden kann, den Patienten mit notwendigen Informationen zu versorgen, um ihn so zu einer selbstbestimmten Entscheidung zu befähigen. Hierzu gehört ebenfalls, die Entscheidung des Patienten zu hinterfragen, wenn sie dem Behandelnden unvernünftig oder unüberlegt erscheint, um eventuelle Irrtümer im Entscheidungsprozess aufzudecken. Steht am Ende des Entscheidungsprozesses weiterhin das Nein des Patienten, ist es zu akzeptieren. Ohne eine wirksame Einwilligung des Patienten fehlt dem Arzt schließlich die Legitimation zur Behandlung.

All dies fußt auf der Idee der Autonomie des Patienten. Es geht um die Rechte des Patienten, den Schutz seiner Persönlichkeitsrechte und schließlich um die Wahrung seiner Patientenautonomie.

Nimmt man diese Grundsätze ernst, wäre es fatal zu glauben, dass sich mit fehlender Einwilligungsfähigkeit ärztliche Heileingriffe per se rechtfertigen ließen. Vielmehr ist die Einwilligungsunfähigkeit eine erste Bedingung, damit überhaupt über eine fremdbestimmte Entscheidung zur Durchführung einer ärztlichen Behandlung nachgedacht werden kann.

Einwilligungsfähigkeit ist ein Rechtbegriff. Sie wird dem erwachsenen Menschen unterstellt. Anders gesagt: Die fehlende Einwilligungsfähigkeit muss positiv festgestellt werden. Die Rechtsprechung entwickelte in diesem Zusammenhang die Formulierung von „Wesen, Bedeutung und Tragweite" des Eingriffs (BGHSt 11, 111 ff.). Der Patient muss demnach über ausreichend Einsichts- und Urteilsfähigkeit verfügen, um den konkreten Eingriff in seiner Art, Bedeutung und mit seinen Folgen verstehen und das Für und Wider abwägen zu können. Einwilligungsfähigkeit bezieht sich auf einen konkreten Eingriff. Bezogen auf einen konkreten Eingriff steht am Ende eine Entweder-oder-Entscheidung: Einwilligungsfähigkeit kann in Bezug auf einen Eingriff vorliegen und bezogen auf einen anderen fehlen. Ob sie vorhanden ist oder nicht, kommt weniger auf die Bedrohlichkeit der Erkrankung und des Eingriffs an als vielmehr auf dessen Komplexität. Überspitzt formuliert: Steht dem Patienten nur die Möglichkeit offen, in einen Eingriff einzuwilligen – mit dem Risiko, ihn nicht zu überleben – oder ohne den Eingriff definitiv zu versterben, ist dieses zwar ein äußerst bedrohliches Szenario, verkürzt aber die entscheidungsrelevanten Informationen auf ganz wesentliche, für den Patienten gut zu greifende Punkte.

So schillernd die Formel „von der Einsichts- und Urteilsfähigkeit" auch erscheinen mag, so ist sie in der Praxis nicht frei von Zweifeln in der konkreten Anwendung. Als hilfreich wird stets beschrieben, folgende Voraussetzungen zu überprüfen (Amelung 1995; Vollmann 2014; Henking und Vollmann 2015):

- Der Patient muss über die Fähigkeit verfügen, einen bestimmten Sachverhalt zu verstehen (Verständnis);
- der Patient muss die Fähigkeit besitzen, bestimmte Informationen, auch bezüglich der Folgen und Risiken, in angemessener Weise zu verarbeiten (Verarbeitung);

- der Patient muss die Fähigkeit besitzen, die Informationen, auch im Hinblick auf Behandlungsalternativen, angemessen zu bewerten (Bewertung)
- der Patient muss die Fähigkeit haben, den eigenen Willen auf der Grundlage von Verständnis, Verarbeitung und Bewertung der Situation zu bestimmen (Bestimmbarkeit des Willens)

Einwilligungsfähigkeit ist ein rechtlicher Begriff, der die Fähigkeiten einer Person beschreibt, einen Eingriff in eigener Kompetenz abzulehnen oder in den Eingriff einzuwilligen. Spricht man der Person diese Kompetenz ab, heißt dieses in letzter Konsequenz, einer anderen Person diese Kompetenz zu übertragen. Dabei soll die Person im Interesse, im Wohl der inkompetenten Personen entscheiden. Dies setzt aber voraus, dass die fremdentscheidende Person weiß, was im Interesse der betroffenen Person ist, und damit ist zugleich ein Problem benannt.

Da es um höchstpersönliche Entscheidungen geht und letztlich die Konsequenzen der Entscheidung die Person selbst zu tragen hat, wird man Fremdbestimmung so weit wie möglich vermeiden und die Anforderungen an die Einwilligungsfähigkeit nicht zu hoch ansetzen dürfen. Damit ist gleichzeitig davor gewarnt, die Überprüfung der Einwilligungsfähigkeit zu stark an rationalen Kriterien auszurichten. Hier ist die Gefahr groß, von einer scheinbar unvernünftigen Entscheidung auf fehlende Entscheidungskompetenz zu schließen. Entscheidungen werden nicht stets rational getroffen. Wichtiger als rationale Kriterien der Einwilligungsfähigkeit zu überprüfen, erscheint hier, die Reflexionsfähigkeit zu betrachten: Kann die Person das Für und Wider medizinischer Maßnahmen abwägen, die ihr von Seiten des Arztes vorgeschlagen wurden? Die Entscheidung muss der Persönlichkeit der Person entsprechen; sie muss Ausdruck ihrer Persönlichkeit sein und nicht Ausdruck der Krankheit, der psychischen Erkrankung.

Die Einwilligungsunfähigkeit hat damit einerseits eine schützende Funktion, wenn beispielsweise aufgrund einer vorangeschrittenen Demenzerkrankung allzu leicht eine Zustimmung bei fehlender Möglichkeit, sich gegenüber den Ärzten durchzusetzen, abgegeben wird. Sie ist aber auch der erste Türöffner auf dem Weg zu einer Entscheidung gegen den – natürlichen – Willen der Person.

Die zu beachtenden Rechte des Patienten und der Respekt vor seiner Autonomie enden nicht an dem Punkt der Feststellung der Einwilligungsunfähigkeit. Der Patient bleibt weiterhin Subjekt der Behandlung. Art. 2 Abs. 2 S. 1 GG gibt dem Kranken wie dem Gesunden das volle Selbstbestimmungsrecht über seine körperliche Integrität und „gewährleistet zuvörderst Freiheitsschutz im Bereich der leiblich-seelischen Integrität des Menschen" (BVerfGE 52, 171, 173 f.).

Welche Handlungsoptionen bleiben, wenn die Person zwar einen Willen äußern kann, aber nicht erkennt, dass dieser Wille von einer psychischen Krankheit beeinflusst ist und damit kein freier Wille ist? Wie verhält es sich nun, wenn diese Person eine medizinisch angezeigte Behandlung ablehnt? Kann der geäußerte Wille dieser Person überwunden und die Behandlung unter der Ausübung von Zwang eingeleitet werden?

3 Vorgaben des Bundesverfassungsgerichts zur Zwangsbehandlung

Das Bundesverfassungsgericht hat sich in den vergangenen Jahren wiederholt mit der Frage der Zwangsbehandlung psychisch kranker Menschen befasst. Den Ausgangspunkt bilden dabei zwei Entscheidungen aus dem Jahr 2011. Diese Entscheidungen betrafen den Maßregelvollzug und, aufgrund der Zuständigkeit der Länder für den Maßregelvollzug, jeweils landesrechtliche Vorschriften zur Duldung von Zwangsbehandlungen. Die Länderregelungen zur Zwangsbehandlung eines Untergebrachten von Rheinland-Pfalz und Baden-Württemberg (BVerfGE 128, 282 und 129, 269 ff.) und im Jahr 2013 von Sachsen (BVerfGE 133, 112 ff.) wurden für verfassungswidrig und nichtig erklärt. Das Bundesverfassungsgericht hat die in den Entscheidungen enthaltenen Grundsätze in einer Entscheidung aus dem Jahr 2017 ausdrücklich für die Psychisch-Kranken-Gesetze der Länder für übertragbar erklärt (BVerfG, Beschluss des Zweiten Senats vom 19. Juli 2017 – 2 BvR 2003/14; zuvor bereits Henking und Mittag 2013).

Das Gericht betonte, dass jede (medizinische) Behandlung gegen den (natürlichen) Willen einer Person einen tiefen Eingriff in das Recht auf körperliche Unversehrtheit und das Selbstbestimmungsrecht der betroffenen Person darstellt. Dabei nehme die Heilungsabsicht der Maßnahme nicht ihren Zwangs- und Eingriffscharakter. Eine Zwangsbehandlung ist danach jede Maßnahme, die gegen den natürlichen Willen des Betroffenen ausgeführt wird (BVerfGE 128, 282 und 129, 269 ff.).

Die Kategorie des natürlichen Willens lässt sich dabei als eine Willensäußerung bei fehlender Einwilligungsfähigkeit beschreiben.

Trotz der Eingriffstiefe in die Grundrechte eines Patienten bei einer Behandlung gegen seinen Willen hält das Bundesverfassungsgericht eine Zwangsbehandlung nicht per se für unzulässig. Das Gericht knüpft sie aber an strenge Voraussetzungen in formeller wie materieller Hinsicht. Erste Bedingung ist das Bestehen einer hinreichend klaren gesetzlichen Ermächtigungsgrundlage.

Als materielle Voraussetzungen werden die krankheitsbedingt fehlende Einsichts- und Urteilsfähigkeit sowie die strikte Beachtung des Verhältnismäßigkeitsprinzips gefordert. Danach muss eine Zwangsbehandlung das letzte Mittel darstellen und der erwartete Nutzen muss das Risiko deutlich überwiegen. Es wird zudem gefordert, dass einer Zwangsbehandlung der ernsthafte Versuch vorausgehen muss, die Zustimmung des Betroffenen zu erlangen.

Zudem muss eine unabhängige Kontrollstelle rechtzeitig vor der Durchführung der Zwangsbehandlung angerufen werden können. Die Durchführung und Kontrolle müssen durch einen Arzt erfolgen. Die Zwangsbehandlung ist außerdem im Einzelnen zu dokumentieren.

3.1 Zwangsbehandlung zum Erreichen des Vollzugsziels

Geklärt hatte das BVerfG in seinen Entscheidungen, dass eine Zwangsbehandlung im Kontext des Maßregelvollzugs den Zweck verfolgen darf, das Vollzugsziel zu erreichen; d. h. bezogen auf den Maßregelvollzug die Entlassungsfähigkeit des Untergebrachten. Das Gericht hat hierbei herausgestellt, dass Konstellationen denkbar sind, in denen der Untergebrachte seine Interessen aufgrund der Krankheit unzureichend gewichtet und damit eben auch sein Freiheitsinteresse nicht ausreichend wahrnehmen kann. Nicht vom Erforderlichkeitsgrundsatz abgedeckt ist allerdings die Behandlung zum Schutze Dritter, weil deren Schutz durch die Unterbringung selbst erreicht werden könne. Der Zweck muss sich damit auf den Betroffenen ausrichten. Die Behandlung muss seinen Interessen, sei es seinem Freiheitsinteresse oder seinem Gesundheitsinteresse, dienen (Henking und Mittag 2014, 2015).

3.2 Zwangsbehandlung zur Abwendung eines erheblichen Gesundheitsschadens

Der Bundesgerichtshof (BGHZ 193, 337) hatte 2012 unter dem Eindruck dieser Entscheidungen die bisherige Ermächtigungsgrundlage zur Zwangsbehandlung im Betreuungsrecht für unzureichend erklärt, woraufhin der Gesetzgeber 2013 eine neue Vorschrift in das Betreuungsrecht einfügte. Die 2013 in § 1906 BGB einfügten Absätze 3 und 3a sind inzwischen erneut geändert und seit Juli 2017 sieht § 1906a BGB[1] die Zwangsbehandlung psychisch erkrankter Personen unter engen Voraussetzungen vor (BT-Drs. 18/11240, 18/11617, 18/12842). Eine Zwangsbehandlung ist danach nur möglich bei drohendem gesundheitlichen Schaden erheblichen Ausmaßes und fehlender krankheitsbedingter Einsicht in die Notwendigkeit der Behandlung.

§ 1906a BGB ist dem Betreuungsrecht zuzuordnen. Das Betreuungsrecht ist dem Wohl und dem Interesse des Betreuten verpflichtet. Wünsche des Betreuten sind zu berücksichtigen. Dies findet seine Grenze, wenn diese dem Wohl des Betreuten zuwiderlaufen[2]. Auch wenn das Betreuungsrecht auf Hilfe angelegt ist, stellt die Betreuung mit der darin enthaltenen Fremdbestimmung einen Eingriff in die Rechte

---

[1] Die Regelung ist ab dem 1.1.2023 zu finden in § 1829 BGB n.F.

[2] Mit der Reform des Betreuungsrechts, die am 1.1.2023 in Kraft tritt, entfällt die sog. Wohlschranke. Die Wünsche des Betreuten werden zum Orientierungsmaßstab. Allerdings kennt auch die Neuregelung eine Schranke, nämlich dann, wenn die Beachtung der Wünsche zu einer erheblichen Selbstgefährdung führen würden und der Betreute dies krankheitsbedingt nicht erkennen kann.

des Betreuten dar. Dieses kann unter engen Voraussetzungen in eine Unterbringung oder eine Behandlung gegen den Willen gipfeln, wenn ein dem Betreuten drohender gesundheitlicher Schaden nicht anders abgewendet werden kann.

Zur Beachtung des Willens gehört auch der mutmaßliche Wille, dessen Verhältnis zum entgegenstehenden Willen noch nicht als vollständig geklärt zu bezeichnen ist. § 1906a BGB nimmt noch einmal ausdrücklich auf die Regelungen zur Patientenverfügung Bezug, auch wenn die Vorschrift des § 1901a BGB zuvor gleichermaßen unstreitig zu beachten war (Henking und Mittag 2015). § 1901a BGB enthält in seinem Absatz 1 die Regelung zur schriftlich verfassten Patientenverfügung und in seinem Absatz 2 wird auf Behandlungswünsche und den mutmaßlichen Willen abgestellt. Soweit eine Patientenverfügung die Behandlungssituation erfasst und der Verfügende eine zukünftige, bestimmte psychiatrische Behandlung mit ihr ablehnt, darf die Behandlung nicht erfolgen – auch wenn die anderen Voraussetzungen des § 1906a BGB vorliegen. Rechtsdogmatisch ist das Verhältnis zwischen mutmaßlichem Willen und natürlichem Willen diffiziler. Die Konstruktion des mutmaßlichen Willens fußt auf dem Gedanken, dass der Betroffene seinen Willen nicht äußern kann. Diese Fallkonstellation liegt bei der Zwangsbehandlung jedoch nicht vor, jedenfalls dann nicht, wenn man dem natürlichen Willen eine rechtliche Beachtung schenkt. In der Situation der Zwangsbehandlung äußert der Patient nämlich einen (natürlichen) Willen durch seine Ablehnung.

Wie kann nun der mutmaßliche Wille Beachtung finden? Hier ist Vorsicht geboten. Auf den mutmaßlichen Willen abzustellen, bedeutet ggf., den aktuell geäußerten Willen zu missachten und die Überlegung anzustellen, was der Patient denn entgegen dem aktuell geäußerten Willen wollen würde. Konzeptionell verlangt der mutmaßliche Wille, dass der Wille aktuell nicht einholbar ist, wobei überlegt wird, was der Patient wollen würde, könnte er sich zum Eingriff äußern. Dabei sind seine persönlichen Wertvorstellungen zu berücksichtigen.

Die Zwangsbehandlungssituation unterscheidet sich aber von der üblichen Situation des mutmaßlichen Willens: Der Patient äußert seine Ablehnung aktuell, womöglich sogar lautstark. Geht es nun um seinen mutmaßlichen Willen, soll gefragt werden, was der Patient äußern würde, wenn er seinen Willen im Zustand der Einwilligungsfähigkeit respektive mit Krankheitseinsicht äußern könnte. Damit wird die Kategorie Krankheitseinsicht auch an dieser Stelle relevant, weil sie das Konkurrenzverhältnis vom mutmaßlichen Willen und natürlichen Willen eröffnet. Dieses Vorgehen dürfte grundsätzlich richtig sein, weil es erlaubt, eine Entscheidung im Interesse der Person zu treffen und damit auch ihre mittel- und längerfristigen Interessen zu berücksichtigen. Soweit diese bekannt sind, ist dies ein entscheidender und wichtiger Weg, um eine Behandlung gegen den Willen und dennoch im Interesse der Person einleiten zu können. Das Konstrukt des mutmaßlichen Willens fragt nach den Interessen der Person, es fragt nicht danach, was „das Beste" für die Person ist. Objektive Erwägungen bekommen nur dann eine Bedeutung, wenn über die Interessen und den wirklichen Willen der Person nichts in Erfahrung zu bringen ist. Und hier liegt die große Gefahr: der mutmaßliche Wille wird „vernunftorientiert" ermittelt. Was hätte der Patient gewollt, wenn er jetzt – ohne den Krankheitseinfluss – entscheiden könnte?

Es soll an dieser Stelle mit diesen Überlegungen zum mutmaßlichen Willen sein Bewenden haben. Deutlich werden sollte, wie schnell in die Falle „Vernunfthoheit" getappt werden kann.

4   Rechtfertigung von Zwang – nur als letztes Mittel

Zurück zu den Voraussetzungen von Zwang. Die strengen rechtlichen Tatbestandsvoraussetzungen des § 1906a BGB lassen sich letztlich gut mit philosophischen Überlegungen zur Rechtfertigung paternalistischen Handelns in Einklang bringen (Maio 2005). Denn auch wenn die Maßnahme auf die Besserung der Gesundheit der Person gerichtet ist, soll sie mit Mitteln des Zwangs ausgeführt werden. Zudem befindet sich die Person in einer freiheitsentziehenden Unterbringung (oder nach dem neuen § 1906a BGB zumindest in einem stationären Aufenthalt in einer Klinik). Sie ist damit der Institution und der Behandlung der dort tätigen Personen ausgesetzt. Die Grundsätze der Freiwilligkeit einer Behandlung sind ausgehebelt. Nur weil die Person keine wirksame Einwilligung abgeben kann und es ihr an der Einsicht in die Krankheit und deren Behandlung fehlt, geht sie ihrer Rechte auf Selbstbestimmung und Schutz ihrer körperlichen Integrität jedoch nicht (völlig) verloren. Anders gesprochen: Die noch vorhandene Autonomie des Patienten ist zu respektieren. Damit ist eben auch der natürliche Wille der Person zu beachten. Auch eine einwilligungsunfähige Person kann Handlungen ablehnen, weil sie sich ihr als ungut oder falsch darstellen.

Soll dieser natürliche Wille überwunden werden, noch dazu mit der Anwendung von Zwang, der für sich genommen „Nebenwirkungen" haben kann, braucht es gute Gründe. Diese lassen sich nur dann finden, wenn die Handlung als solche wenig Schaden erwarten lässt, aber mit ihr ein deutlicher Nutzen für die Abwendung eines Schadens einhergeht. Dieser Gedanke, der sich auch in der philosophischen Debatte um Paternalismus findet (Maio 2005), drückt sich gleichermaßen abgeleitet aus den Grundrechten in § 1906a BGB aus.

Die Betonung von Zwang als letztes Mittel ist an dieser Stelle zentral. Dennoch ist es gerade dieser Punkt, der in der Zukunft noch weiterer Beachtung bedarf. Wie stellen wir sicher, dass Zwang wirklich am Ende der Kette von Versuchen steht, dem Patienten ohne Zwang zu helfen? Wie können wir dabei möglichst zugleich dafür sorgen, dass sich sein Gesundheitszustand bessert und nicht abgewartet wird, bis eine Zwangsbehandlung als einziges Mittel nur noch in Betracht zu kommen scheint?

Wesentliches Element von Zwang als letztes Mittel ist das Herausstellen der Bedeutung von Kommunikation mit dem Betroffenen. Der Gesetzgeber hat diese Tatbestandsvoraussetzung mit § 1906a BGB noch einmal präzisiert und damit die Ernsthaftigkeit, den unzulässigen Druck und die notwendige Zeit herausgestellt. Das Gewinnen der Zustimmung der Person erfordert die Wahrnehmung seiner Person, seiner Persönlichkeit und seiner aktuellen Verfassung, um gemeinsam mit ihm zu einer Behandlung zu gelangen. Dieses drängt ein paternalistisches Arzt-Patienten-

Modell auch beim einwilligungsunfähigen Patienten zurück. Bevorzugt wird die partizipative Entscheidungsfindung, bei der die Kommunikation von Arzt und Patient auf die gemeinsame Entscheidungsfindung zur weiteren Behandlung gerichtet ist. Was ähnlich wie die Idee des „shared decision making" klingt, findet seine Unterschiede darin, dass das Werben um Zustimmung nicht zwingend durch einen Arzt erfolgen muss und dass das Scheitern dieses Versuchs, eine Zustimmung zu erlangen, andere Konsequenzen nach sich zieht als bei der Kommunikation mit einem einwilligungsfähigen Patienten. Denn gelingt das Überzeugen nicht, ist bei Abwesenheit milderer Mittel eine Behandlung auch unter der zwangsweisen Überwindung von Gegenwehr möglich, solange der Person ansonsten ein erheblicher gesundheitlicher Schaden droht und die Behandlung als solche erfolgsversprechend ist. Dieses Machtgefüge begleitet die Kommunikation und bringt uns zurück zu der anfangs dargestellten Gestaltung der Arzt-Patienten-Beziehung. Es ist eine noch nicht abgeschlossene Frage, wie viel Zeit und Geduld hier investiert werden sollte. Nimmt man den Gedanken des Ultima-ratio ernst, kann die Antwort nur sein: sehr viel. Die Faktoren Zeit und Geduld spielen in der Vermeidung von Zwang eine große Rolle und damit ist letztlich auch jeder Druck zu vermeiden. Dies schließt übrigens auch den Finanzierungsdruck der Klinik mit ein. Das Krankensystem muss an dieser Stelle auch in finanzieller Hinsicht der Klinik Raum und Zeit für den Patienten lassen (hierzu auch Henking und Vollmann 2015).

Der Gesetzgeber erlaubt in der eng gefassten Konstellation des § 1906a BGB ein paternalistisches Handeln. Getragen wird diese Konstruktion von der Idee, dass der Betroffene aufgrund der fehlenden Krankheits- und Behandlungseinsicht nicht erkennt, dass er sich mit der Verweigerung in erheblichem Ausmaß selbst in Gefahr bringt. Hier scheint aufgedrängte Hilfe angezeigt.

So verstanden lässt sich § 1906a BGB auch mit der UN-BRK in Einklang bringen, die in Art. 12 Abs. 2 die Handlungs- und Rechtsfähigkeit für alle Menschen garantiert (vgl. Marschner 2013). Die garantierte Handlungs- und Rechtsfähigkeit erstreckt sich auf alle menschlichen Handlungen, denen von der Rechtsordnung eine Bedeutung beigemessen wird. Kann eine Person die Handlung aber nicht oder nicht alleine wahrnehmen, soll dieser Person Hilfe zur Wahrnehmung ihrer Rechte zukommen. Die Konvention verfolgt die Idee eines unterstützenden Systems im Sinne eines „supported decision making". Doch auch die ersetzende Entscheidung im Sinne des „substituded decision making" ist der UN-BRK nicht völlig fremd; nämlich dann, wenn die Person gar nicht in der Lage ist, ihre Rechte wahrzunehmen. Würde man für diese Personengruppe eine ersetzende (bzw. korrekt oder wenigstens vorzugswürdig stellvertretende), also eine fremdbestimmte Unterstützung völlig ausschließen, würde dies in letzter Konsequenz bedeuten, diesen Menschen gar keine Hilfe zuteilwerden zu lassen (Schmahl 2016). Den Menschen, der sich selbst nicht helfen kann, seinem Schicksal zu überlassen, wäre allerdings nicht mit dem staatlichen Schutzauftrag in Einklang zu bringen.

Die Annahme des staatlichen Mindestschutzes bzw. den Gedanken des Untermaßverbots hat das Bundesverfassungsgericht in einer Entscheidung im Jahr 2016 bestätigt. Die Kernthese dieser Entscheidung lautet, dass Art. 2 Abs. 2 S. 1 GG nicht nur ein Abwehrrecht und allgemeine Schutzpflicht sei, sondern sich bei Einwilligungsunfähigen, die Gefährdungen von Leib und Leben schutzlos ausgesetzt sind, zu einer konkreten Schutzpflicht verdichte (BVerfGE 142, 313 ff.).

Letztlich bedeutet dies, dass für Menschen, die sich krankheitsbedingt nicht selbst schützen können und denen deshalb eine erhebliche Gefahr droht, ein Instrumentarium zur Hilfe zur Verfügung stehen muss. Dieser Teil der Entscheidung ist durchaus richtig, auch wenn die Begründung der Entscheidung teils zirkulär und der konkrete Fall für die diskutierte Rechtsfrage ungeeignet erscheint, weil der Fall selbst viele weitere Fragen aufgeworfen hatte, die Zweifel an der Zulässigkeit von Zwang im konkreten Fall weckten (Henking 2016; Schmidt-Recla 2016).

Nach den Ausführungen des Bundesverfassungsgerichts sei die Regelung zur Zwangsbehandlung im Betreuungsrecht nicht nur eine Ermächtigungsgrundlage, sondern auch eine Regelung zum Schutz der Person. Es geht also nicht nur um den Eingriff in die Rechte der Person, sondern auch um ihren Schutz. Dies ist alles andere als überraschend. Denn die Legitimation zum Eingriff in die Rechte nimmt die Vorschrift doch gerade aus dem Grundgedanken des Betreuungsrechts: Es geht ausschließlich um die Interessen und das Wohl des Betreuten. Eine Person, die sich aufgrund einer fehlenden Krankheitseinsicht und einer hierdurch verweigerten Behandlung gar in Lebensgefahr bringt, muss vor diesem Schaden bewahrt werden können. Der Eigenschutz ist Prämisse des Betreuungsrechts. Zur Durchsetzung des Eigenschutzes wird nun aber in die Rechte der Person eingegriffen und so stehen der Schutz der körperlichen Integrität bei fehlender Behandlung, der Schutz der körperlichen Integrität und das Selbstbestimmungsrecht bei gegen den Willen durchgeführter Behandlung noch immer in der Diskussion. Daran ändert auch die Idee des Mindestschutzes nichts. Es geht dabei um nicht mehr und nicht weniger als darum, überhaupt ein Instrument zur Verfügung zu haben. Dieses Instrument muss den strengen Anforderungen der Verhältnismäßigkeit gerecht werden. Der Gedanke eines Schutzes, der jetzt zur Schutzpflicht zugespitzt wurde, ist nicht neu. Der Grundgedanke war stets die Basis, um überhaupt über eine Rechtfertigung von Zwang sprechen zu können.

5   Fazit mit Ausblick

Geklärt ist nun die Frage, ob überhaupt Zwang angewendet werden kann. Damit ist aber nicht die Tür für eine vermehrte Anwendung von Zwang geöffnet worden. Um jemand anderem etwas aufzwingen zu können, braucht es nach wie vor äußerst gute Gründe. Denn für den Betroffenen bleibt bei der Ausübung von Zwang der Eingriffscharakter vordergründig. Es muss also weiterhin darum gehen, kreative, patientenorientierte Lösungen für psychisch erkrankte Personen anzubieten. Wir sollten uns verstärkt Gedanken darum machen, wie und wann Zwang eingesetzt wird. Wir diskutieren Begriffe wie Autonomie und Fürsorge. Doch Fürsorge endet nicht mit der Legitimation von Zwang und dessen Ausübung. Eine ebenso zentrale Frage ist, wie Zwang ausgeübt und erlebt wird. Es gilt zu ergründen, wie Fremdbestimmung möglichst vermieden respektive schonend ausgeübt werden kann, wie sichergestellt und kontrolliert werden kann, dass stets nur so viel und so lange Zwang wie tatsächlich nötig ausgeübt wird. Es müssen Behandlungsstandards bei der Anwendung von Zwang entwickelt werden und deren Einhaltung muss überprüfbar sein. Dabei darf nicht in alte Verhaltensmuster zurückgefallen werden, die die Behandlungsnotwendigkeit vor den Folgen von Zwang sieht. Eine nicht unwesentliche Anzahl von Patienten lehnt die Maßnahme auch im Nachhinein ab. Es gilt verstärkt zu hinterfragen, warum diese Patienten die Behandlung auch im Nachhinein ablehnen. Wenn ein Patient auch im Nachhinein eine Behandlung ablehnt, die aus ärztlicher Sicht notwendig war, gerät die Rechtfertigung der Zwangsbehandlung ins Schwanken, weil die Annahme des mutmaßlichen Interesses ex post widerlegt wurde. Um Patienten dennoch die Notwendigkeit und den Vorteil einer Behandlung zu deutlichen machen, braucht es nicht nur eine Überzeugung des Patienten, sondern auch ein kritisches Hinterfragen, welche Maßnahmen im Detail den Patienten auch im Nachhinein zur Ablehnung bringen. Eventuell wird man aber feststellen müssen, dass die Anwendung von Zwang einen derart großen Vertrauensbruch in der Arzt-Patienten-Beziehung bedeutet, den man nicht oder nur sehr schwer wieder heilen kann.

Literatur

Amelung, K. 1995. *Vetorechte beschränkt Einwilligungsfähiger in Grenzbereichen medizinischer Intervention*. Berlin: De Gruyter.

Henking, T. 2016. Patientenrechte in der Psychiatrie im Kontext von Zwang. *Recht und Psychiatrie* 34 (3): 155–163.

Henking, T., und M. Mittag. 2013. Die Zwangsbehandlung in der öffentlichen-rechtlichen Unterbringung – Vorschlag einer Neuregelung. In *Juristische Rundschau* 2013 (8): 341–351.

Henking, T., und M. Mittag. 2014. Die Zwangsbehandlung in der öffentlichen-rechtlichen Unterbringung – Stand der Neuregelungen. In *Betreuungsrechtliche Praxis* 23 (3): 115–119.

Henking, T., und M. Mittag. 2015. Rechtliche Rahmenbedingungen. In *Zwangsbehandlung psychisch kranker Menschen. Ein Leitfaden für die Praxis,* Hrsg. T. Henking und J. Vollmann. Berlin: Springer.

Henking, T., und J. Vollmann, Hrsg. 2015. *Zwangsbehandlung psychisch kranker Menschen. Ein Leitfaden für die Praxis.* Berlin: Springer.

Maio, G. 2005. Ethische Reflexionen zum Zwang in der Psychiatrie. In *Psychiatrie zwischen Autonomie und Zwang*, Hrsg. W. Rössler und P. Hoff, 145–164. Heidelberg: Springer.

Marschner, R. 2013. Menschen in Krisen: Unterbringung und Zwangsbehandlung in der Psychiatrie. In *Das Menschenrecht auf gleiche Anerkennung vor dem Recht – Art. 12 UN-Behindertenrechtskonvention,* Hrsg. V. Aichele und Deutsches Institut für Menschenrechte, 203–230. Baden-Baden: Nomos.

Schmahl, S. 2016. Menschenrechtliche Sicht auf die Zwangsbehandlung von Erwachsenen bei Selbstgefährdung. In *Betreuungsrechtliche Praxis* 25 (2): 51–54.

Schmidt-Recla, A. 2016. Anmerkung zu BGH, Beschluss vom 1.7.2015, XII ZB 89/15 (LG Stuttgart). In *Zeitschrift für Medizinrecht* 34 (1): 50–53.

Vollmann, J. 2014. Zwangsbehandlungen in der Psychiatrie. *Der Nervenarzt* 85 (5): 614–620.

Zwangsbehandlungen in der Psychiatrie. Ein ethisches Dilemma

Alfred Simon

1 Einleitung

Die Autonomie und das Selbstbestimmungsrecht von Patienten haben seit der Mitte des letzten Jahrhunderts stark an Bedeutung gewonnen. Es ist heute weithin anerkannt, dass eine ärztliche Behandlung nur mit Einwilligung des zuvor in angemessener Form aufgeklärten Patienten durchgeführt werden darf. Das Recht auf Selbstbestimmung schließt auch die „Freiheit zur Krankheit" mit ein: Entscheidet sich ein Patient mit freiem Willen gegen eine Behandlung, so ist dies als Ausdruck seiner Selbstbestimmung zu achten. Dies gilt auch für Situationen, in denen der Patient zwar aktuell nicht entscheidungsfähig ist, seine ablehnende Haltung gegenüber einer bestimmten Behandlung aber zuvor (z. B. in einer Patientenverfügung) zum Ausdruck gebracht hat.

Eine andere Situation liegt vor, wenn der Patient aufgrund einer psychischen Erkrankung oder einer geistigen bzw. seelischen Behinderung nicht in der Lage ist, die Schwere seiner Erkrankung und die Notwendigkeit der Behandlung zu erkennen oder nach dieser Einsicht zu handeln. Lehnt ein Patient in einer solchen Situation eine dringend benötigte Behandlung ab, so kann man nicht von einer freien Entscheidung sprechen. Neben das *Autonomieprinzip* tritt dann das *Fürsorgeprinzip*.[1] Aus diesem folgt die Verpflichtung, den Patienten vor schwerwiegenden Folgen ei-

---

[1] Weithin anerkannte Prinzipien in der Medizin sind Respekt vor der Autonomie, Wohltun, Nicht-Schaden und Gerechtigkeit (vgl. Beauchamp und Childress 2019), wobei man die Prinzipien Wohltun und Nicht-Schaden auch unter dem Prinzip der Fürsorge zusammenfassen kann.

A. Simon (✉)
Akademie für Ethik in der Medizin, Universitätsmedizin Göttingen,
Göttingen, Deutschland
E-Mail: simon@aem-online.de

© Der/die Autor(en), exklusiv lizenziert an Springer-Verlag GmbH, DE, ein Teil
von Springer Nature 2023
P. Mantell et al. (Hrsg.), *Psychische Erkrankungen als gesellschaftliche Aufgabe*,
Schriften zu Gesundheit und Gesellschaft – Studies on Health and Society 5,
https://doi.org/10.1007/978-3-662-65515-3_8

ner von ihm nicht freiverantwortlich getroffenen Entscheidung zu bewahren. Ob und unter welchen Voraussetzungen es in einer solchen Situation erlaubt ist, den Patienten gegen seinen natürlichen (d. h. nicht freiverantwortlichen) Willen zu behandeln, ist Gegenstand kontroverser ethischer und rechtlicher Debatten.

2 Hintergrund der aktuellen Debatte

Anlass und Hintergrund der aktuellen Debatte zur Zwangsbehandlung bilden zwei Entscheidungen des Bundesverfassungsgerichts aus dem Jahre 2011 (Bundesverfassungsgericht 2011a, b). Das Gericht hat darin mit Blick auf zwei Fälle im Maßregelvollzug festgestellt, dass eine Zwangsbehandlung einen schweren Eingriff in das Grundrecht auf körperliche Unversehrtheit darstellt. Sie darf deshalb, auch wenn sie zum Wohl des Patienten (Wiederherstellung der psychischen Gesundheit, Entlassung aus dem Maßregelvollzug bzw. aus der geschlossenen Unterbringung) angestrebt wird, nur unter eng definierten Voraussetzungen erfolgen. Diese müssen gesetzlich geregelt sein. Dieser Anforderung entsprachen zu diesem Zeitpunkt weder die einzelnen Ländergesetze (Maßregelvollzugsgesetze, Unterbringungsgesetze, Psychisch-Kranken-Gesetzte) noch das Betreuungsrecht als Bundesgesetz. Der hier abgedruckte Text wurde zuletzt im Herbst 2019 aktualisiert und bezieht sich nicht auf Ereignisse oder Entscheidungen jüngeren Datums.

Die Deutsche Gesellschaft für Psychiatrie, Psychotherapie und Nervenheilkunde (DGPPN) reagierte auf die o.g. Entscheidungen des Bundesverfassungsgerichts mit zwei Stellungnahmen.[2] In diesen wurde darauf hinwiesen, dass ohne die Möglichkeit der Zwangsbehandlung eine Therapie nicht einwilligungsfähiger Patienten mit psychischen Erkrankungen oft nicht möglich sei, was zur Folge hätte, dass diese ihrem Krankheits- und Sozialschicksal überlassen werden müssten. Die Fachgesellschaft forderte deshalb Bund und Länder auf, die nicht verfassungskonformen Gesetze zeitnah zu überarbeiten. Dieser Forderung ist der Gesetzgeber auf Bundesebene mit den Änderungen des Betreuungsrechts in den Jahren 2013 und 2017 nachgekommen. Auch die meisten Ländergesetzgeber haben ihre Gesetze in den letzten Jahren angepasst.

Die Tatsache, dass die einzelnen Gesetze zum Teil unterschiedliche und mitunter sogar widersprechende Regelungen enthalten, lässt vermuten, dass die rechtliche Debatte zum Thema noch nicht abgeschlossen ist. Unabhängig davon stellt sich die Frage, wie ein ethisch verantwortlicher Umgang mit Zwangsbehandlung im Rahmen der bestehenden bzw. noch zu schaffenden gesetzlichen Vorgaben aussehen kann. Einen Beitrag dazu hat die Zentrale Ethikkommission bei der Bundesärzte-

---

[2] „Stellungnahme der Deutschen Gesellschaft für Psychiatrie, Psychotherapie und Nervenheilkunde zum Urteil des Bundesverfassungsgerichts vom 23.03.2011 zur Zwangsbehandlung im Maßregelvollzug" und „Memorandum der Deutschen Gesellschaft für Psychiatrie, Psychotherapie und Nervenheilkunde zur Autonomie und Selbstbestimmung von Menschen mit psychischen Störungen". Die Stellungnahmen wurden auf der Homepage der DGPPN (www.dgppn.de) veröffentlicht, sind aber aktuell nicht mehr abrufbar.

kammer mit ihrer Stellungnahme „Zwangsbehandlung bei psychischen Erkrankungen" geleistet (Zentrale Ethikkommission 2013). In dem Papier werden die ethischen und rechtlichen Bedingungen für die Zulässigkeit von Zwangsbehandlung erörtert und Handlungsempfehlungen für die Praxis gegeben. Außerdem fordert die Zentrale Ethikkommission in ihrer Stellungnahme dazu auf, den Einsatz von Zwangsbehandlung kritisch zu reflektieren sowie mögliche Behandlungsalternativen zu entwickeln. Auch der Deutsche Ethikrat hat sich 2018 in seiner Stellungnahme „Hilfe durch Zwang?" mit dem Thema beschäftigt und Empfehlungen zum Umgang mit wohltätigem Zwang in der Psychiatrie, in der Kinder- und Jugendhilfe sowie in der Altenpflege und Behindertenhilfe erarbeitet (Deutscher Ethikrat 2018).

3 Wohltätiger Zwang?

In der Medizinethik wird die Frage, ob und unter welchen Voraussetzungen eine Behandlung gegen den Willen des Patienten zu dessen Wohl zulässig ist, im Rahmen der sog. Paternalismus-Debatte diskutiert. Unter medizinischem Paternalismus versteht man ein ärztliches Handeln gegen den Willen oder die Entscheidungen des Patient zu dessen vermeintlichem Wohl. Von zentraler Bedeutung ist dabei die Unterscheidung zwischen starkem und schwachem Paternalismus.

Starker Paternalismus bedeutet, dass sich das ärztliche Handeln gegen den Willen eines selbstbestimmungsfähigen Patienten richtet. Ein solches Handeln verstößt klar gegen das Autonomieprinzip und wird deshalb heute breit abgelehnt. Der *schwache Paternalismus* hingegen richtet sich gegen den Willen von Patienten, deren Fähigkeit, selbstbestimmt zu entscheiden und zu handeln, dauerhaft oder vorübergehend eingeschränkt bzw. aufgehoben ist, wie es bei dementen oder psychisch kranken Patienten der Fall sein kann. In diesen Fällen muss das Autonomieprinzip mit dem Fürsorgeprinzip abgewogen werden. Schwachpaternalistisches Handeln wird von den meisten Medizinethikern unter der Voraussetzung, dass das angestrebte Ziel nicht auch mit milderen Maßnahmen erreicht werden kann, als moralisch zulässig betrachtet (Patzig 1989; Schöne-Seifert 2009).

Entscheidend für die ethische Bewertung einer Zwangsbehandlung ist demnach, ob die Ablehnung der Behandlung Ausdruck einer selbstbestimmten Patientenentscheidung ist. Dies wirft die Frage auf, was überhaupt eine selbstbestimmte Entscheidung ausmacht. Voraussetzung hierfür ist zunächst eine hinreichende *Einsichts- und Urteilsfähigkeit*. Damit ist gemeint, dass der Patient in der Lage ist, Wesen, Bedeutung und Tragweite der Behandlung in Grundzügen zu verstehen und darauf aufbauend eine Entscheidung für oder gegen die vom Arzt vorgeschlagene Behandlung zu treffen. Dies wiederum setzt ein hinreichendes *Verständnis* der Behandlung, ihrer Chancen und Risiken, ihrer möglichen Folgen sowie möglicher Behandlungsalternativen voraus. Dieses Verständnis soll durch die ärztliche Aufklärung vermittelt werden. Eine angemessene Aufklärung ist also eine wesentliche Voraussetzung für die Wahrnehmung von Patientenautonomie. Und schließlich setzt eine selbstbestimmte Patientenentscheidung die *Abwesenheit steuernder Einflüsse* voraus. Sozialer Druck oder eine psychische Erkrankung können die Entscheidung des Patienten beeinflussen. Entscheidend ist aber, ob diese die Entscheidung bestimmen, oder der Patient bei kritischer Reflexion auch anders entscheiden und handeln könnte (Faden und Beauchamp 1986; Vollmann 2008; Wiesemann 2013).

Fasst man das Gesagte zusammen, so lassen sich folgende *ethischen Voraussetzungen* für die Zulässigkeit einer Zwangsbehandlung im Einzelfall benennen:

- Der Patient ist aufgrund einer psychischen Erkrankung oder einer geistigen bzw. seelischen Behinderung trotz wiederholter Aufklärung nicht in der Lage, die Notwendigkeit der Behandlung einzusehen bzw. nach dieser Einsicht zu handeln,
- die Behandlung stellt das letzte Mittel dar, um den Patienten vor einem drohenden erheblichen gesundheitlichen Schaden zu bewahren,
- der für den Patienten zu erwartende Nutzen der Behandlung überwiegt die zu erwartenden Beeinträchtigungen deutlich, und
- es gibt keine konkreten Hinweise (z. B. in Form früher mündlicher oder schriftlicher Äußerungen), dass der Patient die Behandlung auch mit seinem freien Willen ablehnen würde.

Diese Voraussetzungen entsprechen im Wesentlichen den inhaltlichen Anforderungen, die das Bundesverfassungsgericht an eine Zwangsbehandlung gestellt hat. Sie finden sich auch im Betreuungsrecht wieder und entsprechen den Kriterien, die erfüllt sein müssen, damit ein Betreuer bzw. Bevollmächtigter in eine ärztliche Zwangsmaßnahme einwilligen darf. Ergänzend dazu sieht das Betreuungsrecht vor, dass die stellvertretende Einwilligung in eine Zwangsbehandlung von einem Gericht genehmigt werden muss (§ 1906a BGB).

4   Psychiatrische Patientenverfügungen

In den letzten Jahren haben Patientenverfügungen und andere Formen der gesundheitlichen Vorausverfügungen stark an Bedeutung gewonnen (Radenbach und Simon 2016). Sie eröffnen die Möglichkeit, eigene Behandlungswünsche für den Fall späterer Einwilligungsunfähigkeit zu dokumentieren bzw. eine Vertrauensperson als Vertreter in Gesundheitsangelegenheiten zu benennen, und finden verstärkt auch im Bereich der Psychiatrie Anwendung.

Die *Patientenverfügung* ist seit 2009 im Betreuungsrecht geregelt (§ 1901a BGB). Sie ist ein schriftliches (d. h. eigenhändig unterschriebenes) Dokument, in dem ein volljähriger und einwilligungsfähiger Patient seine Behandlungswünsche für den Fall des Verlusts der Einwilligungsfähigkeit festgelegt hat. Treffen diese Festlegungen auf die eingetretene Lebens- und Behandlungssituation des aktuell nicht mehr einwilligungsfähigen Patienten zu und gibt es keine Hinweise, dass der Patient sie zwischenzeitlich widerrufen hat, so sind sie für alle an der medizinischen Versorgung Beteiligten unmittelbar bindend.

Liegt keine wirksame Patientenverfügung vor, so muss der Patientenvertreter – der vom Patienten in einer Vorsorgevollmacht benannte Bevollmächtigte oder der vom Gericht bestellte Betreuer – auf der Grundlage sonstiger (z. B. mündlicher) Behandlungswünsche oder des mutmaßlichen Willens des Patienten entscheiden. Der mutmaßliche Wille ist aufgrund konkreter Anhaltspunkte, insbesondere aufgrund früherer mündlicher oder schriftlicher Äußerungen, ethischer oder religiöser Überzeugungen und sonstiger persönlicher Wertvorstellungen des Patienten, zu ermitteln. Eine *Vorsorgevollmacht* muss die Bereiche, für die der Bevollmächtigte stellvertretend entscheiden darf (insbesondere Einwilligung in gefährliche Heileingriffe, Einwilligung in den Beginn, die Fortsetzung oder die Beendigung lebenserhaltender Maßnahmen, Einwilligung in freiheitsentziehende Maßnahmen bzw. eine Zwangsbehandlung) konkret benennen. Auch muss aus der Vollmacht hervorgehen, dass sich der Patient der möglichen Konsequenzen einer stellvertretenden Entscheidung für sein Leben und seine Gesundheit bewusst war (Bundesgerichtshof 2016).

Patientenverfügungen wurden im Vorfeld der gesetzlichen Regelung von 2009 vor allem im Kontext medizinischer Entscheidungen am Lebensende diskutiert. Da sie aber unabhängig von Arzt und Stadium der Erkrankung gelten (§ 1901a Abs. 3 BGB), sind sie nicht auf solche beschränkt. Auch psychiatrische Maßnahmen können in einer Patientenverfügung wirksam abgelehnt werden. Dieses Vetorecht bezieht sich jedoch nur auf ärztliche Maßnahmen, die dem Eigenschutz des Patienten dienen. Nicht wirksam abgelehnt werden können psychiatrische Befragungen zur Feststellung des Gesundheitszustandes, Untersuchungen zur Klärung der Behandlungsnotwendigkeit, Befunderhebung und Diagnosestellung, Unterbringung nach § 1906 Abs. 1 Nr. 1 BGB (sofern sie nicht nur der Durchführung einer Behandlung dienen, die vom Patienten abgelehnt wird) sowie Unterbringung nach öffentlichem Recht (Olzen 2009). Auch eine Behandlung zum Schutz Dritter, wie sie einige Landesgesetze erlauben, kann mit einer Patientenverfügung nicht wirksam abgelehnt werden (Henking 2015). Der Patient kann in einer psychiatrischen Patientenverfügung aber nicht nur ärztliche Behandlung ablehnen, sondern dieser auch antizipierend zustimmen.

Formulare für spezifisch *psychiatrische Patientenverfügungen* werden in Deutschland vor allem von psychiatriekritischen Gruppierungen herausgegeben und sehen oft eine weitreichende Ablehnung psychiatrischer Maßnahmen vor.[3] Dies birgt die Gefahr, dass ein Patient, der z. B. im Rahmen einer stationären Behandlung schlechte Erfahrungen mit den Nebenwirkungen eines bestimmen Medikaments gemacht hat, und deshalb zuhause mit einem solchen Formular die künftige Behandlung mit diesem Medikament verbindlich ablehnen möchte, damit auch andere wirksame und deutlich besser verträgliche Therapien ablehnt, ohne sich der möglichen Folgen einer solchen umfassenden Ablehnung für die spätere Behandlungssituation (z. B. stärker ausgeprägte Krankheitssymptome, längere stationäre Behandlung, vermehrte Zwangsmaßnahmen wie Fixierungen und Isolierungen) bewusst zu sein.

---

[3] Das aktuell wohl bekannteste Exemplar, die von ihren Herausgebern als „schlaue Patientenverfügung" bezeichnete „PatVerfü", bestreitet die Existenz psychischer Erkrankungen und sieht eine weitreichende Ablehnung diagnostischer und therapeutischer Maßnahmen vor (Siehe: www.patverfue.de).

Eine Alternative bzw. Ergänzung zur psychiatrischen Patientenverfügung, die der Patient auch ohne vorherige ärztliche Beratung erstellen kann, stellt die *Behandlungsvereinbarung* dar. Sie wurde Mitte der 1990er-Jahre in Bielefeld zusammen von Vertretern der psychiatrischen Klinik und einer Selbsthilfegruppe von Psychiatrie-Erfahrenen entwickelt und später auch von anderen Kliniken in Deutschland übernommen (Dietz et al. 1989). Die vertragsähnliche Vereinbarung wird im Rahmen eines gemeinsamen Gesprächs, an dem neben dem Patienten und dem behandelnden Arzt noch weitere Vertreter des behandelnden Teams sowie Vertrauenspersonen des Patienten teilnehmen können, am Ende bzw. nach einer stationären Behandlung erstellt und dokumentiert. Wünsche, Präferenzen und Informationen des Patienten u. a. zur stationären Aufnahme, zu Art und Umfang der gewünschten Behandlung, zur Besuchsregelung oder zur sozialen Situation des Patienten für den Fall einer erneuten stationären Behandlung.

Eine weitere Form der gesundheitlichen Vorausplanung stellt der *Psychiatrische Krisenpass* dar. Er hat zusammengeklappt die Größe eines Personalausweises und enthält wichtige Informationen für den psychiatrischen Krisenfall, wie z. B. verordnete Medikamente, Namen und Telefonnummern von Kontaktpersonen, den Hinweis auf eine eventuell bestehende Patientenverfügung oder Behandlungsvereinbarung sowie Angaben zu Angehörigen bzw. Haustieren, die versorgt werden müssen.

Internationale Studien konnten zeigen, dass der Einsatz von psychiatrischen Patientenverfügungen und Behandlungsvereinbarungen u. a. zu einer Steigerung der Patientenzufriedenheit (Swanson et al. 2008) und zu einer Steigerung der Adhärenz (Wilder et al. 2010) führt. Drei Studien zeigten eine Reduktion von Zwangsmaßnahmen bei Patienten mit einer Behandlungsvereinbarung (Rittmannsberger und Lindner 2006; Henderson et al. 2004) bzw. einer psychiatrischen Patientenverfügung (Swanson et al. 2008). Eine Studie zeigte, dass Patientenverfügungen, die mit Unterstützung von sog. Peer Trainern (d. h. Personen, die selbst Erfahrung als Psychiatriepatienten hatten) erstellt wurden, meist plausibel und sinnvoll anwendbar waren (Srebnik et al. 2005). In Deutschland sind psychiatrische Patientenverfügungen und Behandlungsvereinbarungen als Angebot zwar vorhanden, kommen in der Praxis aber kaum vor (Borbé et al. 2012; Radenbach et al. 2014). Eine Studie aus Halle konnte zeigen, dass die dort abgeschlossenen Behandlungsvereinbarungen zu einer verbesserten Kommunikation von Ärzten und Patienten und zu mehr Partizipation seitens der Patienten führten, allerdings wenig Auswirkungen auf die Akutbehandlung hatten (Grätz und Brieger 2012).

5   Ein ethisch angemessener Umgang mit Zwangsbehandlungen in der Psychiatrie

Zwangsbehandlungen stellen einen schwerwiegenden Eingriff in das Recht auf körperliche Unversehrtheit sowie in das Selbstbestimmungsrecht der betroffenen Patienten dar. Ungeachtet dessen kann ein solcher Eingriff in bestimmten Situationen erforderlich sein, um einen drohenden schwerwiegenden gesundheitlichen Schaden vom Patienten abzuwenden, der auf keine andere, dem Patienten zumutbare Weise abgewendet werden kann. Die zentralen ethischen Voraussetzungen sind, dass der Patient aufgrund psychischer Erkrankung oder fehlender Reife die Notwendigkeit der Behandlung nicht einsehen bzw. nicht gemäß dieser Einsicht handeln kann, dass die ärztliche Zwangsmaßnahme mit Blick auf den zu erwartenden Nutzen und die zu erwartenden Belastungen angemessen ist, und dass die Zwangsbehandlung das letzte Mittel darstellt, um den drohenden Schaden abzuwenden.

Die genannten Voraussetzungen setzen eine sorgfältige Prüfung der Einwilligungsfähigkeit voraus, wobei die Verweigerung der Zustimmung allein kein Grund ist, dem Patienten die Einwilligungsfähigkeit abzusprechen. Bei der Nutzen-Schadensrisiko-Abwägung sind nicht nur der mögliche Nutzen und die möglichen Risiken des Eingriffs selbst, sondern auch die mögliche Beeinträchtigung des Behandlungserfolgs durch den Zwang, das subjektive Erleben des Patienten sowie mögliche Auswirkungen auf das Vertrauensverhältnis zwischen Patient und Arzt zu bedenken. Ferner muss der Durchführung der Maßnahme das ernsthafte Bemühen um Zustimmung des Patienten zur Kooperation vorausgehen.

Um sicherzustellen, dass die ethischen und auch rechtlichen Voraussetzungen erfüllt sind, sollte die Entscheidung über eine Zwangsbehandlung durch ein multiprofessionelles Team auch unter Einschluss des Pflegepersonals getroffen werden, wobei die Gesamtverantwortung für deren Durchführung beim behandelnden Arzt liegt (Zentrale Ethikkommission 2013). Der Betreuer bzw. Bevollmächtigte sollte frühzeitig in den Prozess der Entscheidungsfindung eingebunden werden. In schwierigen oder kontroversen Entscheidungssituationen kann auch die Durchführung einer ethischen Fallbesprechung hilfreich sein. Bei dieser kommen Mitglieder des behandelnden Teams sowie der Vertreter des Patienten zusammen, um – unterstützt durch Mitglieder eines Klinischen Ethikkomitees – das Für und Wider einer möglichen Zwangsbehandlung zu erörtern und zu einer gemeinsamen Entscheidung zu kommen. Entscheidet man sich für eine Zwangsbehandlung, so sollte diese in kurzen zeitlichen Abständen überprüft werden.

Psychiatrische Patientenverfügungen und Behandlungsvereinbarungen sind ein Instrument zur Stärkung des Selbstbestimmungsrechts von Menschen mit psychischen Erkrankungen. Internationale Erfahrungen zeigen, dass sie auch zu einer Reduktion von Zwangsbehandlungen beitragen können. Der Abschluss solcher Vorausverfügungen sollte deshalb gefördert werden.

Literatur

Beauchamp, T. L., und J. F. Childress. 2019. *Principles of Biomedical Ethics*. 8. Aufl. Oxford: Oxford University Press.

Borbé, R., S. Jaeger, S. Borbé, et al. 2012. Use of joint crisis plans in psychiatric hospitals in Germany: Results of a nationwide survey. *Nervenarzt* 83: 638–643.

Bundesgerichtshof. 2016. Beschluss vom 06.07.2016 – Az. XII ZB 61/16. *Neue juristische Wochenschrift* 69: 3297–3303.

Bundesverfassungsgericht. 2011a. Beschluss vom 23.03.2011 – 2 BvR 882/09. *BVerfGE* 128: 282–322.

Bundesverfassungsgericht. 2011b. Beschluss vom 12.10.2011 – 2 BvR 633/11. *BVerfGE* 129: 269–284.

Deutscher Ethikrat. 2018. *Hilfe durch Zwang? Professionelle Sorgebeziehungen im Spannungsfeld von Wohl und Selbstbestimmung*. Stellungnahme. Berlin.

Dietz, A., N. Pörksen, und W. Voelzke. Hrsg. 1989. *Behandlungsvereinbarungen. Vertrauensbildende Maßnahmen in der Akutpsychiatrie*. Bonn: Psychiatrie Verlag.

Faden, R. R., und T. L. Beauchamp. 1986. *A history* and *theory of informed consent*. New York und Oxford: Oxford University Press.

Grätz, J., und P. Brieger. 2012. Einführung und Umsetzung einer Behandlungsvereinbarung. Eine empirische Studie unter Berücksichtigung von Betroffenen, Ärzten und Sozialarbeitern. *Psychiatrische Praxis* 39: 388–398.

Henderson, C., C. Flood, M. Leese, et al. 2004. Effect of joint crisis plans on use of compulsory treatment in psychiatry: single blind randomised controlled trial. *British Medical Journal*. doi:https://doi.org/10.1136/bmj.38155.585046.63.

Henking, T. 2015. Rechtliche Rahmenbedingungen. In *Zwangsbehandlung psychisch kranker Menschen. Ein Leitfaden für die Praxis*, Hrsg. T. Henking und J. Vollmann, 29–90. Berlin: Springer.

Olzen, D. 2009. Die Auswirkungen des Betreuungsrechtsänderungsgesetzes (Patientenverfügungsgesetz) auf die medizinische Versorgung psychisch Kranker. http://media.frauenaerzte-im-netz.de/mediadb/media/dgppn/pdf/stellungnahmen/2010/stn-2010-04-15-anh-gutachten-prof-olzen-pat-vg.pdf. Zugegriffen am 03.08.2017.

Patzig, G. 1989. Gibt es eine Gesundheitspflicht? *Ethik in der Medizin* 1: 3–12.

Radenbach, K., P. Falkai, T. Weber-Reich, und A. Simon. 2014. Joint crisis plans and psychiatric advance directives in German psychiatric practice. *Journal of Medical Ethics* 40: 343–345.

Radenbach, K., und A. Simon. 2016. Advance Care Planning in der Psychiatrie. *Ethik in der Medizin* 28: 183–196.

Rittmannsberger, H., und H. Lindner. 2006. Erste Erfahrungen mit dem Angebot einer Behandlungsvereinbarung. *Psychiatrische Praxis* 33: 95–98.

Schöne-Seifert, B. 2009. Paternalismus. Zu seiner ethischen Rechtfertigung in Medizin und Psychiatrie. In *Jahrbuch für Wissenschaft und Ethik 14*, Hrsg. L. Honnefelder und D. Sturma, 107–127. Berlin: De Gruyter.

Srebnik, D. S., L. T. Rutherford, T. Peto, et al. 2005. The content and clinical utility of psychiatric advance directives. *Psychiatric Services* 56: 592–598.

Swanson, J. W., M. S. Swartz, E. B. Elbogen, et al. 2008. Psychiatric advance directives and reduction of coercive crisis interventions. *Journal of Mental Health* 17: 255–267.

Vollmann, J. 2008. *Patientenselbstbestimmung und Selbstbestimmungsfähigkeit. Beiträge zur Klinischen Ethik*. Münster: Mentis.

Wiesemann, C. 2013. Die Patientenautonomie in der modernen Medizin. In *Patientenautonomie. Theoretische Grundlagen – Praktische Anwendungen*, Hrsg. C. Wiesemann und A. Simon, 13–26. Münster: Mentis.

Wilder, C. M., E. B. Elbogen, L. L. Moser, et al. 2010. Medication preferences and adherence among individuals with severe mental illness and psychiatric advance directives. *Psychiatric Services* 61: 380–385.

Zentrale Ethikkommission bei der Bundesärztekammer. 2013. Zwangsbehandlung bei psychischen Erkrankungen. Stellungnahme. *Deutsches Ärzteblatt* 110: A1334–1338.

Zum Umgang mit posttraumatischen Belastungsstörungen als Folgen von Krieg, Vertreibung und Flucht. Wenn Krieg und Verfolgung die Seele krank machen

Luise Reddemann

1 Krieg, Vertreibung und Flucht als traumatisierende Erfahrung

In einer Folge der ARD-Filmreihe *Tatort* mit dem bezeichnenden Titel *Heimatfront* (2011) geht es um schwer traumatisierte Afghanistan-VeteranInnen, deren Gewaltpotential und deren Verzweiflung. Einer wird deshalb gewalttätig, weil sich im Verhalten eines Polizisten etwas wiederholt, was er aus seinen Kriegserfahrungen kennt. Er reagiert, als sei er wieder im Krieg und verkennt die Gegenwart. Dies ist bei vielen Traumafolgestörungen typisch: Die Vergangenheit wird in der Gegenwart erlebt, als sei sie jetzt.

Krieg gehört sicher zu den ältesten interpersonell traumatisierenden Erfahrungen überhaupt. Über lange Zeit wurde aber nicht darüber nachgedacht, dass eine solche Erfahrung schlimme Folgen haben kann. Ich freue mich, dass in der Vorlesungsreihe des Cologne Center for Ethics, Rights, Economics, and Social Sciences of Health (ceres) zum Thema *Psychische Erkrankungen als gesellschaftliche Aufgabe* sowie in dieser anschließend entstandenen Publikation die Bedeutung psychischer Erkrankungen und unsere gesellschaftliche Verantwortung im Umgang mit den Betroffenen und ihrem sozialen Umfeld berücksichtigt werden sollen. Der hier abgedruckte Text wurde zuletzt im Herbst 2019 aktualisiert und bezieht sich nicht auf Ereignisse jüngeren Datums.

In den USA beschäftigt man sich schon sehr lange gründlich mit den Folgen von Krieg und dort wurde auch die Diagnose der Posttraumatischen Belastungsstörung (PTBS), die heute international gilt, entwickelt. Es werden bei den US-Truppen bei

L. Reddemann (✉)
Klinische Psychologie, Psychotherapie und Psychoanalyse, Universität Klagenfurt,
Klagenfurt, Österreich

P. Mantell et al. (Hrsg.), *Psychische Erkrankungen als gesellschaftliche Aufgabe*,
Schriften zu Gesundheit und Gesellschaft – Studies on Health and Society 5,
https://doi.org/10.1007/978-3-662-65515-3_9

den posttraumatischen Belastungsstörungen Raten von 9 bis 20 Prozent angenommen. In Deutschland ist die Rate angeblich niedriger (Wittchen et al. 2012), jedoch taucht die Frage nach der Dunkelziffer hier immer wieder auf. Zum Männlichkeitsbild, wonach man kriegerischen Handlungen gewachsen sein sollte, passt eine posttraumatische Belastungsstörung nicht gut. Sowohl Opfer wie TäterInnen – wobei bei SoldatInnen durchaus in einer Person beides vorkommen kann – leiden an dieser Störung. Genau genommen wird die Diagnose oft nicht korrekt gestellt, denn man geht bei der posttraumatischen Belastungsstörung von einem einmaligen Ereignis aus, was bei kriegerischen Handlungen nicht der Fall ist. SoldatInnen und Betroffene aus der Zivilbevölkerung sind den Ereignissen über längere Zeit ausgesetzt. Hier spricht man auch von „komplexen Posttraumafolgen". Es war auch bei dem ehemaligen Soldaten in der ARD-Filmreihe *Tatort* eine ausgeprägte Depressivität zu erkennen, die verstärkt wurde, weil sich seine Frau von ihm getrennt hatte.

So können Krieg, Vertreibung und – was ich ergänzen möchte – Flucht, nicht immer, aber doch relativ häufig, hochgradig traumatisierende und teilweise langanhaltende belastende Auswirkungen auf Betroffene, Kämpfende sowie ZivilistInnen haben, bis hin zu solchen von Krankheitswert. Hier spricht man von einer posttraumatischen Belastungsstörung oder auch Traumafolgestörung, wenn z. B. schwere Panikzustände oder Depressionen vorkommen. Zu beobachten sind meist auch wiederkehrende Erinnerungen als Schreckensbilder und andere Arten von sensorischen Erinnerungen, sogenannte Flashbacks, die sich der bewussten Einflussnahme entziehen und als sehr bedrohlich erlebt werden. Des Weiteren Alpträume, Ängste verschiedenster Art, Depressionen und mannigfaltige körperliche Beschwerden, die man heute „somatoform" nennt. Das bedeutet, es zeigt sich etwas im Körper, das eher von der Psyche ausgeht. Daneben gibt es außerdem eine Reihe von körperlichen Erkrankungen, die mit kriegsbedingten Verletzungen, mit Gewalt und sexualisierter Gewalt auf der Flucht sowie Hunger und Kälte zusammenhängen, um nur einige Aspekte zu benennen. Dies hinterlässt individuell und auch kollektiv Spuren. Wie ehemalige SoldatInnen, z. B. in der ARD-Filmreihe *Tatort* oder auch in Philip Roths erschütterndem Roman *Der menschliche Makel* (2003), sind solche Menschen oft hochgradig erregbar, wenn sie irgendetwas an die belastenden Erfahrungen erinnert, selbst wenn gar keine große Ähnlichkeit der Erfahrungen besteht. Wenn der sogenannte traumatische Stress erst einmal eingesetzt hat, fällt es Menschen sehr schwer, die Gegenwart von der Vergangenheit zu unterscheiden, und sie schalten auf Flucht- und Kampfmechanismen um oder erstarren. In jedem Fall ist es in solchen Situationen schwierig, noch klar zu denken und zu reflektieren. Das muss dann oft in einer Therapie wieder erlernt werden. Für HelferInnen sieht das manchmal so aus, als „wollten" die Betroffenen nicht, obwohl sie genau genommen nicht „können". Es scheint mir wichtig, dass alle, die mit Opfern von traumatischen Erfahrungen zu tun haben, dies berücksichtigen.

2 Der Umgang mit traumatischen Erfahrungen

Wir stehen jetzt also vor der Aufgabe, Menschen, die aus Kriegsgebieten geflüchtet oder von dort vertrieben worden sind, beizustehen. Und dazu benötigen wir möglichst Kenntnisse über Traumata und die Folgen, nicht zuletzt bei uns selbst oder uns Nahestehenden.

Zunächst ist zu sagen, dass wunderbarerweise nicht alle Menschen, die schlimme Erfahrungen gemacht haben, an einer posttraumatischen Belastungsstörung oder anderen Erkrankungen leiden müssen. Es ist also nicht richtig, wenn immer gleich nach Psychotherapie gerufen wird, oder gar nach Traumatherapie. Menschen verfügen auch über Widerstandskraft. Warum die einen darüber verfügen und andere nicht, kann viele Ursachen haben und es ist niemandem vorzuwerfen, wenn er über solche Kräfte wenig verfügt.

Das, was jedem Menschen, der Schlimmes durchgemacht hat, am meisten hilft, ist mitmenschliche Zuwendung. Anerkennung der schlimmen Erfahrungen ist dabei besonders wichtig. Das fällt vielen Menschen gar nicht so leicht und sie reagieren dann mit Herunterspielen oder Ausweichen. Hilfreich ist das für Betroffene sicher nicht, wenngleich es auch verständlich ist. Es scheint bei vielen Menschen eine Schutzreaktion zu greifen, nämlich das Leid anderer nicht an sich heranzulassen. Vielleicht kommt daher auch der Ruf nach Traumatherapie. Freundliche, mitfühlende und verständnisvolle Zuwendung sollte möglichst uns allen am Herzen liegen, vor oder neben jeder Therapie. Diese mitmenschliche Zuwendung spielt auch in Therapien eine bedeutende Rolle. Wir können davon ausgehen, dass jeder leidende Mensch Zuwendung braucht und nicht in erster Linie irgendwelche Techniken. Weder von seiner Umgebung und eben auch nicht von BehandlerInnen. Das kennen viele, die schon einmal ärztliche Hilfe gesucht haben und dabei gemerkt haben, wie frustrierend es war, wenn man nur als Nummer behandelt wurde, statt als leidendes Wesen, das der Zuwendung bedarf.

Es geht hier ja um den „Umgang" mit traumatisierten Menschen und nicht so sehr um Therapie. So finde ich vor allem die Frage wichtig, was genau uns hindert, mitfühlend zu sein, Menschen aus Kriegsgebieten freundlich zu begegnen und sie willkommen zu heißen. Dieser Frage will ich später eingehender nachgehen, weil das eben viel mit uns selbst zu tun hat. Zunächst beschreibe ich genauer, was traumatisierte Menschen an Hilfe benötigen.

3 Zwischenmenschliche Zuwendung, Hilfsbereitschaft und therapeutische Behandlung

Wie schon erwähnt, benötigen traumatisierte Menschen Angebote von freundlichem, alltäglichem Miteinander. Vielleicht manchmal auch ein Zuhören, falls man sich das zutraut. Es kann auch wichtig sein, sich selbst einzugestehen, dass es einem schwer fällt, die Schreckensgeschichten zu hören und darum zu bitten, dass die andere Person sich dafür Rat und Hilfe bei Professionellen sucht, vielleicht dabei zu helfen, dass diese Professionellen gefunden werden, was nicht immer leicht ist. Wichtig ist es, nach Wegen zu suchen, gemeinsam gute Erfahrungen zu machen. Junge Leute sowie wie MitarbeiterInnen der Beratungsstelle für Folteropfer, *Aspis*, in Klagenfurt spielen z. B. einmal pro Woche Fußball mit MigrantInnen. Dies vermittelt angenehme Erfahrungen miteinander. Die Therapeuten spielen Fußball mit den Männern, die Therapeutinnen kochen mit den Frauen. Wichtig ist, dass diese Begegnungen allen Freude machen!

Es ist bedeutsam, möglichst für äußere Sicherheit zu sorgen, und falls eine Psychotherapie in Erwägung gezogen wird, ist das besonders wichtig, weil innere Arbeit und das Aufarbeiten der traumatisierenden Erfahrungen am ehesten gelingen können, wenn ein Minimum an äußerer Sicherheit besteht. LaienhelferInnen können u. U. viel tun, wenn sie Betroffene zu Ämtern begleiten und ihnen helfen, möglichst bald einen sicheren Aufenthaltsstatus zu erlangen. In vielen spezialisierten Behandlungszentren werden den Menschen einige stabilisierende Angebote gemacht (vgl. hierzu den Beitrag von Eva van Keuk im selben Band) und inzwischen gibt es hiervon eine ganze Reihe, die auch in Übersetzungen in andere Sprachen vorliegen.

Sind die Betroffenen äußerlich und auch innerlich relativ stabil, kann es helfen, die belastenden Erfahrungen mit ihnen detailliert durchzuarbeiten. Das sollte aber nur durch Fachleute geschehen und selbstverständlich nur, wenn die betreffende Person dem zustimmt; sie sollte keinesfalls mit dem Hinweis, dies sei das einzige, was hilft, dazu gezwungen werden. Es gibt dazu verschiedene Angebote aus unterschiedlichen therapeutischen Richtungen. In jedem Fall ist die Würde der PatientInnen zu beachten. Manchen Menschen hilft es sehr, wenn sie sich mit ihren traumatischen Erfahrungen detailliert auseinandersetzen können, manchen wenig und manchen schadet man eher. Es gibt nicht *die* Traumatherapie für alle, nicht zuletzt deshalb, weil Menschen sehr individuell sind und auch sehr individuell mit Erfahrungen umgehen. Menschen aus kollektivistischen Kulturen hilft der Halt der Gruppe oder Familie oft am meisten, bei wieder anderen ist die Familie schon vor der Flucht kein Ort der Geborgenheit gewesen, z. B. weil dort Gewalt erlebt wurde, und es braucht eine neue wohlwollende Umgebung und möglicherweise auch therapeutische Angebote als sicheren Hafen.

Für besonders wichtig erachte ich auch die Versorgung von geflüchteten Kindern und Jugendlichen. Sie haben selbst Schreckliches erlebt, was anerkannt werden muss, und wenn sie nicht ohnehin unbegleitet hier ankommen, sind sie nicht selten durch die belasteten Eltern zusätzlich belastet. Wir sollten uns bewusst machen, dass diese Kinder und Jugendlichen im Allgemeinen von ihren nahen Bezugspersonen nicht ausreichend aufgefangen werden können, weil diese selbst extrem belastet sind. Oft fühlen sich Kinder und Jugendliche für die Eltern verantwortlich und zwar mehr als ihnen guttut. Hier ist Hilfe nötig. Und oft hilft eben auch Entlastung im Alltag, lange bevor Therapie möglich ist.

4 Unverarbeitete und unbetrauerte Vergangenheit und die Reaktion auf geflüchtete Menschen

Nun möchte ich hier noch auf Spuren eingehen, die wir an uns selbst erkennen können, weil sie vielleicht helfen können, auch einige der Reaktionen auf Flüchtlinge, die jetzt zu uns kommen, zu verstehen und daraus gegebenenfalls Lehren zu ziehen.

Nun leiden wir ja selbst noch immer am Schatten unserer kollektiven Vergangenheit aufgrund der NS-Zeit, der deutschen Schuld und dem Zweiten Weltkrieg. Wir sind daher mehr denn je aufgefordert, uns auf das Wissen einzulassen, dass Krieg und Verfolgung die Seele krank machen können, und damit, wenn möglich, unserer persönlichen Geschichte zu begegnen oder der unserer Familie und eben auch der kollektiven. Es geht darum zu wissen, zu verstehen und sich auch erschüttern zu lassen. Was ich hier zum Ausdruck bringen möchte, ist, wie wichtig es ist, dass wir uns unserer belasteten Vergangenheit und den Traumata, die daraus resultierten, stellen, um zu trauern und die Vergangenheit zu akzeptieren wie sie war, um ihr dadurch einen Platz zuweisen zu können, von dem wir sicher wissen: Das ist vergangen.

Vielfältige Traumatisierungen durch Krieg, Vertreibungs- und Fluchterfahrungen können – müssen aber nicht immer – langfristige Auswirkungen auf die psychische Gesundheit der Betroffenen haben.

So hat sich in den letzten etwa zehn bis fünfzehn Jahren die Einsicht entwickelt, dass es für das Gelingen einer Psychotherapie wichtig sein kann, die historischen und gesellschaftlichen Gegebenheiten von traumatisierenden Erfahrungen, hier konkret der NS-Zeit und dem Zweitem Weltkrieg, zu berücksichtigen; auch bei der nächsten Generation, die ja nur noch indirekt betroffen ist, was die damaligen Geschehnisse angeht, aber direkt, was die Konfrontation mit den belasteten Eltern angeht (z. B. Fooken und Heuft 2014; Reddemann 2015). Flucht und Vertreibung sowie Ankunft im Westen, wo man unerwünscht war, waren für mindestens zwölf Millionen deutsche Menschen Realität.

Ich gehe davon aus, dass sich alles, was aus dieser Zeit nicht verarbeitet und vor allem nicht betrauert ist, im Umgang mit Flüchtlingen aus anderen Ländern, die jetzt Hilfe suchend zu uns kommen, niederschlagen kann. Ich will hier versuchen, einiges zu beschreiben, was wir auch heute noch oder vielleicht zunächst überhaupt wissen sollten, um zu verstehen, auch um diejenigen besser zu verstehen, die hier eine neue Heimat suchen. Dazu braucht es Mitgefühl. Solange Menschen kein Mitgefühl mit sich und ihren Vorfahren haben, dürfte es schwierig sein, für andere Mitgefühl zu entwickeln, vor allem wenn Ressentiments tief im Unbewussten verborgen sind.

Die Traumata, die Eltern und Großeltern in den Kriegen des 20. Jahrhunderts erlitten haben, haben Folgen. Ich möchte im vorliegenden Rahmen einigen Ursachen und Folgen nachgehen, die mich in letzter Zeit zunehmend beunruhigen, auch wenn sie meist in unseren Behandlungszimmern eher wenig, aber im Alltag immer häufiger auftauchen. Wie fühlen sich sogenannte Kriegskinder, wenn deren Kinder über die NS-Zeit und den Zweiten Weltkrieg Bescheid wissen wollen? Würden sie schweigen wollen und meinen, man solle um Himmels willen diese alten Geschichten in Ruhe lassen, oder erleichtert beginnen, über das lange Unterdrückte zu sprechen? Oder würden sie sich möglicherweise gekränkt fühlen und sich zunehmend rechtsradikal ausrichten? Etwas, was in den letzten Jahren leider zugenommen hat.

Es geht mir um über Generationen weitergegebenen Hass und Verachtung für das Fremde, das, was nicht ins Konzept passt, und eben um „die Fremden", die ausgegrenzt werden. Es geht mir auch um eine grandiose kollektive Selbstentlastung in Bezug auf die Schuld, die Deutsche und Österreicher während der NS-Zeit weitestgehend ohne Skrupel auf sich geladen haben; Schuld und Verleugnung, die bis heute wirken und deren Abwehr vermutlich für heutige rechtsradikale Parteien und ähnliche Gruppierungen den Boden bereitet hat.

Ich halte es für notwendig, dass wir heute „das ganze Paket" genauer anschauen. Es ist wahr, viele Kriegskinder, Kriegsenkel und -urenkel sind von den Traumata und „Erfrierungen" voriger Generationen belastet. Viele der Vorfahren aber haben – was immer mehr sichtbar wird – die Abwehr von Schuld, Scham und Angst gepflegt und sich, wie es scheint, damit eingerichtet. Es scheint mir an der Zeit, auch dies anzuschauen und nach Wegen zu suchen, damit umzugehen. Dies ist teilweise verantwortlich für Fremdenfeindlichkeit. Ich möchte daher zu einer Reflexion im Geiste von Mitscherlich und Mitscherlich (2007) einladen: Gut 20 Jahre nach Kriegsende hat das Ehepaar Mitscherlich aufgezeigt, dass die Auseinandersetzung mit der NS-Zeit keineswegs abgeschlossen war – weder bewusst noch unbewusst. Und sie fragten nach den Auswirkungen. Sie stellten bedauernd einen „Verfall des Geschichtswissens" fest, der heute gewiss noch erheblich größer geworden ist.

Das Buch ist leider immer noch aktuell, denn es wird bis heute zugedeckt, beschönigt und verleugnet; in den 60er-Jahren gab es bei vielen führenden PolitikerInnen, HistorikerInnen und JuristInnen, um nur einige zu nennen, wenig Neigung, sich der Schuld zu stellen. Das hat sich zwar bis heute verändert, denn es werden inzwischen immer mehr Verstrickungen aufgedeckt (Mitscherlich und Mitscherlich 2007). Dies wird insbesondere von rechts orientierten Gruppen geleugnet und beschönigt, sodass es einem die Schamröte ins Gesicht treibt.

Möglicherweise kam die Forderung nach Trauerarbeit, die die Mitscherlichs stellten, zu früh. Von Trauer getragene Auseinandersetzung mit schwer traumatisierenden Erfahrungen scheint einer Abfolge zu gehorchen: Wieder Stabilität finden und erst danach intensive Auseinandersetzung mit dem Trauma und schließlich Trauerarbeit. Wo stehen wir da heute, kann man fragen? Sind wir vielleicht erst jetzt am Beginn einer intensiveren kollektiven Trauerphase? Wir wissen, dass in der individuellen Arbeit diese Prozesse auch von massiver Abwehr begleitet sein können. Und bei der kollektiven Problematik scheint es Vergleichbares zu geben. Wenn wir hier nicht zu einem tieferen Verstehen gelangen, können wir vermutlich nur wenig hilfreich sein. Ich gehe davon aus, dass alle in helfenden Berufen ihre eigenen Ängste anschauen und nicht gänzlich von der Hand weisen sollten, dass vielleicht in jeder und jedem auch Ähnliches verborgen sein kann, unser Schatten, wie Jung das nannte, was uns die Neonazis zeigen.

Und noch etwas, das vielleicht vielen nicht bewusst ist: Obwohl Deutsche in West und Ost die gleiche Sprache zu sprechen schienen, hatten sie *verschiedene*

Sprachen, da sie wie aus verschiedenen Welten kamen! Unmittelbar wahrzunehmen waren zumindest die verschiedenen Dialekte. Ich kann mich gut erinnern, wie seltsam mich die Sprache von Schlesiern und Menschen aus Ostpreußen anmuteten, als ich ein kleines Kind war. Und viele Worte waren für mich unverständlich, so blieben die Menschen in gewisser Weise auch deshalb fremd.

Ich will Ihnen jetzt einige Fakten vermitteln, die ich vor allem dem Buch *Kalte Heimat* des Historikers Andreas Kossert (2009) verdanke: Ab 1947 setzte sich der Begriff „Vertriebene" durch, weil die amerikanische Besatzungsmacht ihn anordnete. Der Begriff sollte zum Ausdruck bringen, dass keine Hoffnung auf Rückkehr in die alte Heimat bestand (Kossert 2009, S. 10). Behandelt wurden die Vertriebenen aber oft so, wie es in einer modernen Definition des Begriffs heißt, nämlich dass Vertriebene diejenigen seien, die von einem anderen Gemeinwesen nicht eingebürgert werden (Benhabib 2008, S. 61). Im Klartext heißt das, *de jure* waren die Vertriebenen eingebürgert, da Deutsche, *de facto* waren sie es über lange Zeit aber nicht. Sie waren weitgehend unerwünscht.

Als Psychotherapeutin findet man Menschen mit einer individuellen Flucht- oder Vertreibungsgeschichte bzw. zunehmend deren Kinder und sogar Enkel in jeder psychosomatischen Klinik und psychotherapeutischen Praxis, aber jederzeit auch im privaten Umfeld. Wir können z. B. fragen, wo die Eltern unserer Freunde und Personen der Öffentlichkeit herkommen. Mir erscheint bemerkenswert, dass das hier vermutete Weitergegebene häufig erst in den mittleren Jahren beginnt, bewusst zu werden. Zur Sprache kommen heute sogar vermehrt Themen wie Flucht, Schrecken, Schutzbedürfnis, Alpträume, Ängste, Hilflosigkeit, Todesangst, Tod, Kontrollverlust, Scham- und Schuldgefühle sowie Fragen nach der Bedeutung der Erfahrungen. Ich gehe davon aus, dass diese Themen alle Menschen betreffen, die ihre Heimat unter Gewaltbedingungen verloren haben. Also gelten sie auch für all diejenigen, die jetzt aus anderen Ländern zu uns kommen und unseres Verständnisses bedürfen. Dieses Verständnis setzt aber ein Minimum an Auseinandersetzung mit unserer eigenen – familialen und kollektiven – Geschichte, der Schuld und den Versäumnissen der Vorfahren voraus.

5   Integration, Solidarität und die Lehren der Vergangenheit

Es erschüttert mich, mir klar zu machen, dass die Integration der deutschen Vertriebenen eine endlose Geschichte ist, in der es um den Traum von „alles wird gut" ging, der sich aber keineswegs erfüllt haben musste. Ich musste auch zur Kenntnis nehmen, dass ein Teil der Probleme, die wir heute noch haben, nicht mit posttraumatischen Belastungsstörungen zusammenhängt und auch nicht nur mit sekundärer Traumatisierung der Kriegsenkel, sondern mit realer sozialer Benachteiligung, die z. T. bis heute besteht, außer man sähe auch diese Benachteiligungen unter dem Aspekt der Auswirkungen von posttraumatischen Belastungsstörungen, was z. T. stimmen mag, z. T. aber wohl auch nicht. Jedenfalls war ein nicht geringer Teil derer, auf deren Hartherzigkeit und Gnadenlosigkeit die Vertriebenen trafen, vom Krieg weitgehend verschont geblieben. Die Geschichte der Vertriebenen ist leider auch eine von kalten Herzen, und von der Unbarmherzigkeit derer, die nicht bereit waren zu teilen, nicht die Schuld, die man den Vertriebenen zuschob und nicht die Güter, über die man verfügte und die die meisten Westdeutschen verteidigten, als gehe es dabei um Leben und Tod. Es muss allerdings auch gesagt werden, dass die im Westen ansässige Bevölkerung zu erheblichen Opfern gezwungen wurde. Und dies mag die Vermutung nahelegen, dass ein Teil der Herzlosigkeit im Umgang mit Geflüchteten seit 2015 eine Antwort auf selbst erfahrenes Leid oder Leid der Eltern- und Großelterngeneration sein könnte.

Nach dem Zweiten Weltkrieg forderten alle tragenden Kräfte, vor allem die Vertriebenen und die sich geschädigt fühlenden Einheimischen, einen Ausgleich der erlittenen Verluste. Erst das Lastenausgleichsgesetz von 1952, das in den folgenden Jahrzehnten laufend ergänzt und erweitert wurde, brachte eine dauerhafte Lösung. Im Laufe der Zeit wurde der Personenkreis, der unter das Lastenausgleichsgesetz fiel, immer größer, z. B. ab 1965 durch die Flüchtlinge aus der DDR. Auch wenn der Lastenausgleich heute im Wesentlichen abgeschlossen ist (Anträge konnten nur bis zum 31. Dezember 1995 gestellt werden), laufen nach wie vor Zahlungen aus dem Lastenausgleichsfond an BezieherInnen von Rentenleistungen. Waren einst über 25.000 Beschäftigte mit dem Lastenausgleich befasst, so sind es heute weit unter 10 Prozent davon. Dieses Gesetz und seine Dauer ist ein erstaunlicher Ausdruck von Solidarität, wovon womöglich auch unsere heutigen PolitikerInnen lernen könnten, weil es zeigt, dass Solidarität sowie Bemühungen um Gerechtigkeit möglich sind.

Schon im Mai 2011 war im Kölner Stadtanzeiger unter der Überschrift *Mehr Mitgefühl für Flüchtlinge* zu lesen, dass die ehemalige Verfassungs- und Europarichterin Renate Jaeger fordere, dass wir „mehr" Empathie für Flüchtlinge – auch für Menschen, die nicht aus politischen Gründen ihre Heimat verlassen haben – aufbringen sollen. Frau Jaeger erzählte bei der Gelegenheit: „Wir sind nach dem Krieg aus Thüringen geflohen, als das Land dem russischen Sektor zugeschlagen wurde […] wir fuhren im Viehwaggon und lebten im Lager, ich kenne das alles – auch die feindlich gesinnte, neue Umgebung". Die heutige Juristin war damals vier Jahre alt. „Wir hatten Hunger und nur überlebt, weil meine Mutter Lebensmittel gestohlen hat und ich gebettelt habe" (Rath 2011). Dieser Bericht sollte zu denken geben! Es gibt viele dieser Art, die ich über die Jahre gehört habe.

Es geht schlussendlich um die Frage, wie sich die Erfahrungen der Vertriebenen in Deutschland nach 1945, wie z. B. von Frau Jaeger, unbewusst bis heute auswirken, z. B. in Fremden*feindlichkeit*, aber auch – dies sei hier ausdrücklich hervorgehoben – in Fremden*freundlichkeit*. Ebenso können wir uns fragen, was die Tatsache, dass zwölf Millionen deutsche Menschen MigrantInnen waren, für uns Heutige noch immer – vielleicht vor allem unbewusst – bedeuten kann. Jedenfalls möchte ich das allen LeserInnen unter der Überschrift *Umgang mit Flüchtlingen* mitgeben. So manches, was einen empören könnte, wird vielleicht verständlicher.

Lassen Sie mich mit einem Satz des ein paar Tage vor dem Vortrag dieses Beitrages verstorbenen Leonard Cohen schließen: „There is a crack in everything/That's how the light gets in". Das Licht kommt manchmal auch dort zum Vorschein, wo wir es nicht erwarten, weil es eben doch einen Riss in einem undurchdringlich erscheinenden Gewebe gibt.

Literatur

Benhabib, S. 2008. *Die Rechte der Anderen*. Frankfurt am Main: Suhrkamp.

Fooken, I., und G. Heuft. 2014. *Das späte Echo von Kriegskindheiten. Die Folgen des Zweiten Weltkriegs in Lebensverläufen und Zeitgeschichte*. Göttingen: Vandenhoeck und Ruprecht.

Kossert, A. 2009. *Kalte Heimat*. Berlin: Siedler.

Mitscherlich, A., und M. Mitscherlich. 2007. *Die Unfähigkeit zu trauern: Grundlagen kollektiven Verhaltens*. München: Piper.

Rath, C. 2011. Mehr Mitgefühl für Flüchtlinge. In: *Kölner Stadtanzeiger*, S. 4, 24.05.2011.

Reddemann, L. 2015. *Kriegskinder und Kriegsenkel in der Psychotherapie*. Stuttgart: Klett-Cotta.

Roth, P. 2003. *Der menschliche Makel*. 32. Auflage. Reinbek: Rowohlt.

Wittchen, H.-U., S. Schönfeld, und C. Kirschbaum. 2012. Traumatische Ereignisse und posttraumatische Belastungsstörungen bei im Ausland eingesetzten Soldaten. *Deutsches Ärzteblatt*. 109 (35–36): 559–568.

Filme

Tatort – Heimatfront: R: Jochen Alexander Freydank, B: Uwe Wilhelm, Christiane Hütter, ARD 2011.

Traumatisierte Geflüchtete in Deutschland. Psychotherapie zwischen Willkommenskultur und Abschiebepraxis

Eva van Keuk

1 Fluchtrealitäten

1.1 Fluchtmigration weltweit und in Deutschland

Laut UNHCR, dem Hohen Flüchtlingskommissariat der Vereinten Nationen, sind weltweit (Stand: Ende 2016) 65,6 Millionen Menschen auf der Flucht – die größte Fluchtbewegung seit Ende des 2. Weltkrieges. Nicht alle sind Asylsuchende – die größte Gruppe unter ihnen (40,3 Millionen) sind so genannte Binnenvertriebene; sie verlassen die Landesgrenzen nicht, mussten aber fliehen und sind damit auf humanitäre Unterstützung angewiesen. 50 % aller Flüchtenden sind Kinder, einer von 113 Menschen ist von Flucht betroffen, alle 3 Sekunden flieht ein Mensch. Flucht ist daher, leider, zunehmende Realität für einen wachsenden Anteil der Weltbevölkerung (vgl. UNHCR 2016).

Derzeit sind die *Hauptaufnahmeländer* Türkei, Pakistan, Libanon, Iran, Uganda und Äthiopien. In absoluten Zahlen hat die Türkei die meisten Geflüchteten aufgenommen (2,9 Mio.), im Verhältnis zur eigenen Bevölkerung der Libanon (1 Mio. Flüchtlinge), in Bezug zur Wirtschaftskraft steht hingegen Äthiopien mit 800.000 aufgenommen Flüchtlingen an erster Stelle weltweit.

30 % der Geflüchteten leben in einem der ärmsten Länder der Welt. Die meisten Flüchtlinge befinden sich auf dem afrikanischen Kontinent, nur 17 % in Europa.

Hauptherkunftsländer sind Syrien (5,5 Mio), Afghanistan (2,5 Mio) und Südsudan (1,4 Mio). Wir kennen die Nachrichten aus diesen krisengeschüttelten Nationen, sie sind direkt von Krieg, Bürgerkrieg und Gewalt betroffen.

E. van Keuk (✉)
Psychosoziales Zentrum (PSZ), Düsseldorf, Deutschland

© Der/die Autor(en), exklusiv lizenziert an Springer-Verlag GmbH, DE, ein Teil von Springer Nature 2023
P. Mantell et al. (Hrsg.), *Psychische Erkrankungen als gesellschaftliche Aufgabe*, Schriften zu Gesundheit und Gesellschaft – Studies on Health and Society 5, https://doi.org/10.1007/978-3-662-65515-3_10

Geflüchtete in Deutschland: Ein Blick auf die Statistik über gestellte Asylanträge seit 1980 zeigt die deutlichen Schwankungen in den letzten 37 Jahren:

- 1980: 108.000,
- 1983: 20.000,
- 1993: 440.000 Asylanträge (Erst- u. Folgeanträge).

Dies war die Zeit des Jugoslawienkrieges mit vielen Geflüchteten aus den Balkanländern wie Bosnien, Kroatien, Kosovo. Anschließend sanken die Asylantragzahlen, was weniger mit sinkenden Flüchtlingszahlen weltweit, als vielmehr mit dem Ausbau der europäischen Außengrenzen und weiteren gesetzlichen Regelungen zu tun hatte, auf einen Tiefstand von 28.000 Asylanträgen im Jahr 2008. Ab 2012 ist eine jährliche Steigerung der Asylanträge zu verzeichnen, mit den höchsten Zahlen 2015 (480.000 Asylerstanträge) und 2016 (720.000 Asylerstanträge). Durch die zunehmend erschwerte Einreise, die Überwachung des Mittelmeers durch das lybische Militär sowie die Schließung zahlreicher Grenzen auf den Fluchtwegen der Geflüchteten sank die Zahl 2017 wieder knapp unter die 200.000 Asylerstanträge (BAMF, Bundesamt für Migration und Flucht, Aktuelle Zahlen zu Asyl, Jan. 2018).

Die *Hauptherkunftsländer der Asylsuchenden in Deutschland* waren 2017 Syrien, Afghanistan, Irak, Eritrea, Iran, Türkei, Nigeria, Somalia und die Russische Föderation (in der Reihenfolge ihrer Prozentzahlen).

Die *Schutzquoten* und damit die Chancen auf Bleiberecht sind abhängig von den Herkunftsländern der Asylsuchenden, die sich nach dem neuen Asylpaket I und II in drei Cluster einteilen lassen:

- Flüchtlinge aus Syrien, Minderheiten aus dem Irak und Flüchtlinge aus Eritrea haben sehr gute Aussichten auf einen Aufenthalt,
- Flüchtlinge aus sicheren Herkunftsstaaten (Balkan, Ghana, Senegal – wahrscheinlich bald auch Marokko, Tunesien, Algerien) werden ein verkürztes Asylverfahren erhalten und in so genannten Ankunfts- bzw. ANKER-Zentren verbleiben, um schnell abgelehnt und sofort abgeschoben zu werden,
- alle anderen Herkunftsländer erfordern weiterhin Einzelfallprüfungen (Afghanistan, Nigeria, Russische Föderation, Sri Lanka, Iran, Bangladesch, Pakistan, Armenien etc.).

1.2 Potentielle Belastungen für Geflüchtete

Flüchtlinge fliehen vor lebensbedrohlichen Zuständen, um sich und ihren Familien eine bessere Zukunft zu sichern, um das eigene Leben zu retten. Im Psychosozialen Zentrum für Flüchtlinge in Düsseldorf (PSZ) werden psychisch belastete Geflüchtete psychosozial beraten und psychotherapeutisch behandelt. Die Motive der KlientInnen ähneln sich dabei häufig, während die Umstände in den Herkunftsländern,

Tab. 1 Übersicht über den Ort der traumatischen Belastung bei n=598 KlientInnen des PSZ Düsseldorf 2017 (für diese KlientInnen lagen die Angaben in der Statistik vor, Mehrfachnennungen möglich)

n = 598	In Deutschland	Auf der Flucht	In der Heimat
n	102	172	504
%	17 %	29 %	84 %

die finanziellen und persönlichen Möglichkeiten und damit auch die in Kauf genommenen Gefahren auf dem Fluchtweg sich hingegen erheblich unterscheiden. Unter den Klientinnen des PSZ Düsseldorf waren 2017 mehr als 80 % in der Heimat durch Erlebtes schwer psychisch belastet worden, etwa ein Drittel auf der Flucht und 17 % in dem deutschen Exil (siehe Tab. 1):

1.2.1 Belastungen in der Heimat

Traumatisierte Geflüchtete berichten über konkrete staatliche Verfolgung, Inhaftierung und Folter, aber auch über willkürliche Gewalterfahrungen durch nichtstaatliche Kräfte in den Herkunftsländern. Viele Geflüchtete aus Syrien fliehen vor dem Krieg – aber durch die Verluste und die schwierigen Lebensbedingungen hier brechen auch alte Traumata wieder auf, die längst überwunden geglaubt waren, wie beispielsweise Inhaftierungen und Folter in den Gefängnissen des Regimes Assads (siehe Tab. 2).

Tab. 2 Die häufigsten Belastungen in den Herkunftsländern – klassifiziert nach Häufigkeit der Angabe. Quelle: KlientInnen Statistik 2017 des PSZ Düsseldorf (Mehrfachnennungen möglich)

Herkunftsland	1. Belastung	2. Belastung	3. Belastung	4. Belastung
Afghanistan	Krieg	Nichtstaatliche Verfolgung	Zeugenschaft von schwerer Gewalt	Innerfamiliäre Gewalt
Guinea	Körperliche Folter	Psychische Folter (=3.)	Innerfamiliäre Gewalt (=2.)	Politische Verfolgung
Syrien	Krieg	Politische Verfolgung (=3.)	Psychische Folter (=2.)	Haft
Nigeria	Sexualisierte Gewalt (=2.)	Innerfamiliäre Gewalt (=1.)	Körperliche Folter (=4.)	Menschenhandel (=3.)
Iran	Politische Verfolgung (=2.=3.)	Zeugenschaft schwerer Gewalt gegen 3. (=1.=3.)	Sexualisierte Gewalt (=1.=2.)	Körperliche Folter
Kongo	Körperliche Folter	Haft	Krieg	Sexualisierte Gewalt, psychische Folter, Zeugenschaft
Eritrea	Körperliche Folter	Haft (=3.=4.)	Innerfamiliäre Gewalt (=2.=4.)	Psychische Folter (=2.=3.)

Manche Flüchtlinge wurden von nichtstaatlichen Kräften bedroht – beispielsweise von den Taliban nahestehenden Gruppierungen in Afghanistan. Verweigern sie die Mitwirkung, drohen drakonische Strafen, beispielsweise Entführung und Enthauptung. Wieder andere Minderheiten aus den sogenannten sicheren Herkunftsländern wie den Balkanländern finden bei der dortigen Polizei keinen wirksamen Schutz vor kriminellen Gewalttaten, die bei den Behandlungsfällen des PSZ Düsseldorf oft mit schwerer sexualisierte Gewalt einhergingen.

Aus unserer Datenerhebung 2017 gehen beispielsweise bei den hier ausgewählten Herkunftsländern folgende potentiell traumatischen Belastungen hervor (nach Häufigkeit).

1.2.2 Belastungen auf der Flucht

Wer unter den Flüchtlingen die finanziellen Möglichkeiten hat, mit einem gefälschten Visum über den Luftweg einzureisen, umgeht einige Gefahren. Welcher Flüchtling sich jedoch auf der Landroute von Grenze zu Grenze fortbewegen muss, setzt sich beispielsweise auf dem Mittelmeer extremen Gefahren aus und bleibt heutzutage nicht selten vor einer geschlossenen Grenze stecken. Die KlientInnen des PSZ Düsseldorf gaben 2017 folgende potentiell traumatischen Belastungen auf der Flucht an:

1. Zeugenschaft schwerer Gewalt gegen Dritte
2. Haft
3. Psychische Folter
4. Körperliche Folter
5. Entführung und Gewalt durch den Schlepper
6. Sexualisierte Gewalt

Fallbeispiel

„Wir saßen in einem Raum und die Türe ging zu, es war wahrscheinlich in der Türkei. Es gab nichts zu essen, kein Wasser, keine Toilette – nichts. Nach zwei Tagen roch es erbärmlich, ab und zu erhielten wir aber Wasser. Dann wollten sie mehr Geld von uns, 5 Dollar mehr, sonst dürfen wir nicht auf den nächsten Transporter. Ich hatte nichts mehr, mein Kumpel auch nicht. Ich habe meine Winterjacke verkauft, meine einzige Jacke. So konnte ich ihnen die 5 Dollar geben. Mein Kumpel hatte nichts mehr, auch nichts zu verkaufen. Sie hingen ihn an den Füßen auf und schlugen ihn; irgendwann hörte er auf zu schreien. Ich weiß nicht, ob er noch lebt. Er hing nur noch da." (30-jähriger Klient aus Bangladesch)

1.2.3 Belastungen in Deutschland

Ob ankommende Flüchtlinge die Situation in Deutschland eher wertschätzen oder sich belastet fühlen, hängt natürlich von der Unterkunft ab (große Sammelunterkünfte mit Gemeinschaftsverpflegung, mangelnder Intimsphäre und wenig sozialer

Betreuung sind per se belastender als private, kleine Wohneinheiten in der Kommune), aber auch die Vorerfahrungen des Flüchtlings in seiner Heimat spielen eine große Rolle. Wer zuhause privilegiert lebte, in großem Eigenheim, womöglich mit Bediensteten, für den stellen Lebensbedingungen in der schönsten Asylunterkunft zunächst eine rapide Verschlechterung dar. Anders die Wahrnehmung einer Klientin, die unter extrem ärmlichen Bedingungen lebte:

> **Fallbeispiel**
>
> „Dann kann ich eine Türe schließen, und meine ganze Familie ist innen und alle anderen sind draußen. In der Heimat lebten wir ja nur in einer Hütte, es gab keinen Schutz, die Männer kamen und nahmen sich was sie wollten, wenn mein Mann nicht zuhause war. Nichts konnte ich tun. Aber hier schließe ich ab. Wir haben zwei Räume und wir sind viele, aber das macht gar nichts. Wir sind zusammen, und niemand kann hineinkommen. Und es gibt immer sauberes Wasser, auch warmes Wasser." (36-jährige Klientin aus dem Kosovo)

In Deutschland berichteten 17 % der KlientInnen 2017 im PSZ Düsseldorf von Belastungen, und zwar in folgender Häufigkeit:

1. Innerfamiliäre Gewalt
2. Gewalt in den Unterkünften (häufig unter Flüchtlingen)
3. sexualisierte Gewalt
4. Zeugenschaft schwerer Gewalt gegen Dritte
5. rassistisch motivierte Gewalt

2 Schlaglicht: Abschiebung

Das PSZ Düsseldorf musste sich weitaus stärker als früher mit drohenden Abschiebungen von KlientInnen beschäftigen. Mit großer Sorge beobachten wir die verschärfte Diskussion um abzuschiebende Geflüchtete und die zunehmend rigide Abschiebepraxis. Auf politischer Ebene wurde zwar die Organisation des Abschiebeprozesses optimiert, aber gleichzeitig wurde versäumt, traumatisierte Geflüchtete systematisch und frühzeitig zu erkennen, wie es eine EU Leitlinie erfordert (frühzeitiges Identifizierungsverfahren für vulnerable Flüchtlinge nach der EU Leitlinie, Richtlinie 2013/33/EU, vgl. Wolf und van Keuk 2016). MedizinerInnen in Deutschland sind zudem auf die Erkennung und Behandlung von Folterfolgen nicht vorbereitet, gefolterte Geflüchtete werden in der Regel nicht als solche erkannt (vgl. Düsseldorfer Erklärung, van Keuk et al. 2017).

In diesen abschiebegefährdeten Fällen muss – oft unter hohem Zeitdruck – besonders konzentriert und gut mit RechtsanwältInnen und anderen BeraterInnen vernetzt gearbeitet werden, um krankheitsbedingte Abschiebehindernisse in Stellungnahmen zu verdeutlichen. Vor einer drohenden Abschiebung dürfen infolge der gesetzlichen Änderungen im Asylpaket II nur noch ärztliche Stellungnahmen berücksichtigt werden, wobei im laufenden Asylverfahren psychotherapeutische Stellungnahmen eigentlich ernst genommen werden müssen. Gleichzeitig werden zu wenige Gutachten bei qualifizierten GutachterInnen in Auftrag gegeben. Das Bundesamt für Migration und Flüchtlinge verlangt mittlerweile (2017/2018) ohne gesetzlichen Anlass standardmäßig fachärztliche Einschätzungen zur Feststellung eines krankheitsbedingten Abschiebeverbots – und ignoriert damit den erschwerten Zugang von Asylbewerbern in die klinische Versorgung und die mangelnde Bereitschaft der BehandlerInnen, unbezahlte Atteste auszustellen. Werden dann doch Atteste erstellt, werden sie von den juristischen Entscheidungsträgern sehr oft als unzureichend bewertet und nicht berücksichtigt. Zeitgleich sind Anwälte nach unseren Erfahrungen seit 2015 überlastet und nehmen insbesondere Geflüchtete aus Herkunftsländern mit extrem geringer Bleibeperspektive oft gar nicht mehr an. Aber auch für einen Asylsuchenden mit durchschnittlichen Klagechancen, der eine engagierte Rechtsvertretung braucht, ist es schwer, eine passende RechtsanwältIn mit ausreichend Kapazitäten zu finden.

> **Fallbeispiel**
> Eine Familie aus Armenien hat die Ablehnung des Verwaltungsgerichtes erhalten. Die Ehefrau des Klienten berichtet: „Mein Mann geht nicht mehr aus dem Haus, er verbietet uns, die Tür zu öffnen, wenn es klingelt. Er schläft nicht mehr, ist sehr angespannt. Unser Sohn ist in der Schule auffällig; er hat wieder Ängste und wird aggressiv, wie früher in der Schule."
> Der Ehemann, ein 38-jähriger Mann mit schwerer PTBS Symptomatik und sekundären Alkoholabusus, beschreibt: „Seit der Ablehnung ist alles wieder zerstört, ich habe keine Hoffnung mehr. Ich versuche weiter nicht zu trinken, gehe nicht aus dem Haus, nehme nie Geld mit, damit ich nicht in Versuchung komme, aber der Druck ist da. Aber ich will keinesfalls mein Kind und meine Frau noch mehr belasten. Nachts kommen die Alpträume wieder, wie sie mich festnehmen, wie ich geschlagen werde. Ich versuche alles um nicht zu schlafen, ich halte die Träume nicht aus. Was wird nur aus uns, jetzt nach der Ablehnung?"

3   Psychische Belastungsreaktionen

3.1   Psychische Belastungsreaktionen

Die Prävalenzen der psychischen Erkrankungen bei Geflüchteten differieren stark – abhängig von der untersuchten Population, Zeitpunkt, Methode, schwankt die Datenlage von 30 % bis zu mehr als 60 % Prävalenzen. Erhebungen aus den Behandlungszentren sind nach meiner Einschätzung nicht repräsentativ, da es sich um eine klinische auffällige Stichprobe handelt. In der umfassenden Studie von Gaebel et al.

(2006) wurde eine Prävalenz von 40 % unter zufällig ausgewählten Asylantragstel-
lerInnen erfasst. Die Fluchtmigration seit 2015 hat die Zusammensetzung der
Flüchtlingspopulationen in Deutschland nochmals verändert; leider sind viele empirische Untersuchungen jedoch von 2014 und älter. Eine Metaanalyse von 2016
fasst die bisherigen Studien seit 1990 zusammen (Bozorgmehr et al. 2016); die Autoren legen eine eher qualitative Interpretation der vorliegenden Ergebnisse nahe
(vgl. Schneider und Bozorgmehr 2017). Grundsätzlich zeichnet sich unter Geflüchteten eine hohe Prävalenz psychischer Störungen in Abhängigkeit zu traumatischen
Belastungen in der Heimat und ungünstigen Lebensbedingungen im Exil ab. Die
Posttraumatische Belastungsstörung nimmt hierbei eine Schlüsselrolle ein, aber
auch Depressionen und somatoforme Störungen zeigen hohe Prävalenzen.

Allerdings benötigt nicht jeder Geflüchtete mit psychischen Belastungsreaktio-
nen zwingend eine Behandlung – von extrem hoher Bedeutung sind die konkreten
Lebensumstände nach der Flucht (Sicherheit vor Abschiebung, Unversehrtheit der
Familienangehörigen, Wohnen/Arbeit/Zugang zu Bildung und Sprache, Gerlach
und Pietrowsky 2012; Böttche et al. 2016).

Besonders bedenklich sind in diesem Zusammenhang die politischen Entscheidungen zum eingeschränkten Familiennachzug bei syrischen Geflüchteten mit aner-
kanntem Aufenthaltsstatus – wie soll sich beispielsweise ein motivierter Rechtsan-
walt aus Syrien auf seinen Sprachkurs konzentrieren, wenn zeitgleich ein
Lebenszeichen seiner Familie in der Heimat ausbleibt, die Bombardierungen fort-
gesetzt werden und weiterhin unklar ist, wann ein Familiennachzug ermöglicht
wird? Bei Geflüchteten, die mit großen Hoffnungen und einigermaßen stabiler psychischer Gesundheit in Deutschland ankamen, werden so chronifizierte psychische
Symptome in ihrer Entstehung gefördert statt verhindert.

3.2 Ressourcen von Geflüchteten

Trotz der bis hier beschriebenen flüchtlingsspezifischen Belastungsfaktoren gibt es
doch eine Vielzahl an Ressourcen unter den PatientInnen mit Fluchtgeschichte –
schlicht, weil viele unter ihnen es oftmals sonst nicht geschafft hätten, die Flucht zu
überstehen. In Fortbildung und Supervision werden hier die Besonderheiten des
transkulturellen Settings deutlich: Während deutsche PsychotherapeutInnen der
Mehrheitsgesellschaft bei „Ressourcen" an Hobbies und Freizeitaktivitäten denken,
bedeutet „Hobby" und „Freizeit" in einigen Sprachen übersetzt „leere Zeit". Natürlich gibt es Geflüchtete mit persönlichen Leidenschaften – beispielsweise in Musik,
Literatur, Sport und Kunst. Häufiger aber stellen die fest verankerten moralischen
Wertvorstellungen eine kraftvolle Ressource dar und werden manchmal nicht hinreichend in den therapeutischen Prozess einbezogen: Pflichtgefühle gegenüber der
Familie, Statusbewusstsein in der Community, religiöse/patriotische Überzeugungen, tragende politische Vorstellungen.

Ressourcen, die uns in der Psychotherapie im PSZ Düsseldorf regelhaft begegnen, sind zusammenfassend:

- Tragende innere Überzeugungen und Werte (Familie, Moral/Stolz, Religion, Politik/Gesellschaft/Patriotismus)
- Soziale Kompetenzen, Höflichkeit, Hilfsbereitschaft
- Familiärer Zusammenhalt, Einbettung in eine größere Gruppe, der sich jemand verpflichtet fühlt, hohes Verantwortungsgefühl
- Hohe Motivation, es zu schaffen und schwierige Situationen durchzustehen
- Hoffnung auf ein besseres Leben
- Improvisationstalent, Geduld, Hartnäckigkeit
- Kognitive und berufliche Kompetenzen (Vielfalt an Sprachkompetenzen, berufliche Vorerfahrungen, Bildung)

Gerade bei traumatisierten Geflüchteten mit einer hohen Anzahl an Risikofaktoren ist grundsätzlich ein ressourcenorientiertes, stabilisierendes psychotherapeutisches Vorgehen zu empfehlen; die beharrliche Erhebung der vorhandenen Ressourcen hilft – neben dem sorgsamen Blick auf die psychopathologischen Entwicklung – dem guten Therapieverlauf.

Fallbeispiel
Ein 24-jähriger Asylantragsteller aus dem Iran leidet unter seiner Einsamkeit; seine homosexuelle Orientierung führt zu einem Rückzug aus seiner Community aus Angst vor Abwertung oder Gewalt. Er bringt stabile Beziehungserfahrungen aus seiner Kindheit mit, seine Großmutter war eine wesentliche Bezugsperson in der Heimat gewesen. In seinem Verhalten spiegelt sich seine gute Erziehung wider, er begegnet älteren Menschen mit großem Respekt und Höflichkeit. Irritiert erlebt er in Deutschland die Einsamkeit der Senioren: „Das verstehe ich nicht, sie haben ja Kinder, aber niemand kümmert sich. Ich habe sogar gelesen, dass sie in Heime kommen und dort – in diesem reichen Land! – manchmal zu wenig zu Trinken bekommen und deswegen verwirrt werden. Das ist so traurig." Er schließt Freundschaft mit einer alten Dame in der Nachbarschaft seines Asylbewerberheimes; zunächst treffen sie sich regelmäßig auf einer Bank und lernen sich kennen. Sie unterstützt ihn schließlich in seinen Bemühungen, Deutsch zu lernen, er hilft ihr bei der Organisation des Alltages, beispielsweise den Einkäufen. Er lernt auch ihre Tochter kennen, die weiter entfernt lebt und erleichtert auf seine Präsenz für die alte Mutter reagiert. Seine Suizidalität nimmt deutlich ab und er stabilisiert sich zunehmend. Wenn sein Aufenthaltsstatus geklärt ist, möchte er Altenpfleger werden.

3.3 Psychotherapie mit Geflüchteten

Grundsätzlich ist die Psychotherapie geflüchteter PatientInnen eine Behandlung wie jede andere – allerdings stellen die speziellen Bedingungen, unter denen Geflüchtete leben, eine ungewohnte Herausforderung für die BehandlerInnen dar. Ottomeyer (2014) erörtert auftauchende Ängste auf Seiten der PsychotherapeutInnen, wie dem Einbruch einer gewalttätigen Welt in die eigene friedlich-ruhige Wirklichkeit. In der Behandlung von geflüchteten PatientInnen erleben sich viele BehandlerInnen darüber hinaus möglicherweise als wenig wirksam:

Fallbeispiel
Eine Supervisandin berichtet: „In der Behandlung von geflüchteten PatientInnen habe ich immer den Eindruck, nur Feuerwehr zu spielen, ständig gibt es Krisen, wir kommen nicht in einen ruhigen Fluss. Entweder die benachbarte Familie wurde mit Polizeieinsatz abgeschoben, oder ein Schwager ist in der Heimat verschwunden, oder ein Termin auf der Behörde verläuft beängstigend."

Hilfreich kann daher sein, die eigene Normsetzung – auch zur Beurteilung, was eine Krise in Abgrenzung zu dem „normalen ruhigen Fluss des Lebens" bedeutet, zu hinterfragen (vgl. van Keuk und Wolf 2017; Van Keuk und Ghaderi 2011). In dieser Hinsicht bietet die Behandlung geflüchteter PatientInnen eine spannende Reflexion der eigenen, möglicherweise privilegierten Lebensumstände und einen aufschlussreichen Reframingprozess – für die BehandlerInnen. Denn ist die eigene Irritation überwunden, kann in der Regel mit wenigen Adaptationen das gewohnte psychotherapeutische Handwerkzeug seine Wirksamkeit entfalten.

Neben den möglichen persönlichen Irritationen gibt es handfeste Gründe, die dazu führen, dass Geflüchtete keine psychotherapeutische Behandlung aufnehmen können: Die Übernahme der Dolmetscherkosten ist beispielsweise nicht geregelt, außerhalb der Großstädte ist der Zugang durch weite Anfahrten und keine Fahrtkostenübernahme erschwert, nicht alle Geflüchteten verfügen inzwischen über eine Gesundheitskarte, einige Sozialämter lehnen Anträge auf Kostenübernahme ab. Hierzu einige pragmatische Lösungsansätze:

Neben dem Einsatz eigener Sprachkenntnisse kann der Einsatz professioneller DolmetscherInnen erforderlich sein. Beharrlich die Kosten beispielsweise bei Jugendamt (für Minderjährige) bzw. beim Sozialamt zu beantragen, erfordert zwar zu Beginn etwas Mehraufwand, ist aber möglich.[1] Psychotherapie mit DolmetscherInnen

---

[1]Vgl. Informationen der BAfF: Leitfaden zur Beantragung einer Psychotherapie für Geflüchtete, www.baff-zentren.org/veroeffentlichungen-der-baff/rechtliches; Arbeitshilfen. Zugegriffen am 19.07.2020.

ist im Übrigen ebenso effizient wie im monosprachigen Setting, wenn die Regeln zum professionellen Dolmetschereinsatz beachtet werden.[2]

Die flüchtlingsspezifischen Besonderheiten, insbesondere auf der Ebene der asylrechtlichen und ausländerrechtlichen Gesetze, sind für die Mehrzahl der PsychotherapeutInnen ungewohntes Terrain. Es ist meines Erachtens weder nötig noch sinnvoll, sich in allen Einzelheiten mit dem Asylrecht auszukennen – zumal es sich schnell ändert, auf Landesebene neue Erlasse eingeführt werden oder die eine Kommune Spielräume anders nutzt als ihre benachbarte Kommune. Die Herausforderung, sich mit dem Asylrecht detailliert auszukennen, ist nicht zumutbar und stellt eine Überforderung dar. Und das Sozial-, Ausländer- und Asylrecht ist so komplex, dass es sinnvoller ist, ExpertInnen hinzuzuziehen. Unsere Empfehlung ist daher gute Vernetzung, was gleichzeitig zu einer deutlichen Entlastung von dem erhöhten Selbstanspruch führt:

- mit den lokalen Flüchtlingsberatungsstellen, beispielsweise über den landesbezogenen Flüchtlingsrat (www.fluechtlingsrat.de)
- mit dem nächstgelegenen Psychosozialen Zentrum für Flüchtlinge (www.psz-nrw.de, Dachverband der Psychosozialen Zentren BAfF www.baff-zentren.org)
- mit dem/der zuständigen RechtsanwaltIn
- ggf. Internetrecherche bei kompetenten Institutionen wie der Bundespsychotherapeutenkammer, Flüchtlingsräten, Pro Asyl Frankfurt, www.sbpm.de, www.transkulturelle-psychiatrie.de

Diese Vernetzung hilft dann auch, die realen Ausgrenzungsmechanismen im Rahmen des Asyl- und Ausländergesetzes von den psychopathologischen Wahrnehmungseinengungen der PatientInnen zu unterscheiden (Ghaderi, C., Van Keuk, E. 2016). Eine hilfreiche Frage hierzu ist beispielsweise:

Gibt es äußere reale Zugangsbarrieren, die es meinem Patienten verunmöglichen, einen Schritt weiter zu gehen?

Ist hier Klarheit hergestellt, kann die PatientIn im Rahmen der Psychotherapie auch empowert werden, Zugangsbarrieren zu überwinden, oftmals mit Unterstützung einer weiteren Organisation oder einer ehrenamtlichen Hilfe.

4 Ausblick

Derzeit schwankt die gesellschaftliche Stimmung gegenüber Geflüchteten: Von einer aufwallenden Willkommenskultur 2015 hin zu einer Befürwortung hoher Abschiebezahlen 2018. Der Bundeswahlkampf 2017 wurde mittels Schlagworte zu dem komplexen Thema Flucht und Migration polarisiert ausgetragen – dieser emotionalisierte Umgang mit dem Thema schadet letztendlich den einzelnen Menschen, die sich als Geflüchtete in Deutschland aufhalten. Wie wäre es aber, wenn …

---

[2]Vgl. Leitfaden zum Dolmetschereinsatz, Download über www.ptk-nrw.de/de/aktuelles/fluechtlinge. Zugegriffen am 19.07.2020.

- ... Integration meinen würde, dass benachteiligte oder nach außen driftende Gesellschaftsgruppen in Deutschland ungeachtet ihrer Nationalität besondere Beachtung finden (Soziale Arbeit/Kontakte vor Ort, schneller Eingriff vor Eskalationen, soziale Förderung)?
- ... Interkulturelle Öffnung, Diversity Management und strukturelle Öffnung für alle! in Institutionen in unserer faktischen Migrationsgesellschaft umgesetzt wäre?
- ... vorurteilsbewusste und rassismusensible Bildung in allen Berufsausbildungen Bestandteil wäre?
- ... wenn EU-Leitlinien zur frühen Identifizierung und Behandlung von vulnerablen Flüchtlingen umgesetzt wären?
- ... wenn Bedingungen geschaffen sind, die ernsthaft humanitäre Abschiebehindernisse erkennen und Leid verhindern? (Früherkennung, kompetente Einzelfallprüfung)
- ... wenn ein ressourcenorientierter Umgang mit Sprachenvielfalt in unserer Migrationsgesellschaft eine Leitlinie wäre?

Seyla Benhabib hat in ihrem Buch *Die Rechte der Anderen* (2017) ein sehr treffendes Bild gefunden, um den wenig konstruktiven Umgang mit Migration zu beschreiben: Mit einer veralteten Landkarte wandern wir in unserer Welt, stoßen uns jedoch an der veränderten Landschaft die Füße und verlieren den Weg. Und die Wanderer schimpfen über die veränderte Landschaft – wobei es doch leichter wäre, die veraltete Landkarte zu ändern und sie schlicht zu aktualisieren.

Literatur

Böttche, M., C. Heeke, und C. Knaevelsrud. 2016. Sequential traumatization, trauma-related disorders and psychotherapeutic approaches in war-traumatized adult refugees and asylum seekers in Germany. *Bundesgesundheitsblatt* 59: 621–626.

Bozorgmehr, K., A. Mohsenpour, D. Saire et al. 2016. Systematische Übersicht und Mapping empirischer Studien des Gesundheitszustandes und der medizinischen Versorgung von Flüchtlingen und Asylsuchenden in Deutschland (1990–2014), *Bundesgesundheitsblatt* 59: 599–620.

Gäbel, U. et al. 2006. Prävalenz der PTSD und Möglichkeiten der Ermittlung in der Asylverfahrenspraxis. *Zeitschrift für klinische Psychologie und Psychotherapie.* https://doi.org/10.1026/1616-3443.35.1.12.

Gerlach C., und R. Pietrowsky. 2012. Trauma und Aufenthaltsstatus: Einfluss eines unsicheren Aufenthaltsstatus auf die Traumasymptomatik bei Flüchtlingen. *Verhaltenstherapie & Verhaltensmedizin* 33: 5–19.

Ghaderi, C., und Van Keuk, E. 2016. Geflüchtete in der Psychotherapie – Heilung in einem politisierten Raum. In *Flüchtlinge -Multiperspektivische Zugänge*, Hrsg. C. Ghaderi und T. Eppenstein, 257–290. Wiesbaden: Springer VS.

Ottomeyer, K. 2014. Psychotherapie mit traumatisierten Flüchtlingen unter den Bedingungen von Diskriminierung und Verfolgung. *Psychosozial* 37 (138): 75–89.

Schneider, C., und K. Bozorgmehr. 2017. Prävalenz körperlicher und psychischer Erkrankungen bei Asylsuchenden und Flüchtlingen. In *Psychotherapie nach Flucht und Vertreibung: Eine praxisorientierte und interprofessionelle Perspektive auf die Hilfe für Flüchtlinge*, Hrsg. M. Borcsa und C. Nikendei, 32–44. Stuttgart: Georg Thieme.

UNHCR. 2016. Jährlicher Bericht des UNHCR zu den Fluchtbewegungen weltweit. http://www. unhcr.org/dach/de/15212-globaltrends2016.html. Zugegriffen am 19.07.2020.

Van Keuk, E., und C. Ghaderi. 2011. Diversity Kompetenz in der transkulturellen Psychotherapie. In *Diversity Transkulturelle Kompetenz in klinischen und sozialen Arbeitsfeldern*, Hrsg. E. van Keuk, C. Ghaderi, L. Joksimovic und D. David, 146–160. Stuttgart: Kohlhammer Verlag.

Wolf, V., und E. van Keuk. 2016. Abschiebung von geflüchteten Patientinnen und Patienten aus der Regelversorgung. *Psychotherapeutenjournal* 15 (4): 334–342.

Van Keuk, E., V. Wolf, F. Mayer, L. Küppers, R. Bering, und S. Ritz-Timme. 2017. *Düsseldorfer Erklärung. Folteropfer interdisziplinär erkennen, begutachten, behandeln und schützen*. Berlin: Springer. doi: https://doi.org/10.1007/s00194-017-0178-6.

Van Keuk, E., und V. Wolf. 2017. Geflüchtete Patient(inn)en in der Krise – Möglichkeiten der psychotherapeutischen Unterstützung. In Psychotherapie nach Flucht und Vertreibung: Eine praxisorientierte und interprofessionelle Perspektive auf die Hilfe für Flüchtlinge, Hrsg. M. Borcsa und C. Nikendei, 114–130. Stuttgart: Georg Thieme.

Verborgenes Leid. Depressionen in der späten Lebensphase

Susanne Zank und Susanne Brose

1 Depressionen im Alter als Ursache für beschwerte Lebensjahre

Nach Schätzungen der WHO (2017) sind Depressionen der häufigste Grund für beschwerte Lebensjahre und Behinderungen in der Lebensführung. Weltweit wird derzeit von über 300 Millionen an Depression erkrankten Menschen und damit von 4,4 % der Weltbevölkerung ausgegangen. Dieser Text bezieht sich im Folgenden auf Studien und Angaben zum Depressionen ohne Berücksichtigungen pandemiebedingter Einflüsse und Entwicklungen (Stand 2019). Für Deutschland wurde im Jahr 2010 eine 12-Monats-Prävalenz von rund 12 % für die Altersgruppe der 18- bis 65-jährigen Bevölkerung berechnet (Wittchen et al. 2010). Frauen sind häufiger von einer Depression betroffen. Ihr Anteil liegt mit 25 % deutlich höher als der Anteil an depressiv erkrankten Männern mit 12 % (Wittchen et al. 2010). Für diese Schätzungen des Robert Koch-Instituts wurden Menschen höheren Lebensalters (65+) nicht berücksichtigt. Daten hierzu liegen basierend auf einer Meta-Analyse für die Altersgruppe der über 75-Jährigen vor. Danach liegt die Prävalenz der Major Depression bei Personen über 75 Jahre bei 7,2 % (95 % CI 4,4-10,6 %) (Luppa et al. 2012b). Eine besondere Herausforderung stellt die Erkennung sogenannter subklinischer Depressionen (Minor Depression und subsyndromale Depression) dar. Es wird ge-

S. Zank (✉)
Lehrstuhl für Rehabilitationswissenschaftliche Gerontologie, Zentrum für Heilpaedagogische Gerontologie, Humanwissenschaftliche Fakultät, Universität zu Köln, Köln, Deutschland
E-Mail: susanne.zank@uni-koeln.de

S. Brose
Referat Gesundheitspolitik, Hessisches Ministerium für Soziales und Integration, Wiesbaden, Deutschland
E-Mail: Susanne.brose@hsm.hessen.de

schätzt, dass diese Formen in der älteren Bevölkerung 2- bis 3-mal häufiger auftreten als eine klinisch relevante depressive Episode. Besonders Bewohner*innen in stationären Pflegeeinrichtungen sind von dieser subklinischen Form der Depression betroffen.

Die Folgen depressiver Störungen sind weitreichend und können insbesondere bei älteren Menschen zu funktionellen Einschränkungen, erheblicher Behinderung, Verschlechterung somatischer Erkrankungen und sinkender Lebensqualität führen. Darüber hinaus ist bekannt, dass das Vorliegen einer Depression Auswirkungen auf die Sterblichkeit hat. Das liegt zum Teil an einer erhöhten Suizidgefährdung im Alter (Conwell et al. 2002), darüber hinaus stehen jedoch auch körperliche Erkrankungen sowie ein depressionstypischer Lebensstil (etwa ungesunde Ernährung oder körperliche Inaktivität) im Zusammenhang mit einer erhöhten Sterblichkeit. So tragen beispielsweise Patient*innen mit Herzinfarkt und komorbider Depression sowie Schlaganfallpatient*innen mit depressiver Störung ein erhöhtes Risiko früher zu versterben als Nicht-Depressive (Wittchen et al. 2010).

2 Erschwerte Diagnostik affektiver Störungen im höheren Lebensalter

Bei affektiven Störungen bestehen die Hauptsymptome in einer Veränderung der Stimmung oder Affektivität, überwiegend zur Depression, aber auch zu gehobener Stimmung (Manie). Im ICD-10 wird eine Vielzahl von affektiven Störungen unterschieden, die folgende Darstellung bezieht sich auf die wichtigste Störung, nämlich die unipolare Depression.

2.1 Kriterien nach ICD-10

Die Diagnosestellung einer unipolaren Depression erfolgt nach ICD-10-Klassifikation anhand von drei Haupt- und sieben Zusatzsymptomen. Die Tab. 1 zeigt die Symptome in der Übersicht:

Tab. 1 Symptome zur unipolaren Depression in der Übersicht

Hauptsymptome	Zusatzsymptome
• Gedrückte depressive Stimmung	• Verminderte Konzentration und Aufmerksamkeit
• Interessenverlust/Freudlosigkeit	• Vermindertes Selbstwertgefühl und Selbstvertrauen
• Antriebsmangel/erhöhte Ermüdbarkeit	• Gefühle von Schuld und Wertlosigkeit
	• Negative und pessimistische Zukunftsperspektiven
	• Suizidgedanken/-handlungen
	• Schlafstörungen
	• Verminderter Appetit

Die Anzahl sowie die Ausprägung der Symptome geben Aufschluss über Art und Schwere der depressiven Erkrankung. Für alle Schweregrade gilt eine Symptomdauer von mindestens zwei Wochen, wobei jeweils zwei Haupt- und Zusatzsymptome auf eine leichte depressive Episode hinweisen, zwei Hauptsymptome und drei bis vier Zusatzsymptome auf eine mittelgradige sowie alle drei Hauptsymptome und mindestens zwei Zusatzsymptome auf eine schwere depressive Episode deuten. Bei leichter und mittelgradiger depressiver Episode kann zusätzlich das Vorliegen eines somatischen Syndroms klassifiziert werden, wenn mindestens zwei (leichte Episode) oder drei (mittelgradige Episode) der folgenden Symptome zusätzlich zum Hauptsymptom Interessenverlust oder Verlust der Freude an normalerweise angenehmen Aktivitäten erfüllt sind (siehe Tab. 2):

Eine depressive Episode (F32) wird als einmaliges Ereignis von der depressiven Störung (F33) als rezidivierende Erkrankung unterschieden und entsprechend dieser Abgrenzung mit unterschiedlichen ICD-10-Codes versehen. Für letzteres muss in der Vorgeschichte mindestens eine weitere depressive Episode vorhanden gewesen sein. Weiterhin abzugrenzen ist die Dysthymie als eine chronische depressive Stimmungsstörung, die in ihrer Ausprägung nicht die Kriterien der depressiven Episode erreicht, jedoch über mindestens zwei Jahre hinweg anhält und für die Betroffenen erhebliches subjektives Leiden mit sich bringt (DGPPN et al. 2015).

Bei einer ersten unbehandelten Episode ist mit einer Dauer von circa drei bis vier Monaten zu rechnen. Nur rund ein Drittel aller Betroffenen erleben die depressive Störung als einmaliges Ereignis im Lebensverlauf. Ein weiteres Drittel erkrankt ein zweites Mal und ein Drittel ist von einem chronischen Verlauf betroffen. Darüber hinaus liegt das Risiko nach einer depressiven Episode ein zweites Mal zu erkranken bei circa 60 %, nach zwei bereits durchlaufenen Episoden bereits bei 70 bis 80 % und bei mehr als zwei zurückliegenden Episoden erhöht sich das Risiko auf über 90 % (Beesdo-Baum und Wittchen 2011). Bezogen auf ältere Menschen konnte gezeigt werden, dass die Episodendauer im Vergleich zu jüngeren Erkrankten mit mehr als 21 Wochen tendenziell länger ist (Wittchen und Uhmann 2010).

Festzuhalten bleibt außerdem, dass die Mehrheit aller psychisch kranken älteren Menschen in einer hausärztlichen Versorgung verbleibt. Problematisch erscheint dies vor dem Hintergrund, dass rund 50 % aller psychischen Erkrankungen in der Hausarztpraxis unerkannt bleiben (Peters 2008).

Tab. 2 Somatisches Syndrom

Somatisches Syndrom
• Mangelnde Fähigkeit, auf eine freundliche Umgebung oder freudige Ereignisse emotional zu reagieren
• Frühmorgendliches Erwachen, zwei oder mehr Stunden vor der gewohnten Zeit
• Morgentief
• Objektiver Befund einer psychomotorischen Hemmung oder Agitiertheit
• Deutlicher Appetitverlust
• Gewichtsverlust, häufig mehr als 5 % des Körpergewichts im vergangenen Monat
• Deutlicher Libidoverlust

2.2 Besonderheiten unipolarer Depressionen im Alter

Anders als bei Jüngeren zeigen sich bei älteren Menschen die Depressionssymptome oftmals nicht eindeutig in den oben beschriebenen Hauptsymptomen. Stattdessen beklagen die Betroffenen stärker körperliche Beschwerden, wie beispielsweise Schlafstörungen oder gastrointestinale Beschwerden sowie kognitive Einschränkungen, etwa ein schlechter gewordenes Gedächtnis. Alterskohortenspezifisch zeigt sich häufig ein als im höheren Lebensalter normal erachtetes Verständnis von zunehmender Traurigkeit, niedergedrückter Stimmung und vermehrtem Rückzug. Diese Sichtweise ist jedoch falsch und erschwert eine Diagnosestellung. Wie Hautzinger (2015) ausführt, bleiben rund 40 % der in der Allgemeinarztpraxis vorstelligen Patient*innen mit einer Depression unerkannt und erhalten entsprechend auch keine adäquate Behandlung. Sowohl für die Diagnose als auch die Behandlung ist weiterhin relevant, dass die Erkrankten häufig (auch) unter somatischen Erkrankungen leiden, welche einen Einfluss auf die depressive Symptomatik nehmen. Deshalb ist die Wirkung von allen Medikamenten auf den Affekt älterer Menschen abzuklären. Ähnlich wie auch bei jüngeren Menschen mit Depression spielen zudem Ängste eine wichtige Rolle. Bei rund 80 % aller älteren Depressiven lassen sich Angststörungen diagnostizieren (Wolter 2016a). Eine verminderte Konzentrations- und Entschlussfähigkeit kann differentialdiagnostisch die Abgrenzung zu Demenz erschweren. Wolter (2016a) nennt zusätzlich zu den genannten Besonderheiten weitere (siehe Tab. 3) Aspekte einer altersspezifischen Akzentuierung der Symptomatik:

Zu betonen ist, dass die Symptomatik einer Depression im höheren Lebensalter interindividuell sehr stark variieren kann. Handelt es sich um eine Erstmanifestation einer depressiven Störung im höheren Lebensalter spricht man auch von ‚late-onset-Depression‘.

Tab. 3 Aspekte einer altersspezifischen Akzentuierung der Symptomatik

- Alterskohortenspezifische Krankheitsmodelle und Ursachenattribuierung,
- Überlappung körperlicher und psychischer Symptome,
- Somatisierung, Aggravierung körperlicher Beschwerden,
- Nach außen weniger deutlicher Ausdruck von Traurigkeit und Herabgestimmtheit,
- Nicht erklärbare Schmerzsyndrome,
- Neu aufgetretene auffällige Verhaltensweisen bzw. „neurotische" Symptome,
- Selbstschädigendes Verhalten (direkt oder indirekt),
- „Pseudodemenz",
- Akzentuierung pathologischer/problematischer Persönlichkeitszüge („Alterszuspitzung"),
- Missbrauch von Alkohol und Beruhigungs-/Schlafmitteln

3 Ursachen einer Depression

Depressionen liegt ein multikausales Entstehungsgefüge zugrunde. Im Sinne eines biopsychosozialen Modells sind neben den biologischen Mechanismen auf der Ebene der Neurotransmitter vielfältige Faktoren wie etwa biographische Belastungen, körperliche und hirnorganische Faktoren oder auch Umwelteinflüsse (z. B. Lichteinflüsse) von Bedeutung (Heuft et al. 2006). Bei den biologischen Faktoren spielt insbesondere die genetische Prädisposition eine Rolle, wobei bislang der Übertragungsweg nicht geklärt ist. Anzunehmen ist, dass ein Zusammenwirken prädisponierender genetischer Faktoren und familiärer sowie umweltbedingter Komponenten zur Entstehung der Erkrankung führt. Die psychologischen und psychosozialen Faktoren beziehen sich vornehmlich auf erlebte Verluste sowie kritische Lebensereignisse als auslösende Faktoren einer Depression. Die Entwicklungspsychologie der Lebensspanne betont die Bedeutung von Verlusten für die Entstehung von Depressionen im Alter (Peters 2004; Maercker 2015; Zank et al. 2010).

3.1 Allgemeine Risikofaktoren

Depressionen sind ein komplexes Geschehen, deren Entstehung in der Regel nicht kausal auf einen auslösenden Faktor zurückgeführt werden kann. Dennoch gibt es eine Reihe von Risikofaktoren. Hier werden zunächst die allgemeinen Risikofaktoren betrachtet.

Es ist bekannt, dass Frauen und Menschen ohne feste Partnerschaft ein deutlich höheres Risiko für die Entwicklung einer depressiven Störung tragen. Des Weiteren konnten in epidemiologischen Studien familiäre Häufungen festgestellt werden. Demnach tragen Angehörige ersten Grades ein um 50 % erhöhtes Risiko für die Entwicklung einer unipolaren Depression (DGPPN et al. 2015). Je früher dabei das Ersterkrankungsalter, desto stärker ist von einer familiär-genetischen Belastung auszugehen (Wittchen und Uhmann 2010). Darüber hinaus zeigt sich eine erhöhte Wiederauftretenswahrscheinlichkeit nach einer bereits durchlaufenen depressiven Episode, wie bereits unter 2.1 beschrieben. In der Kindheit erlebte Traumata (z. B. Verlust eines Elternteils, Missbrauchserfahrung) und adverse Entwicklungsbedingungen (z. B. Vernachlässigung, Deprivation) können ebenfalls an der Entstehung einer depressiven Störung beteiligt sein (vgl. Beesdo-Baum und Wittchen 2011). Umstritten ist die Rolle kritischer Lebensereignisse als vorausgehende Bedingung einer Depression. Nach neueren Erkenntnissen zeigen rund ein Drittel aller depressiv Erkrankten keinerlei kritische Ereignisse in der Vorgeschichte. Offenbar haben kritische Lebensereignisse nur in Kombination mit einer gegebenen Vulnerabilität (z. B. depressive Erkrankung eines Elternteils) ein erhöhtes Risiko für die Entstehung einer Depression (vgl. Beesdo-Baum und Wittchen 2011).

Wie Holvast und Kollegen (2015) an einer niederländischen Kohortenstudie zeigen konnten, wirkt sich Einsamkeit bei älteren Menschen negativ auf die Remission einer Depression aus und gilt als wichtiger Moderator für die Entwicklung von Depressionen (Santini et al. 2016). Weiterhin ist bekannt, dass gute partnerschaftliche Bindungen sowie ein unterstützendes soziales Netz einen protektiven Einfluss auf die Depressionsentstehung im Alter haben (ebd.). Hingegen sind die Pflege eines dementiell erkrankten Angehörigen sowie kürzliche Verwitwung mit einer erhöhten Depressionsneigung assoziiert (Joling et al. 2015; Wittchen und Uhmann 2010).

Posttraumatische Belastungsstörungen (PTBS) und Traumafolgestörungen können ebenfalls eine affektive Störung nach sich ziehen (Hucklenbroich et al. 2014). Diese kann auch Jahre oder Jahrzehnte später nach dem eigentlichen traumatisierenden Ereignis auftreten (sog. Traumareaktivierung).

Des Weiteren gelten allgemeinere Faktoren wie ein niedriges Bildungsniveau sowie niedriger sozioökonomischer Status als relevante Risikofaktoren.

3.2   Substanzbedingte und organische Depression

Depressionen können im höheren Lebensalter auch Folge oder Komorbidität einer anderen somatischen Erkrankung oder einer Substanzmittelabhängigkeit sein.

Als Prädiktoren für das Auftreten depressiver Symptome im Alter haben Luppa und Kollegen (2012a) unter anderem einen riskanten Alkoholkonsum sowie häufige Besuche beim Facharzt identifiziert. Insbesondere ältere Menschen leiden oftmals nicht nur an einer diagnostizierten Krankheit, sondern gelten ab mindestens drei chronischen Erkrankungen als multimorbid (AWMF.org). Mit steigender Anzahl von Krankheiten nimmt das Risiko einer (begleitenden) Depression zu, wie Smith et al. (2014) in einer schottischen Studie mit über 1,7 Mio. Menschen gezeigt haben. Zudem konnte für bestimmte somatische Grunderkrankungen ein erhöhtes Risiko für affektive Störungen nachgewiesen werden. Hierunter zu nennen sind Herzinfarkt, Schädel-Hirn-Trauma, Schlaganfall, Pankreaskarzinom, Morbus Parkinson, Demenz vom Alzheimer-Typ, Hirntumor, Diabetes mellitus sowie Niereninsuffizienz (Gunold und Angermann 2015; Wittchen et al. 2010; Wolter 2016a, b). Eng verbunden mit Multimorbidität sind chronische Schmerzen und ein schlechter Gesundheitszustand sowie funktionelle Einschränkungen. Diese stehen ebenfalls im Zusammenhang mit erhöhter Depressionsneigung (Löwe et al. 2008; Luppa et al. 2012a; Zis et al. 2017). Darüber hinaus sind kognitive Beeinträchtigungen relevant und stellen gleichzeitig differentialdiagnostisch eine Herausforderung dar. Dies gilt vor allem für die Abgrenzung von Depression und frühen Symptomen einer dementiellen Erkrankung oder auch der leichten kognitiven Beeinträchtigung (Hegerl et al. 2001). Nicht selten sind Demenzpatient*innen zu Beginn der Erkrankung in ihrem Affekt auffällig. Umgekehrt spielen kognitive Einschränkungen, wie bereits unter 2.1 erwähnt, auch bei affektiven Störungen als mögliches Zusatzsymptom eine Rolle. Die Abgrenzungsschwierigkeiten von Demenz und Depression sind vielfach belegt und führen in der Praxis oftmals zu einer unzureichenden Behandlung von an Depression erkrankten älteren Menschen. In einer kürzlich erschienenen Studie konnte gezeigt werden, dass die Kriterien der ICD-10 für eine Depressionsdiagnostik in der hausärztlichen Praxis als wenig tauglich von den Hausärzt*innen eingeschätzt werden (Kammerer et al. 2016). Es ist zu vermuten, dass dies in besonderer Weise auch auf die Diagnosestellung bei älteren Menschen in der Hausarztpraxis zutrifft.

3.3 Entwicklungspsychologische Herausforderungen im fortgeschrittenen Lebensalter

Drohende oder erlebte Verluste im Alter können im Zusammenhang mit der Entwicklung depressiver Störungen stehen. Nach Heuft, Kruse und Radebold (2006) sind daran vor allem der Verlust der Selbständigkeit, mangelnder sozialer Rückhalt, Vereinsamung, der Verlust beruflicher Identität (nach Eintritt in den Ruhestand) sowie soziale Entwurzelung durch eine Veränderung der Wohnumgebung (z. B. durch den Umzug in eine Pflegeeinrichtung) beteiligt. Zudem wirken sich auch im Alter fortbestehende hohe Ansprüche und Perfektionismus sowie eine Misserfolgsorientierung negativ aus, da eine Anpassung an sich verändernde Bedingungen und unveränderliche Entwicklungen nur schwer gelingt. Hingegen tragen ältere Menschen, die ein aktives Leben führen, vielfältige Interessen verfolgen und auf ein breites soziales Netz zurückgreifen können, ein deutlich geringeres Risiko für die Entwicklung einer Depression (Hautzinger 2015). Das heißt Alterungsprozesse sind als ein dynamischer Prozess zu verstehen, der sowohl von Gewinnen als auch Verlusten geprägt ist. Die Einstellung gegenüber dem eigenen Altern und die Auseinandersetzung mit den oben beschriebenen Veränderungen ist dabei ein komplexer und hochgradig individueller Prozess. In anderen Worten bedeutet dies, dass Altern eine narzisstische Krise darstellt, in welcher Inhalte und Ansprüche des Ich-Ideals überarbeitet und mit den verbliebenen Möglichkeiten in Einklang gebracht werden müssen. Das SOK-Modell (selektive Optimierung mit Kompensation) (Baltes und Baltes 1990) beschreibt diesen Zusammenhang. Dem Modell folgend besteht die Herausforderung des Alters darin, durch Selektion Ziele und wichtige Verhaltensbereiche zu definieren, im Sinne einer Optimierung vorhandene Ressourcen zu nutzen und durch das Erlernen neuer Handlungsmittel bzw. Nutzung von Hilfsmitteln vorhandene Einschränkungen (teilweiser oder vollständiger Verlust von Fähigkeiten und Fertigkeiten) zu kompensieren (vgl. Hautzinger 2000, S. 29 f.). Nach dem Konzept des erfolgreichen Alterns ist davon auszugehen, dass die Fähigkeit zur Neuanpassung an sich verändernde Bedingungen auch im Alter möglich ist (sog. Plastizitätsthese) und aktiviert werden muss.

4   Psychotherapie für ältere depressive Menschen

4.1   Ziele einer psychotherapeutischen Behandlung der Depression

Psychotherapie mit älteren Menschen hat sich als wirksam erwiesen und stellt einen wichtigen Baustein in der Behandlung der Depression Älterer dar. Lange Zeit kamen ältere Menschen kaum in der psychotherapeutischen Versorgung vor. Das liegt einerseits daran, dass ältere Menschen lange Zeit Vorbehalte gegenüber Psychotherapie hegten. Diese Situation scheint sich jedoch nach und nach zum Positiven zu verändern (Kipp 2008; Sonnenmoser 2009).

Unabhängig von der psychotherapeutischen Schule lassen sich folgende Therapieziele für die Arbeit mit älteren Menschen ableiten (Heuft und Marschner 1994; Zank et al. 2010):

- Förderung der Selbständigkeit und Eigenverantwortung
- Verbesserung sozialer Fähigkeiten
- Stärkere Berücksichtigung des Körpers (in Krankheit und auch Gesundheit)
- Klärung intra- und intergenerationeller Schwierigkeiten
- Akzeptanz des gelebten Lebens
- Bearbeitung der Verlustthematik
- Auseinandersetzung mit Altern, Sterben und Tod
- Förderung des Gegenwartsbezugs und
- Erarbeitung praktischer Lösungen.

Für die Erreichung dieser allgemeinen Therapieziele stehen für ältere Menschen grundsätzlich dieselben Therapieverfahren zur Verfügung wie für jüngere Menschen. Je nach Indikationsstellung kann eine psychoanalytische Therapie, eine verhaltenstherapeutische Behandlung, eine systemische Therapie jeweils als Einzel- oder auch als Gruppentherapie sinnvoll sein.

4.2   Schwierigkeiten und günstige Voraussetzungen

Grundvoraussetzung für eine psychotherapeutische Behandlung älterer Depressiver ist zunächst die Motivation und Bereitschaft der Betroffenen zur aktiven Mitarbeit und Mitgestaltung am Therapieverlauf. Peters (2000, 2006) beschreibt, dass ältere Menschen insgesamt weniger motiviert zu einer Psychotherapie seien und häufiger von anderen zu einer Therapie „gedrängt" würden als jüngere. Außerdem hegen sie eher eine skeptische Haltung gegenüber dieser Form der Behandlung und wünschen stattdessen häufiger eine medizinische Behandlung ihrer Beschwerden. Zur Förderung der Therapiemotivation haben sich aufklärende Gespräche über die Arbeits- und Wirkungsweise von Psychotherapie und ihr Unterschied zu einer medizinischen Behandlung als hilfreich erwiesen. Darüber hinaus erscheint außerdem die Einstellung des sozialen Umfeldes der depressiv erkrankten Person zur Psychotherapie von Bedeutung zu sein und sollte entsprechend in die Gespräche mit eingeschlossen sein.

Auf Seiten der behandelnden Ärzt*innen und Therapeut*innen zeigten in früheren Studien aus den 1990er-Jahren Kompetenz- und Wissensdefizite im Umgang mit älteren Patient*innen (Fillip und Mayer 1999; Heuft und Schneider 2001). Ob dies heute noch in gleicher Weise zutrifft, bleibt unklar. Zank (2002) hat in einer Studie herausgefunden, dass bereits vorhandene Berufserfahrungen mit Älteren die Bereitschaft von Psychotherapeut*innen zur Behandlung älterer Menschen vorhersagen konnte. Fundiertes gerontologisches und geriatrisches Wissen sowie positive Berufserfahrungen mit Älteren erscheinen aus diesem Grund sowohl für Ärzt*innen als auch für Psychotherapeut*innen von entscheidender Bedeutung für eine Behandlung älterer depressiver Menschen zu sein. Vor dem Hintergrund psychoanalytischer therapeutischer Arbeit kommt der Übertragungsproblematik zwischen älteren Klient*innen und jüngeren Therapeut*innen zusätzlich Bedeutung zu. Schmidbauer (2005) führt mit Verweis auf umfangreiche Arbeiten von Kemper aus, dass teilweise die Gefühle und Erwartungen der Therapeut*innen stärker ausgeprägt sind als sich umgekehrt die Klient*innen für die Gefühle der Therapeut*innen interessieren. Damit einhergehend können ambivalente Gefühle des Helfens und abgelehnt Werdens in den Klient*innen entstehen. Ergänzend hierzu beschreiben Wolfersdorf, Schüler und le Pair (2000) Fehler im therapeutischen Kontakt mit älteren depressiven Patient*innen. Darunter nennen sie beispielsweise die Vermeidung der Themen Alter, Krankheit und Tod, die Vermeidung subjektiver Fragen nach dem Sinn des weiteren Lebens, die Missachtung des älteren Menschen als Persönlichkeit mit (Lebens-)Erfahrungen, das Einschätzen einer Depression als altersgemäßen Zustand und auch die Missachtung der zuvor ausgeführten besonderen therapeutischen Beziehungsstruktur zwischen älteren Klient*innen und jüngeren Therapeut*innen. Umgekehrt kann die Vermeidung dieser Fehler als hilfreich für den therapeutischen Prozess erachtet werden. Wolter (2016b) sowie Wolfersdorf et al. (2000) betonen, dass eine Einbeziehung des sozialen Umfeldes des älteren depressiven Menschen grundsätzlich Teil der Therapie sein sollte und niemals eine alleinige medikamentöse Behandlung erfolgen sollte.

4.3 Exemplarische Darstellung zur psychotherapeutischen Behandlung älterer depressiver Menschen

Waren ältere Menschen in den 1990er-Jahren in der psychotherapeutischen Versorgung noch deutlich unterrepräsentiert, so hat sich zumindest die Angebotspalette für diese Zielgruppe in den letzten Jahren verbessert. Es sind unterschiedliche Behandlungsformate im stationären und ambulanten Bereich als Einzel- oder Gruppentherapien möglich. Im Folgenden sollen zwei psychotherapeutische Behandlungsmöglichkeiten exemplarisch skizziert werden.

Hautzinger (2016) hat über viele Jahre ein kognitiv verhaltenstherapeutisches Programm für die Anwendung als Einzel- und Gruppentherapie entwickelt und evaluiert. Die Zielsetzung des Programms orientiert sich dabei am SOK-Modell und konkretisiert die Annahmen bezogen auf depressive Störungen (z. B. ein nicht-depressives Verhalten der Patient*innen aktiv verstärken bzw. passives, vermeidendes, depressives Verhalten abbauen). Die Therapie kann in 15 bis 25 Einzelsitzungen mit einer wöchentlichen einstündigen Sitzung oder in 12 bis 18 Gruppensitzungen mit einer zweistündigen Sitzung pro Woche angeboten werden. Im Folgenden wird das Gruppenprogramm (DiA – Depression im Alter) näher beschrieben. Für eine Durchführung als Gruppentherapie hat sich eine Teilnehmerzahl von fünf bis sieben Patient*innen als sinnvoll erwiesen. Die Gruppe sollte von zwei Therapeut*innen geleitet werden. Wie auch für andere Gruppenprogramme mit Älteren verweist Hautzinger darauf, dass innerhalb der Gruppe auf Altershomogenität geachtet werden sollte. Denn die Probleme, Schwierigkeiten und auch Perspektiven und Zielorientierungen eines 65-Jährigen mit Depression sind in der Regel anders gelagert als sie es bei einer über 80-jährigen Person sind.

Das kognitiv-verhaltenstherapeutische Gruppenprogramm gliedert sich in zwölf Module. Nach einer Einführungssitzung beginnt in der zweiten Gruppensitzung die inhaltliche Arbeit mit einer Problem- und Zielanalyse. Anschließend werden angenehme Tätigkeiten und ihre Auswirkungen auf die Stimmung erarbeitet und ausgewertet. Über einen Wochenplan soll die Planung angenehmer Aktivitäten angeregt werden. Als kognitiver Therapiebaustein wird das kognitive Umstrukturieren eingesetzt. Darüber hinaus setzen sich die Teilnehmenden über ein soziales Kompetenztraining mit sozialem Verhalten sowie Selbstsicherheit auseinander. In der Abschlusssitzung werden die individuellen Therapieziele überprüft und ein Notfallplan für zukünftige Krisen erarbeitet.

Hinweise zu einer tiefenpsychologisch fundierten Psychotherapie mit älteren depressiven Menschen haben u. a. Wolfersdorf et al. (2000) zusammengestellt. Für ein tiefenpsychologisches Setting empfehlen die Autoren eine Gesprächssituation im Sitzen gegenüber. Dabei wird betont, dass für die ältere Person ein bequemer Stuhl zur Verfügung gestellt werden sollte, aus dem die Person selbständig aufstehen kann. Als zeitlicher Rahmen erscheint zu Beginn eine zweimalige Therapie pro Woche mit einer Dauer von jeweils 40 Minuten als angemessen. Im weiteren Verlauf kann die Frequenz auf eine Sitzung pro Woche beziehungsweise in der Langzeittherapie auf eine Sitzung in zwei- bis vierwöchentlichem Abstand reduziert werden. Für die inhaltliche Gestaltung der tiefenpsychologischen Sitzungen werden folgende Themen beschrieben:

• Beendigung der Erwerbstätigkeit und damit verbundene Veränderungen
• Multimorbidität: akute Erkrankungen als Lebensbedrohung
• Vereinsamung
• Nähe zum Tod

Als Ziele dieser Therapie formulieren die Autoren 1) die narzisstische Problematik als Störung des Selbstwertgefühls, 2) die Problematik der Objektbeziehungen: hierunter z. B. Verlust insbesondere bei narzisstischer Objektbeziehung, 3) die Ich-

Problematik, wobei hier auf das Ich als körperliches Ich besonders eingegangen wird.

Eine ausführliche Beschreibung sowohl psychodynamischer Verfahren als auch kognitiv-behavioraler Verhaltenstherapie mit Älteren inklusive Falldarstellungen findet sich bei Zank et al. (2010).

4.4 Wirksamkeit psychotherapeutischer Behandlung

Eine psychotherapeutische Behandlung der Depression im Allgemeinen (vgl. DG-PPN et al. 2015, S. 93) und bei älteren Menschen (Cuijpers et al. 2006) hat sich in zahlreichen Studien im Vergleich zu Wartelisten-Kontrollgruppen oder herkömmlicher Behandlung als wirksam erwiesen. Dabei zeigte sich kein Therapieformat (Gruppen- oder Einzeltherapie) und keine therapeutische Richtung den anderen überlegen (Gühne et al. 2014). Schwierig ist jedoch die Einschätzung der Stabilität des jeweiligen Therapieerfolgs, wie Cuijpers und Kollegen (2006) in einer Meta-Analyse herausfanden. Kognitive Verhaltenstherapie, tiefenpsychologische Psychotherapie und interpersonelle Psychotherapie konnten sich als evidenzbasierte Verfahren, die in der Behandlung älterer depressiver Menschen eingesetzt werden, etablieren. Die meisten Therapiestudien existieren für verhaltenstherapeutische und kognitiv verhaltenstherapeutische (KVT) Ansätze. Ihnen konnte jeweils eine Überlegenheit gegenüber unbehandelten Kontrollgruppen nachgewiesen werden. Außerdem zeigte eine Kombination aus KVT und Pharmakotherapie eine Überlegenheit gegenüber einer ausschließlichen KVT-Behandlung hinsichtlich der Symptomreduktion (Cuijpers et al. 2012; Gühne et al. 2014). Es liegen ebenfalls Ergebnisse zu psychotherapeutischen Behandlungserfolgen bei älteren Patienten mit subklinischer Depression vor. Lee et al. (2012) konnte in einer systematischen Übersichtsarbeit zeigen, dass Psychotherapie positiven Einfluss auf die Lebensqualität und die Remissionsrate der Betroffenen hat. Darüber hinaus reduzierte sich in der Patientengruppe die Inzidenzrate für das Auftreten einer Major Depression. Dieser Befund ist vor dem Hintergrund der eingangs beschriebenen vermuteten hohen Anzahl subklinischer Depressionen in der älteren Bevölkerung besonders vielversprechend.

5 Ausblick

Depressionen sind in der Bevölkerungsgruppe der über 65-Jährigen eine weit verbreitete und ernst zu nehmende Erkrankung. Wie im Beitrag dargestellt wurde, gestaltet sich die Diagnostik bei Menschen höheren Lebensalters schwierig, da oftmals körperliche Symptome im Vordergrund stehen und Symptomüberlagerungen bei Depression und Demenz differentialdiagnostisch abzuklären sind. Für eine adäquate Behandlung älterer depressiver Menschen ist ein umfassendes geriatrisches und gerontologisches Wissen für Ärzt*innen und Psychotherapeut*innen unerlässlich. In dieser Hinsicht geben neuere Entwicklungen Anlass zur Hoffnung, dass sich in der als ‚professional ageism' bekannten defizitären und diskriminierenden Wahrnehmung älterer Menschen in der gesundheitlichen Versorgung eine positive Wende vollzieht. Die Inanspruchnahme psychotherapeutischer Behandlungsansätze sollte weiter ausgebaut und gefördert werden. Eine Verankerung gerontologischer und geriatrischer Kompetenzen in der Ausbildung von Hausärzt*innen und Psychotherapeut*innen sollte im Sinne einer verbesserten Patientenversorgung unbedingt vorangetrieben werden. Hierbei kommt der Perspektive des erfolgreichen Alterns und einer Einbettung gerontologischer Konzepte eine besondere Bedeutung zu.

Ein weiterer Fokus sollte auf der Erkennung und angemessenen Behandlung depressiver Bewohner*innen in stationären Pflegeeinrichtungen liegen. Bei der hier vermuteten hohen Anzahl subklinisch Depressiver kann durch eine entsprechende Therapie möglicherweise der Übergang in eine Major Depression verhindert werden.

Literatur

Baltes, P. B., und M. M. Baltes. 1990. Psychological perspectives on successful aging: The model of selective optimization with compensation. In *Successful aging: Perspectives from the behavioural sciences*, Hrsg. P. B. Balte und M. M. Baltes, 1–34. New York: Cambridge University Press.

Beesdo-Baum, K., und H.-U. Wittchen. 2011. Depressive Störungen: Major Depression und Dysthymie. In *Klinische Psychologie & Psychotherapie*, Hrsg. H.-U. Wittchen und J. Hoyer, 2. Auflage, 879–914. Berlin und Heidelberg: Springer Verlag.

Conwell, Y., P. R. Duberstein, und E. D. Caine. 2002. Risk Factors for Suicide in Later Life. *Biological Psychiatry* 52 (3): 193–204.

Cuijpers, P., A. van Straten, und F. Smit. 2006. Psychological treatment of late-life depression: a meta-analysis of randomized controlled trials. *International Journal of Geriatric Psychiatry* 21: 1139–1149. doi: https://doi.org/10.1002/gps.

Cuijpers, P., C. F. Reynolds, T. Donker, J. Li, G. Andersson, und A. Beekman. 2012. Personalized treatment of adult depression: Medication, psychotherapy, or both? A systematic review. *Depression and Anxiety* 29: 855–864. doi: https://doi.org/10.1002/da.21985.

DGPPN, BÄK, KVB, AWMF, AkdÄ, BPtK, DAGSHG, DEGAM, DGPM, DGPs, DGRW. 2015. *S3-Leitlinie/Nationale Versorgungsleitlinie Unipolare Depression*, 2. Aufl.

Fillip, S.-H., und A.-K. Mayer. 1999. *Bilder des Alters*. Stuttgart: Kohlhammer.

Gühne, U., M. Luppa, H. König, M. Hautzinger, und S. Riedel-Heller. 2014. Ist Psychotherapie bei depressiven Erkrankungen im Alter wirksam? Ein systematischer Überblick. *Psychiatrische Praxis* 41: 415–423.

Gunold, H., und C. E. Angermann. 2015. Kognitive Dysfunktion, Depression und Angst bei Herzinsuffizienz. *Aktuelle Kardiologie* 4: 379–386. doi: https://doi.org/10.1055/s-0041-108096.

Hautzinger, M. 2000. *Depression im Alter*, 1. Aufl. Weinheim: Psychologie Verlags Union, Verlagsgruppe Beltz.

Hautzinger, M. 2015. Depressive Störungen. In *Alterspsychotherapie und klinische Gerontopsychologie*, Hrsg. A. Maercker, 2. Aufl., 119–137. Berlin und Heidelberg: Springer Verlag.

Hautzinger, M. 2016. *Depression im Alter. Psychotherapeutische Behandlung für das Einzel- und Gruppensetting*, 2. Aufl., Weinheim: Beltz.

Hegerl, U., M. Zaudig, und H.-J. Möller. 2001. *Depression und Demenz im Alter. Abgrenzung, Wechselwirkungen, Diagnose, Therapie*. Wien und New York: Springer.

Heuft, G., und C. Marschner. 1994. Psychotherapeutische Behandlung Älterer: State of the Art. *Psychotherapeut* 39: 205–219.

Heuft, G., und G. Schneider. 2001. Gerontopsychosomatik und Alterspsychotherapie. Gegenwärtige Entwicklung und zukünftige Anforderungen. In *Gerontopsychiatrie und Alterspsychotherapie in Deutschland. Expertisen zum Dritten Altenbericht der Bundesregierung*, Hrsg. Deutsches Zentrum für Altersfragen, 201–253. Opladen.

Heuft, G., A. Kruse, und H. Radebold. 2006. *Lehrbuch der Gerontopsychosomatik und Alterspsychotherapie*, 2. Aufl. München: Ernst Reinhardt Verlag.

Holvast, F., H. Burger, M. M. W. De Waal, H. W. J. Van Marwijk, H. C. Comijs, und P. F. M. Verhaak. 2015. Loneliness is associated with poor prognosis in late-life depression: Longitudinal analysis of the Netherlands study of depression in older persons. *Journal of Affective Disoders* 185: 1–7. doi: https://doi.org/10.1016/j.jad.2015.06.036.

Hucklenbroich, K., M. Burgmer, und G. Heuft. 2014. Psychische Folgen von früheren und akuten Traumatisierungen bei Älteren. *Zeitschrift für Gerontologie und Geriatrie* 47: 202–208. doi: https://doi.org/10.1007/s00391-014-0625-x.

Joling, K. J., H. W. J. van Marwijk, A. E. Veldhuijzen, H. E. van der Horst, P. Scheltens, F. Smit, und H. P. J. van Hout. 2015. The Two-Year Incidence of Depression and Anxiety Disorders in Spousal Caregivers of Persons with Dementia: Who is at the Greatest Risk? The American Journal of Geriatric Psychiatry 23:293–303. doi: https://doi.org/10.1016/j.jagp.2014.05.005.

Kammerer, K., K. Falk, und C. Heintze. 2016. Stärken und Schwächen der ICD-10 bei der Depressionsdiagnostik aus Sicht von HausärztInnen. *Gesundheitswesen*. doi: https://doi.org/10.1055/s-0041-111840.

Kipp, J. Hrsg. 2008. *Psychotherapie im Alter*. Gießen: Psychosozial-Verlag.

Lee, S. Y., M. K. Franchetti, A. Imanbayev, J. J. Gallo, A. P. Spira, und H. B. Lee. 2012. Nonpharmacological prevention of major depression among community-dwelling older adults: A systematic review of the efficacy of psychotherapy interventions. *Archives of Gerontology and Geriatrics* 55: 522–529. doi: https://doi.org/10.1016/j.archger.2012.03.003.

Löwe, B., R. L. Spitzer, J. B. W. Williams, M. Mussell, D. Schellberg, und K. Kroenke. 2008. Depression, anxiety and somatization in primary care: syndrome overlap and functional impairment. *General Hospital Psychiatry* 30: 191–199. doi: https://doi.org/10.1016/j.genhosppsych.2008.01.001.

Luppa, M., T. Luck, H.-H. Koenig, M. C. Angermeyer, und S. G. Riedel-Heller. 2012a. Natural course of depressive symptoms in late life. An 8-year population-based prospective study. *Journal of Affective Disorders* 142: 166–171. doi: https://doi.org/10.1016/j.jad.2012.05.009.

Luppa, M., C. Sikorski, T. Luck, L. Ehreke, A. Konnopka, B. Wiese, S. Weyerer, H. König, und S. G. Riedel-Heller. 2012b. Age- and gender-specific prevalence of depression in latest-life – Systematic review and meta-analysis. *Journal of Affective Disorders* 136: 212–221. doi: https://doi.org/10.1016/j.jad.2010.11.033.

Maercker, A. 2015. Psychologie des höheren Lebensalters. In Alterspsychotherapie und klinische Gerontopsychologie. Hrsg. A. Maercker, 2. Aufl., 3–42. Berlin und Heidelberg: Springer Verlag.

Peters, M. 2000. Aspekte der Psychotherapiemotivation Älterer und Möglichkeiten ihrer Förderung. In *Klinische Psychotherapie mit älteren Menschen. Grundlagen und Praxis*, Hrsg. P. Bäurle, H. Radebold, R. D. Hirsch, K. Stude, U. Schmid-Furstoss, und B. Struwe, 1. Aufl., 25–33. Bern: Verlag Hans.

Peters, M. 2004. *Klinische Entwicklungspsychologie des Alters*. Göttingen: Vandenhoeck & Rupprecht.

Peters, M. 2006. *Psychosoziale Beratung und Psychotherapie im Alter.* Göttingen: Vandenhoeck & Rupprecht.

Peters, M. 2008. Alter und Psychotherapie. Von der Annäherung zweier Fremder. *Psychotherapie im Dialog* 9: 5–12.

Santini, Z. I., K. L. Fiori, J. Feeney, S. Tyrovolas, J. M. Haro, und A. Koyanagi. 2016. Social relationships, loneliness and mental health among older men and women in Ireland: A prospective community-based study. *Journal of Affective Disorders* 204: 59–69. doi: https://doi.org/10.1016/j.jad.2016.06.032.

Schmidbauer, W. 2005. *Psychotherapie im Alter. Eine praktische Orientierungshilfe!* Stuttgart: Kreuz Verlag.

Smith, D. J., H. Court, G. McLean, D. Martin, J. L. Martin, B. Guthrie, J. Gunn, und S. W. Mercer. 2014. Depression and multimorbidity: A cross-sectional study of 1.751,841 patients in primary care. *Journal of Clinical Psychiatry* 75: 1202–1208. doi: https://doi.org/10.4088/JCP.14m09147.

Sonnenmoser, M. 2009. Reihe: Psychotherapie mit Älteren – Nicht nur Ängste und Vorurteile. *Deutsches Ärzteblatt PP* 8: 417.

WHO. 2017. *Depression and Other Common Mental Disorders. Global Health Estimates.* Geneve.

Wittchen, H.-U., F. Jacobi, M. Klose, und L. Ryl. 2010. Depressive Erkrankungen. *Gesundheitsberichterstattung des Bundes.* Berlin.

Wittchen, H.-U., und S. Uhmann. 2010. The timing of depression: an epidemiological perspective. *Medicographia* 32: 115–124.

Wolfersdorf, M., M. Schüler, und A. Le Pain. 2000. Klinische Psychotherapie mit älteren depressiven Patienten. In *Klinische Psychotherapie mit älteren Menschen. Grundlagen und Praxis,* Hrsg. P. Bäurle, H. Radebold, R. D. Hirsch, K. Studer, U. Schmid-Furstoss, und B. Struwe, 150–161. Bern: Hans Huber.

Wolter, D. K. 2016a. Depressionen im höheren Lebensalter, Teil 1. CME Zertifizierte Fortbildung. *Zeitschrift für Gerontologie und Geriatrie* 49: 335–348. doi: https://doi.org/10.1007/s00391-015-1019-4.

Wolter, D. K. 2016b. Depressionen im höheren Lebensalter, Teil 2: Komorbidität und Behandlung. *Zeitschrift für Gerontologie und Geriatrie* 49: 437–452. doi: https://doi.org/10.1007/s00391-016-1022-4.

Zank, S. 2002. Einstellungen alter Menschen zur Psychotherapie und Prädiktoren der Behandlungsbereitschaft bei Psychotherapeuten. *Verhaltenstherapie und Verhaltensmedizin* 23: 181–195.

Zank, S., M. Peters, und G. Wilz. 2010. *Klinische Psychologie und Psychotherapie des Alters,* 1. Aufl. Stuttgart: Kohlhammer Verlag.

Zis, P., A. Daskalaki, I. Bountouni, P. Sykioti, G. Varrassi, und A. Paladini. 2017. Depression and chronic pain in the elderly: Links and management challenges. *Clinical Intervention in Aging* 12: 709–720. doi: https://doi.org/10.2147/CIA.S113576.

Epidemiologie, entwicklungspsychologische Konzepte und differenzielle Psychotherapieansätze in der Gerontopsychosomatik und Alternspsychotherapie

Gereon Heuft

1 Epidemiologie und Versorgungssituation Älterer

Studien zur psychotherapeutischen Versorgung älterer psychisch Kranker sind von hoher Relevanz. Bisher gibt es jedoch nur wenige, methodisch heterogene Studien, die sich vor allem auf das ambulante Versorgungsangebot von Psychotherapie bei Älteren beziehen (Heuft et al. 2018).[1] Eine der ersten epidemiologischen Feldstudien in Oberbayern 1981 schätzte den Bedarf an Psycho- und Soziotherapie bei Menschen im Alter von 50–65 Jahren mit 19 %, bei Menschen ≥65 Jahre mit 7 % (Dilling 1981). Cooper und Sosna (1983) untersuchten in der Stadt Mannheim zwischen 1978–1980 insgesamt 343 Probanden ≥65 Jahre aus einer Gemeindestichprobe mittels psychiatrischer Interviews und fanden eine Prävalenz psychischer Erkrankungen von insgesamt 23,3 %; 10,8 % davon waren Neurosen und Persönlichkeitsstörungen.

1984 veröffentlichten Weyerer und Dilling Daten einer Feldstudie in drei Gemeinden Oberbayerns. Die niedrigste Erkrankungsrate fand sich bei den 15–44-Jährigen mit 14,2 %. Bei den 45–64-Jährigen betrug die Prävalenz psychischer Erkrankungen 23,5 %, davon waren 17 % neurotische und psychosomatische Störungen, 0,7 % Persönlichkeitsstörungen. Bei den ≥65-Jährigen war die Gesamtprävalenz psychischer Erkrankungen insgesamt etwa gleich hoch wie in der Gruppe der 45–64-Jährigen (23,1 %), die Prävalenz der neurotischen und psychosomatischen Erkrankungen fiel jedoch um die Hälfte niedriger aus (8,8 %) als bei den

---

[1] Der vorliegende Text wurde zuletzt im Jahr 2019 aktualisiert und bezieht sich nicht auf pandemiebedingte Aspekte psychotherapeutischer Versorgung.

G. Heuft (✉)
Klinik für Psychosomatik und Psychotherapie, Universitätsklinikum Münster, Münster, Deutschland
E-Mail: gereon.heuft@ukmuenster.de

P. Mantell et al. (Hrsg.), *Psychische Erkrankungen als gesellschaftliche Aufgabe*, Schriften zu Gesundheit und Gesellschaft – Studies on Health and Society 5, https://doi.org/10.1007/978-3-662-65515-3_12

45–64-Jährigen. In der Gruppe der ≥65-Jährigen wiesen die ≥75-jährigen Probanden eine wesentlich höhere Morbiditätsrate (29,9 %) auf als die Gruppe der 65–74-Jährigen (21,5 %). Frauen erkrankten insgesamt häufiger an psychischen Erkrankungen (Oberbayern 21,3 % der ≥65-Jährigen; Mannheim 27,3 % der ≥65-Jährigen) als Männer (Oberbayern 15,2 % der ≥65-Jährigen; Mannheim 16,3 % der ≥65-Jährigen). Die Berliner Altersstudie BASE (Helmchen et al. 1996) zeigte, dass 24 % der über 70-Jährigen einer repräsentativen Bevölkerungsstichprobe nach DSM-III-R-Kriterien psychisch erkrankt waren, während weitere 17 % der Probanden subdiagnostisch an einer psychischen Erkrankung, z. B. einer Depression, litten. Im Rahmen der ELDERMEN-Study wurde die epidemiologische Bedeutung subdiagnostisch depressiver Störungen bestätigt (Schneider et al. 2000). 13,9 % der Patienten der BASE wiesen organisch bedingte psychische Störungen auf.

Von 1000 Patienten, die wegen des Verdachts auf Gedächtnisstörungen von niedergelassenen Ärzten in der Essener Memory Clinic vorgestellt wurden, wiesen 25 % als primäre Diagnose eine affektive Störung, eine neurotische Störung, eine Akute Belastungsreaktion oder eine Persönlichkeitsstörung auf (Heuft et al. 1997).

Schneider et al. (1997) untersuchten Patienten eines geriatrischen Akutkrankenhauses während des letzten Drittels des stationären Aufenthaltes: in einem zweifachen, konsentierten Expertenrating erfüllten 26,7 % aller Patienten des geriatrischen Akutkrankenhauses kurz vor ihrer Entlassung die ICD-10-Kriterien mindestens einer psychische Erkrankung.

Vergleicht man diese Prävalenzzahlen mit den verfügbaren Daten zum ambulanten psychotherapeutischen Versorgungssektor, zeigte sich bisher stets eine eklatante Unterversorgung Älterer. 1989 waren laut Praxisstudie der Deutschen Gesellschaft für Psychoanalyse, Psychotherapie, Psychosomatik und Tiefenpsychologie e. V. (DGPT 1989) im ambulanten Sektor 5 % der psychotherapeutisch behandelten Patienten 50–59 Jahre alt und lediglich 1 % der in Psychotherapie befindlichen Patienten ≥60 Jahre alt.

Fichter (1990) gab 1990 den Anteil der in Psychotherapie befindlichen ≥60-Jährigen mit lediglich 0,6 % an – bei einer von ihm gefundenen Prävalenz psychischer Erkrankungen bei ≥65-Jährigen von insgesamt 22,9 %, darunter 8,7 % Neurosen, Persönlichkeitsstörungen und andere psychotherapeutisch behandelbare Krankheiten, 8,7 % mittelschwere bis schwere Demenzen und 1,7 % Psychosen.

1996 zeigte sich in einem Planungsgutachten (Befragung der niedergelassenen Psychotherapeuten) zur gerontopsychiatrischen Versorgung der Stadt Solingen, dass der Anteil der ≥60-jährigen Patienten in psychotherapeutischen Praxen knapp 2 %, derjenige der ≥65-jährigen Patienten lediglich 0,6 % betrug. Der Anteil der ≥65-Jähigen am Gesamtkollektiv psychotherapeutisch behandelter Patienten mit durch die Krankenkassen bewilligtem Richtlinienpsychotherapieantrag machte lediglich 4,3 % aus. In derselben Arbeit wurde der prozentuale Anteil psychisch kranker alter Menschen von behandelnden Internisten mit 15 % und von allgemeinmedizinischen Behandlern mit 20 % beziffert (Wolter-Henseler 1996).

In einer weiteren Untersuchung wurden 40 psychotherapeutische Praxisinhaber hinsichtlich ihrer ambulanten psychotherapeutischen Behandlungen befragt. Der Anteil der 56–65-jährigen Patienten betrug 2,9 %, derjenige der >65-jährigen Patienten 0,3 % (Scheidt et al. 1998). Ähnlich zeigten Arolt und Schmidt (1992), dass von 1514 älteren Patienten mit einer depressiven Erkrankung nur 0,6 % mit einer Richtlinienpsychotherapie behandelt wurden.

In zwei Arbeiten von Linden (1993, 1999) wurde der Anteil der verhaltenstherapeutischen Anträge auf Richtlinienpsychotherapie für ≥65-jährige Patienten auf 0,2 % aller verhaltenstherapeutischen Richtlinienpsychotherapieanträge bei Erwachsenen in Deutschland im Jahr 1993 und erneut im Jahr 1999 beziffert. In der ambulanten Versorgungsrealität der älteren Patienten ergab sich somit im Zeitraum von 1993–1999 keine Änderung.

In der Berliner Altersstudie 1997 wurde bei 133 von 516 Teilnehmern im Alter von mehr als 70 Jahren eine depressive Erkrankung diagnostiziert. Lediglich bei 20 von ihnen wurde durch den Hausarzt die Diagnose einer depressiven Störung gestellt. In keinem Fall erfolgte eine Überweisung zu einem Psychiater und in keinem Fall eine Psychotherapie. 68 Patienten erhielten jedoch eine pharmakologische Therapie (10 mit Antidepressiva und 58 mit Benzodiazepinen) (Wernicke und Linden 1997).

Zepf (2001) ermittelte unter ambulant psychotherapeutisch behandelten Patienten einen Anteil von 2 % im Alter von ≥65 Jahren. 2002 wurde von Bolk-Weischedel eine Studie veröffentlicht, in der 3200 Psychotherapieanträge für tiefenpsychologisch fundierte und psychoanalytische Psychotherapie in den Jahren 2000 und 2001 in Bezug auf die Behandlung von ≥60-jährigen Patienten untersucht wurden: es entfielen 17 Anträge auf eine Kurzzeittherapie (entsprechend 0,5 %), 40 Anträge auf eine Langzeittherapie (1,3 %) und nur 3 Anträge (entsprechend 0,1 %) auf eine analytische Langzeitbehandlung Älterer.

Eine Studie unserer eigenen Arbeitsgruppe (Imai et al. 2008) geht am Beispiel der kreisfreien Stadt Münster und den sie umgebenden Kreisen Borken, Coesfeld, Steinfurt und Warendorf bei 310 von 478 angeschriebenen niedergelassenen ärztlichen und psychologischen Kollegen (Rücklauf 65 %) der Frage nach, wie sich die psychotherapeutische Versorgungsrealität Älterer im Vergleich zum Bedarf aktuell darstellt. Des Weiteren wurde das Verhältnis psychotherapeutisch behandelter Patienten im Münsterland zu psychotherapeutisch behandlungsbedürftigen Einwohnern des Münsterlandes ermittelt. Basierend auf einer angenommenen Prävalenzrate psychotherapeutisch behandelbarer Erkrankungen (Neurosen; Persönlichkeitsstörungen und anderer psychotherapeutisch behandelbarer Störungen) von 10 % wurde diese Ratio von tatsächlich behandelten Patienten zu behandlungsbedürftigen Einwohnern für verschiedene Altersgruppen (<50 Jahre; ≥50 J.; 50–54 J.; 55–59 J.; 60–64 J.; 65–69 J. und ≥70 J.) berechnet. Dies ergab die absolute Behandlungsquote für verschiedene Altersgruppen.

Nach Hochrechnungen wurden 2003 im Münsterland insgesamt 31.076 Patienten ambulant psychotherapeutisch behandelt. Die Behandlungsquote – d. h. die Ratio tatsächlich psychotherapeutisch Behandelter im Münsterland zu psychisch Erkrankten – betrug für Erwachsene mit Neurosen, Persönlichkeitsstörungen und psychosomatischen Erkrankungen 25 %. Die Gruppe der 50–54-jährigen Psychotherapiepatienten mit einer Behandlungsquote von 37 % und diejenige der 55–59-Jährigen mit einer solchen von 26 % scheinen psychotherapeutisch sehr gut versorgt zu sein. Allerdings muss auch berücksichtigt werden, dass zumindest bei Weyerer und Dilling (1984) die Prävalenz von neurotischen, psychosomatischen und Persönlichkeitsstörungen mit 17,7 % bei den 45–64-Jährigen höher eingestuft wurde als in den übrigen Altersgruppen (nämlich 9,4 % in der Altersgruppe von 15–44 Jahre; 10,2 % in der Altersgruppe der Einwohner ≥65 Jahre). Geht man nun von der höheren Prävalenz der oben genannten Diagnosen von 17,7 % aus, liegt die Behandlungsquote nicht mehr über dem allgemeinen Durchschnitt, sondern sogar eher darunter. Ab dem 60. Lebensjahr nimmt in der Bevölkerung des Münsterlands die psychotherapeutische Behandlungsquote bis auf 1,6 % bei den ≥70-Jährigen ab. Insgesamt zeigt die Berechnung der Behandlungsquoten für das Münsterland eindeutig, dass Patienten über 60 Jahre in der ambulanten Richtlinienpsychotherapie auch aktuell stark unterrepräsentiert sind.

Der Frauenanteil bei den ambulanten Psychotherapiepatienten im Münsterland überwog in jeglicher Altersgruppe und machte bis zum 69. Lebensjahr der Patienten – entsprechend den Angaben von Heuft et al. (2006) – ca. drei Viertel der Gesamtheit aller behandelten Patienten aus. Ab dem 70. Lebensjahr stieg der Anteil der Frauen in ambulanter psychotherapeutischer Behandlung im Münsterland noch stärker auf annähernd 90 % an. Es zeigte sich in allen Altersgruppen ein signifikant höherer Anteil weiblicher Psychotherapiepatienten im Vergleich zum Frauenanteil in den entsprechenden Altersgruppen der Allgemeinbevölkerung.

Mittels statisch abgesicherter unabhängiger Stichproben wurden die Gruppen der Psychotherapeuten im Alter von <50 bzw. ≥50 Jahren mit derjenigen der Patienten im Alter von <50 und ≥50 Jahren verglichen. Hierbei zeigte sich ein signifikanter Zusammenhang in dem Sinne, dass ältere Psychotherapeuten (≥50 Jahre) häufiger ältere Patienten behandeln als die unter 50-jährigen Psychotherapeuten. – Damit kann im Umkehrschluss kritisch angemerkt werden, dass bisher wohl immer noch kein ausreichendes Training der angehenden ärztlichen und psychologischen Psychotherapeuten während ihrer Weiter- bzw. Ausbildung erfolgt, unter Supervision auch 30 und mehr Jahre ältere Patienten zu behandeln.

Es ist davon auszugehen, dass diese Daten tendenziell auch auf die stationäre psychosomatisch-psychotherapeutische und psychiatrisch-psychotherapeutische Krankenhausbehandlung und Rehabilitationsbehandlung übertragen werden können. Vermutlich sind die Verhältnisse für ältere Menschen insgesamt noch ungünstiger, da Rehabilitationsbehandlungen im Alter von den Rentenversicherungen gar nicht mehr übernommen werden. Die Befragung von 97 psychosomatischen Kliniken des gesamten Bundesgebiets (Rücklaufquote 72 %) ergab, dass 21,5 % aller Patienten auf die Altersgruppe 50–59 Jahre entfielen, auf die Altersgruppe der 60–69-Jährigen 5,2 % und auf die über 70-Jährigen nur noch 1,3 %. Hochgerechnet wurde von einer Gesamtbehandlungszahl von 2500–4500 über 60-Jährigen pro Jahr ausgegangen (Lange et al. 1995).

2 Bedeutung von Übertragung – Gegenübertragung – Eigenübertragung

Die über 60-Jährigen repräsentieren für die jüngeren Behandler eine sowohl historisch, erziehungsmäßig, sozial, moralisch und religiös als auch erfahrungsmäßig und alltagsgeschichtlich (abgesehen von den jeweils individuellen Erfahrungen mit den eigenen Älteren) unbekannte Generation. Die unübersehbare Altersdifferenz hat für die jüngeren Behandler beim Aufbau der notwendigen tragfähigen emotionalen Beziehung in der Regel spezifische Übertragungs- und Gegenübertragungskonstellationen zur Folge. Für 30-jährige Assistenten sind 70-Jährige 40 Jahre älter – also fast zwei Generationen.

Die Kindheitserinnerungen Älterer erscheinen entweder verklärt oder sind voll von beängstigendem Schrecken. Oft wurden sie so ins Positive „umgeschrieben", dass sie bewusst akzeptabel blieben. Die jüngeren Behandler kennen zwar aus eigener Anschauung ihre häufig noch nicht weit zurückliegende Kindheit und Jugendzeit. Bei zurückliegenden schweren Konflikten besteht stets die Phantasie, in Zukunft ja noch einmal alles besser machen zu können. Bei der Behandlung von im Vergleich zu ihnen jüngeren Erwachsenen verlassen sich beide Seiten darauf, dass die (jetzt in Relation „älteren") Psychotherapeuten diese Kindheit und Jugendzeit bezüglich Ereignissen, sozialen und gesellschaftlichen Normen, historischen Prägungen und insbesondere bezüglich der Alltagsgeschichte kennen und diesbezügliche Chiffren sofort in ihrer Bedeutung als entsprechende Hinweise begreifen („regelhafte" Übertragungskonstellation). Kindheit und Jugendzeit der älteren Patienten fanden dagegen in einer (teilweise völlig) anderen sozialen und historischen Situation unter dem Einfluss schwerwiegender historischer (häufig bedrohlicher und zerstörerischer) Ereignisse und unter völlig anderen sozialen, moralischen, religiösen und sexuellen Normen statt. Angesichts der Fülle von beim Behandler wachwerdenden Gefühlen und der von der eigenen Vergangenheit bis in die Zukunft des eigenen Alters und Altseins reichenden Fragen muss das Bewusstsein für *Probleme der Eigenübertragung* (Heuft 1990) auf Seiten der in der Regel jüngeren Psychotherapeuten deutlich zunehmen.

2.1 Abwehr-Reaktionen von Behandlern

Diese Übertragungs-, Gegenübertragungs- und Eigenübertragungsdynamik führt zu folgenden möglichen Abwehr-Reaktionen:

- Die (psychotherapeutische) Behandlung findet gar nicht statt, da jegliche Interaktion mit über 60-jährigen Patienten vermieden wird.
- Häufig schätzen Therapeuten die Phänomenologie des normalen Alters und altersspezifische adaptative Coping-Mechanismen fälschlicherweise als pathologische Symptome ein, wobei mit Coping die Fähigkeit zur Krankheitsverarbeitung beschrieben wird.
- Diagnostische Untersuchungen werden nicht für notwendig gehalten und entsprechende Symptome dem physiologischen Alterungsprozess zugeordnet.
- Wird diagnostiziert, dann oft schnell, fast ungeduldig und überstürzt; entsprechend ist die Behandlung weitgehend medikamentös und polypragmatisch ausgerichtet unter Zurückstellung aktivierender, rehabilitativer und insbesondere sozio- oder psychotherapeutischer Maßnahmen.

- Rehabilitationsversuche werden in deutlich geringerem Umfang als bei Jüngeren unternommen.
- Findet eine psychotherapeutische Behandlung statt, so wird von vornherein rationalisierend (im Sinne der Abwehr) argumentiert, dass über 60-Jährige nur „geringe Erfolgschancen" haben, „Jüngere bevorzugt zu behandeln seien", „die noch verbleibende geringe Lebenserwartung eine intensive Behandlung verbiete" u. a. m. Günstigstenfalls erhalten dann über 60-Jährige ein reduziertes (bezüglich Dauer, Umfang, Intensität, Bearbeitungsebene und Aufenthaltsdauer in der Klinik) Angebot, häufiger nur eine supportive Hilfestellung.
- Aufgrund fehlender eigener Behandlungskompetenz und -erfahrungen werden für Misserfolge „Rigidität" sowie „fehlende Motivation" verantwortlich gemacht.
- Schließlich wird an Psychotherapie als letzte aller möglichen (und vergeblich versuchten) Behandlungsmaßnahmen gedacht, womit sie auch bestrafenden Charakter bekommen kann.
- Im klinischen Setting wird darüber hinaus – im Vergleich zur Interaktion mit Jüngeren – eine intensive längere Zweier-Beziehung vermieden und der Schwerpunkt auf Gruppenverfahren gelegt; an eine psychotherapeutische Weiterbehandlung wird oft gar nicht gedacht.
- Verbale Äußerungen weisen oft deutlich aggressive und ablehnende, manchmal auch infantilisierende Züge auf. Dazu zählen die Anrede in der dritten Person, Erzählen entsprechender Witze und Anzüglichkeiten bei deutlichem Bemühen um (Nach-)Erziehungsmaßnahmen.
- Über 60-jährige (Psychotherapie-)Patienten werden deutlich seltener bezüglich bestehender hirnorganischer Symptomatik, der Notwendigkeit, mit fortschreitendem Alter auf Unterstützung angewiesen zu sein („zweite Abhängigkeit im Lebenszyklus") sowie bestehender Fähigkeiten und Kompetenzen realistisch eingeschätzt. Vorhandene hirnorganische Einschränkungen werden aufgrund ihrer Nicht-Akzeptanz sowohl bei Patienten als auch bei eigenen Eltern/Großeltern „übersehen". Die im Erstgespräch zu deutlich betonte Autonomie wird nicht hinterfragt. Umgekehrt wird auch nicht gezielt nach konfliktfreien Bereichen, Ich-Stärken und damit eben nach Fähigkeiten, Ressourcen und Kompetenzen geforscht. Eine idealisierende Sichtweise kann somit auch eine Verkehrung ins Gegenteil ausdrücken.
- Bemühte, ja sogar liebevolle Interaktionsangebote können die Wünsche nach anerkennenden, stützenden und bestätigenden Eltern verdeutlichen, wie aber auch eigene gute frühere Erfahrungen mit Älteren widerspiegeln, die sich allerdings in der psychotherapeutischen Situation als nicht immer brauchbar herausstellen.
- In der Interaktion zu klärende Affekte, insbesondere gegenseitige Vorwürfe, Verärgerungen, Enttäuschungen wie auch Zuneigung oder Verliebtheit, werden als solche in die psychotherapeutische Arbeit kaum eingebracht, benannt, überprüft oder sogar geklärt.
- Zu schnell wird bei den in der Regel (im Vergleich zu den jüngeren Behandlern) deutlich Ich-stärkeren Älteren angenommen, dass sie angesichts von reaktivierten Erinnerungen, Traumatisierungen oder anderen Belastungen „dekompensieren". Tränen, Verzweiflung und Ängste werden auf Seiten der jüngeren Behandler kaum ertragen.

- Schließlich werden Ältere nur aufgrund unklarer Symptomatik und ihres Altersstatus gelegentlich von vorneherein mit historischen Ereignissen, wie z. B. Nazizeit, Kriegsverbrechen in Beziehung gebracht und ohne weitere Realitätsprüfung entsprechend abweisend behandelt.

Nur ständige Reflexion, kollegialer Austausch und insbesondere Supervision helfen auf Dauer, derartige Reaktionsweisen wahrzunehmen, zu reflektieren und zu verändern.

2.2 Die Notwendigkeit, zeitgeschichtlich zu denken

Die Lebensgeschichte unserer Eltern, älteren Verwandten und Großeltern sowie auch der heutigen älteren Psychotherapeuten wurde in Deutschland (wie auch in weiteren europäischen Ländern) entscheidend durch den 1. Weltkrieg, die Weimarer Republik (Weltwirtschaftskrise, Verarmung, Hungersnot, Inflation), das nationalsozialistische Dritte Reich, den 2. Weltkrieg und seine Folgen sowie den Wiederaufbau geprägt, d. h. durch ganz verschiedene zeitgeschichtliche Einflüsse. Schon die diagnostisch-therapeutische Phase mit Älteren und insbesondere eine längerfristige Psychotherapie lässt uns neben unserer eigenen Geschichte mit dieser (Erfahrungs-) Geschichte unserer Eltern und Großeltern und ihrer politischen, sozialen und historischen Vergangenheit begegnen. Die Teilhabe der Älteren an den geschichtlichen Abläufen war außerordentlich unterschiedlich: aktive Täter, Mitverantwortliche, Mitläufer, Verfolgte, aktiv/passiv Betroffene und in vielfältiger Weise passiv Geschädigte.

Diese zeitgeschichtlichen Einflüsse entschlüsseln sich nur teilweise über als Hinweise zu verstehende Chiffren: „Die Eltern hatten einen Hof in Ostpreußen ..." Die Beschäftigung mit der Biographie unserer älteren Patienten setzt zumindest eine bewusst gekannte eigene und akzeptierte Familiengeschichte voraus. Die Aufforderung *zeitgeschichtlich denken* steht dabei im Gegensatz zum derzeit weitgehend fehlenden zeitgeschichtlichen Bewusstsein in praktisch allen Psych-Fächern (d. h. in Psychoanalyse (Bohleber 2003), Psychosomatik, Psychotherapie, Entwicklungspsychologie, (Geronto-)Psychiatrie, Psychogerontologie (Radebold 2005)).

3 Zur Notwendigkeit eines entwicklungspsycholgischen Modells der gesamten Lebensspanne

In den meisten Lehrbüchern enden die entwicklungspsychologischen Modelle spätestens mit der Pubertät oder dem Erreichen des Erwachsenenalters. Es scheint so zu sein, als ob weitere definierbare Entwicklungsaufgaben und damit verbundene typische Lebenskrisen jenseits des 20. Lebensjahres nicht mehr relevant seien.

Daher ist es auch nicht verwunderlich, dass in der psychotherapeutischen Versorgung alte Menschen (≥60 Jahre) bezogen auf ihren Anteil an der Gesamtbevölkerung nach wie vor deutlich unterrepräsentiert sind. Im Gegesatz zu dieser Versorgungsrealität ist nach allen vorliegenden Studien mindestens von den gleichen Prävalenzzahlen psychischer Störungen im Alter auszugehen wie bei Erwachsenen mittleren Alters. Neben der mangelhaften Auseinandersetzung mit der Eigenübertragung (den Vorurteilen) gegenüber Älteren in der psychotherapeutischen Aus- und Weiterbildung werden die aktuellen psychodynamischen Konzepte hinsichtlich der Entwicklungsaufgaben in der zweiten Häfte des Erwachsenenlebens noch nicht ausreichend genutzt. Denn wenn – vorbewusst – weiterhin von einem defizitären Entwicklungsbild des alten Menschen ausgegangen wird, zentrieren sich Fragen zur differenziellen Therapieindikation eher auf palliative, als auf kurative Ansätze. Nachfolgend soll das Verständnis für die Herausforderungen des körperlichen Alterns vertieft werden, um darauf aufbauend differenzielle psychotherapeutische Behandlungsindikationen aufzuweisen.

4 Entwicklungsaufgaben aus Sicht der Gerontopsychosomatik

4.1 Entwicklungspsychologische Vorurteile und empirische Befunde

Befragt man Professionelle aller Berufsgruppen, die mit alten Menschen arbeiten, nach ihrem Bild des Lebenslaufes, begegnet man immer wieder dem „Halbkreis-Modell": nach dem Scheitelpunkt des Lebens, der heute etwa mit 40–50 Jahren angesetzt wird, gehe „alles den Berg hinunter". Mit dem Vorurteil, die Alten würden wieder „wie die Kinder", wird unmerklich dem Defizit- und Defekt-Modell des Alterns Vorschub geleistet. Dieses Modell entspricht weder den gerontologischen Ergebnissen zur Lernfähigkeit und Kompetenz im Alter, noch der mit dem Alter stetig zunehmenden Variabilität physiologischer Befunde. Es wird somit eine Lebenskrise unterstellt, die in sich aber keine Entwicklungschancen mehr zu bergen scheint. Ein Psychotherapeut kann daher auch keine Entwicklungsaufgaben für seinen (alten) Patienten vorphantasieren, wenn er keine entsprechenden Modelle zur Verfügung hat.

Befragt man systematisch Menschen beiderlei Geschlechts jenseits des 60. Lebensjahres zu ihrem jetzigen Zeiterleben, zeigt sich, dass das Zeiterleben im Alter vor allem eine körperliche Dimension hat. 80 % der ausführlich interviewten alten Menschen antworteten auf die Frage „Woran merken sie, dass die Zeit vergeht?" unter Bezugnahme auf den körperlichen Alternsprozess. Diese Ergebnisse führten zu einem entwicklungspsychologischen Modell, in dem der somatische Alternsprozess als „Organisator" der Entwicklung in der zweiten Hälfte des Erwachsenenlebens verstanden wird (*somatogener Organisator*). Unter Fortführung des auf vier Säulen ruhenden Entwicklungsmodells der Kindheit und Jugendzeit entspricht dem psychischen Ich der Körper, den ich habe (funktionaler Aspekt), während der Leib, der ich bin, dem narzisstischen Aspekt entspricht. So kann beispielsweise der alternde Leib das Selbstwertgefühl klinisch in relevantem Ausmass unter Druck setzen. Eine solche narzisstische Krise kann von einem Patienten etwa so zum Ausdruck gebracht werden: „Ich hasse meinen alternden Körper, weil ..." Der Ebene der internalen Objektbeziehungen und der späteren grundlegenden Objekterfahrungen analog sind die Körpererinnerungen, Somatisierungen oder Verkörperungen. In der Psychosomatischen Medizin spricht man direkt davon, dass „der Körper sich erinnert". Die oben berichteten Studienergebnisse sprechen für eine veränderte Wahrnehmung des Körpers und seiner Funktion in der Weise, dass die leibliche Existenz und die körperliche Funktion in dieser Entwicklungsphase nicht mehr als ausschließlich selbstverständlich gegeben wahrgenommen wird. Analog zur Veränderung der Körperfunktionen besteht das Ich-strukturelle Problem der kognitiven und emotionalen Bewältigung der sich verändernden Leiblichkeit. Die sich verändernde Körperlichkeit im Alternsprozess stellt zugleich auch eine intrapsychische Symbolisierungsebene für das Zeiterleben und die Strukturierung der Zukunftsperspektive dar.

Die Kenntnis dieser Modellbildung, die das Individuum stets in seinem historischen und soziokulturellen Kontext mitdenkt, wird im Folgenden das Verständnis alterspezifischer Psychotherapie-Konzepte, insbesondere des Konzepts „Aktualkonflikt", erleichtern. Denn solche entwicklungspsychologischen Modelle haben ja grundsätzlich nur dann eine klinische Relevanz, wenn Sie uns helfen, Symptome auf dem Boden von (Entwicklungs-)Störungen besser zu verstehen und ggf. auch psychotherapeutisch behandeln zu können.

4.2 Die Bedeutung einer somato-psychosomatischen Sicht des Alternsprozesses

Ärzte aller Fachrichtungen sowie Fachpsychotherapeuten, die mit alten Menschen arbeiten, sollten wissen, welche somatischen Risikofaktoren auch im höheren Erwachsenenalter präventiven Maßnahmen zugänglich sind. Werden diese Risikofaktoren wie „Bewegungsmangel", „Übergewicht", „Hypertonie", „Hyperlipidämie" und „Diabetes mellitus" nicht oder unzureichend behandelt bzw. vom Patienten ignoriert, sollte der Therapeut auch über die Psychodynamik dieses Verhaltens im Behandlungsprozess nachdenken und sich nicht mit der Fehlinformation lähmen, die Berücksichtigung dieser somatischen Faktoren sei bei >60-Jährigen ohne Belang. Selbst für 80-Jährige „lohnt" es sich aus epidemiologischer Perspektive noch, das Rauchen aufzugeben. Hinter einem risikoreichen Gesundheitsverhalten kann sich z. B. eine unerkannte Depressivität oder auch eine latente Suizidalität verbergen.

Dabei hat es der Diagnostiker unter dem Eindruck der mit steigendem Alter zunehmenden Variabilität somatischer Befunde oft nicht einfach, z. B. bei Schmerzpatienten zwischen einem organisch begründeten Schmerzerleben und einer somatoformen Störung zu unterscheiden. Selbsterhebungsbögen kommen hier rasch an ihre Grenzen.

5 Konsequenzen dieser entwicklungspsycholgischen Konzepte für die Psychotherapie-Indikation

Für den Erfolg (Outcome) psychotherapeutischer Behandlungen gilt: nicht das Alter des Patienten ist entscheidend, sondern das Alter der Störung (Chronifizierung). Erneut und erstmals im Alter auftretende Störungen haben im Gegensatz zu chronifizierten Symptomen eine bessere Prognose. Es bedarf keiner grundsätzlich anderen Psychotherapie, jedoch kann sich die Motivation zu einem „Letzte-Chance-Syndrom" im Alter zuspitzen. Psychodynamische Psychotherapien werden sowohl als psychoanalytische als auch als tiefenpsychologische Psychotherapie oder als Fokaltherapien im ambulanten oder stationären Setting durchgeführt. Fokaltherapeutische Ansätze sehen zwar auch den Menschen in seiner gesamten Lebensgeschichte, bearbeiten aber im Schwerpunkt eine gemeinsam vereinbarte umschriebene Problemlage wie z. B. den Umgang mit dem körperlichen Altern.

Für eine differentielle Therapieindikation wird in Abb. 1 zunächst unter Berücksichtigung des oben dargestellten entwicklungspsychologischen Konzeptes eine dreifach gegliederte Typologie akuter psychogener Symptombildungen im Alter unterschieden:

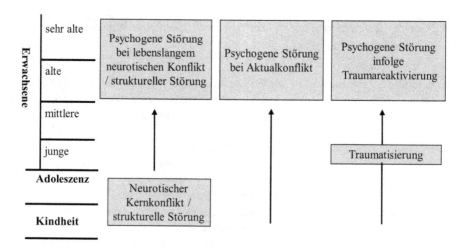

Abb. 1 Typologie erstmals im Alter auftrender psychischer oder psychosomatischer Störungen (Heuft et al. 2006)

1. Ein *neurotischer Kernkonflikt* oder eine *Strukturelle Störung* (Arbeitskreis OPD 2006) führt nach langer Latenz zu einer Erstmanifestation der Symptomatik in der zweiten Hälfte des Erwachsenenlebens. Dieses Konzept hebt auf eine neurotische Problematik ab, die sich aus den frühen entwicklungspsychologischen Aufgaben ableiten lässt. Diese Kernkonflikte können bereits im mittleren Erwachsenenalter als repetitiv – dysfunktionale Konfliktthemen imponieren, werden jedoch in dem hier diskutierten Zusammenhang erst im Alter (etwa durch eine Auslösesituation) als Konflikt manifest.

Je nach Ausmaß des strukturellen Anteils der Störung ist unabhängig vom Lebensalter bei gegebener Motivation eine fokale oder mittellange Psychodynamische Psychotherapie indiziert und erfolgreich.

2. Auch nach sachgerechter Diagnostik findet sich kein repetitives Konfliktmuster – ursächlich ist vielmehr ein psychodynamisch wirksamer *Aktualkonflikt* im Sinne der Operationalisierten Psychodynamischen Diagnostik. Die OPD-2 (2006) stellt ein international anerkanntes Diagnoseinstrument unter anderem zur validen und reliablen Abbildung von repetitiv-dysfunktionalen Beziehungsmustern und Konflikten dar. Ist ein solches Konfliktmuster im Lebenslauf nicht zu sichern, ist zu prüfen, ob die Symptomatik und der dann zu vermutende Aktualkonflikt etwa durch die neu auftretenden Entwicklungsaufgaben in der zweiten Hälfte des Erwachsenenalters (s.o.) bedingt ist.

In diesen Fällen ist eine auf den Aktualkonflikt zentrierte psychodynamische Fokaltherapie oder eine Verhaltenstherapie mit dem Schwerpunkt auf den altersbezogenen dysfunktionalen Kognitionen indiziert.

Das Konzept Aktualkonflikt differiert von den Folgen einer Traumatisierung im engeren Sinne ebenso wie von Problemen der Krankheitsverarbeitung (Coping). Die oben angesprochenen Entwicklungsaufgaben können auch nach einem psychisch stabil erlebten Verlauf bis jenseits des 60. Lebensjahres einen solchen Aktualkonflikt manifestieren. Beispiel für einen solchen Aktualkonflikt kann beispielsweise auch eine Demenzangst sein. Auslösend kann z. B. sein, dass der Betreffende in das gleiche Alter kommt, in dem ein Eltern- oder Großelternteil Symptome einer Demenz entwickelte. Hinter der Befürchtung, eine solche Erkrankung „geerbt" zu haben, stehen nicht selten unbewusst gebliebene Identifikationsprozesse mit der vorangegangenen Generation, die auch mit dem Konzept „Lernen am Modell" beschrieben werden könnten.

3. In der Adoleszenz oder im jungen Erwachsenenalter erfahrene schwerste Belastungen, die nicht zu einer akuten Posttraumatischen Belastungsstörung (PTSD) führten, werden durch den (körperlichen) Alternsprozess in ihrer psychodynamischen Potenz reaktiviert.

Für diese Beobachtung, dass es auch im Erwachsenenleben schwerst belastete Menschen gibt, die erst nach einem unter Umständen langen „symptomfreien" Intervall im Laufe des Alternsprozesses eine Trauma-induzierte Symptomatik entwickeln, haben wir den Begriff der *Trauma-Reaktivierung* (Heuft 1994) vorgeschlagen. Der

Diagnostiker sieht der psychischen bzw. psychosomatischen Symptomatik u. U. nicht an, dass sie sich aus einer reaktivierten Traumaerfahrung herleitet (z. B. aktuelle „Luftnot" nach einem vor jahrzehnten erlebten Giftgas-Angriff). In solchen Fällen ist eine trauma-fokalisierende Psychotherapie auch im Alter indiziert. Falls sich die Symptome einer PTSD (ICD-10: F43.1) entwickeln sollten, wären u. U. auch integriert in den Gesamtbehandlungsplan eines Grundverfahrens traumaspezifische Behandlungstechniken erfolgreich einsetzbar.

Ältere Menschen können – etwa angestoßen durch politische Krisen (wie den Golfkrieg Anfang 1991) oder durch als bedrohlich erlebte Körperkrankheiten – frühere Traumatisierungen unter akuter Symptombildung reaktivieren. Auf der Suche nach den Hintergründen dieses psychodynamischen Prozesses ließ sich eine dreifach gegliederte Hypothese formulieren, deren Aspekte untereinander in einem sich gegenseitig begünstigenden Bezug stehen. Danach kann es zu einer Reaktivierung von Traumatisierungen im Alter dadurch kommen, dass

- ältere Menschen, befreit vom Druck direkter Lebensanforderungen durch Existenzaufbau, Beruf und Familie, „mehr Zeit" haben, bisher Unbewältigtes wahrzunehmen;
- sie zudem nicht selten auch den vorbewussten Druck spüren, noch eine unerledigte Aufgabe zu haben, der sie sich stellen wollen und stellen müssen;
- darüber hinaus der Alternsprozess selbst (z. B. in seiner narzisstischen Dimension) traumatische Inhalte reaktivieren kann.

Zwei weitere wesentliche Indikationsbereiche beziehen sich bei alten Patienten auf aktuelle und familiäre bzw. intergenerative Konflikte, die sogenannte systemische Perspektive, und die psychische Verarbeitung („Coping") organisch bedingter somato-psychischer Störungen oder/und Funktionseinschränkungen. Bei diesen letztgenannten Patientengruppen ist eine mögliche Komorbidität im Hinblick auf die ersten drei genannten Indikationsbereiche zu beachten. Das heißt, auch bei einem vordergründig „nur" als Problem der Krankheitsverarbeitung imponierenden Störungsbild (ICD-10: F43.2 Anpassungsstörung) ist die gesamte Lebensgeschichte mit Hilfe der entwicklungspsychologischen Perspektive im Hinblick auf repetitivdysfunktionale Konfliktmuster oder (Ich-)strukturelle Probleme i. S. der Operationalsierten Psychodynamischen Diagnostik zu evaluieren. Nur so kann eine verantwortliche Indikationsstellung für eine ambulante oder stationäre Fachpsychotherapie erfolgen.

Zusammenfassend wird deutlich, dass wir uns alle als bis ins hohe Alter in Entwicklung befindliche Indivduen begreifen müssen. Die daraus resultierenden Entwicklungsaufgaben können auch krisenhaft erlebt und beschrieben werden, und sie fordern das Individuum in jedem Fall zu einer Stellungnahme heraus. Wie aus diesen Aufgaben selbst im höheren Alter auch Chancen erwachsen können, sich noch einmal wieder neu sehen und begreifen zu lernen, sollte dieser Beitrag aufzeigen – und Mut machen, bei anhaltenden Schwierigkeiten nicht zu zögern, sich einen fachlich qualifizierten Gesprächspartner zu suchen.

Literatur

Arbeitskreis Operationalisierte Psychodynamische Diagnostik. Hrsg. 2006. Operationalisierte Psychodynamische Diagnostik OPD-2. Bern: Huber (2. Aufl. 2009).

Arolt, V., und E. H. Schmidt. 1992. Differentielle Typologie und Psychotherapie depressiver Erkrankungen im hohen Lebensalter – Ergebnisse einer epidemiologischen Untersuchung in Nervenarztpraxen. Zeitschrift für Gerontopsychologie und -psychiatrie 5: 17–24.

Bohleber, W. 2003. Erinnerung und Vergangenheit in der Gegenwart der Psyche. Psyche Zeitschrift für Psychonalayse 57: 683–787.

Bolk-Weischedel, D. 2002. Lebenskrisen älterer Frauen – Eine Auswertung von Berichten für gutachterliche Psychotherapie. In Zwischen Abschied und Neubeginn – Entwicklungskrisen im Alter, Hrsg. Peters, M. und J. Kipp, 125–138. Gießen: Psychosozial-Verlag.

Cooper, B., und U. Sosna. 1983. Psychische Erkrankungen in der Altenbevölkerung, Eine epidemiologische Feldstudie in Mannheim. Nervenarzt 54: 239–249.

Deutsche Gesellschaft für Psychotherapie, Psychosomatik und Tiefenpsychologie (DGPPT). 1989. Praxisstudie zur psychotherapeutischen Versorgung. Hamburg: DGPPT.

Dilling, H. 1981. Zur Notwendigkeit psychotherapeutischer Interventionen zwischen dem 50. und 80. Lebensjahr. Hamburg: Vortrag Weltkongress für Gerontologie.

Fichter, M. M. 1990. Verlauf psychischer Erkrankungen in der Bevölkerung. Berlin, Heidelberg und New York: Springer.

Helmchen, H., M. M. Baltes, B. Geiselmann, S. Kanowski, M. Linden, F. M. Reischies, M. Wagner, und H. U. Wilms. 1996. Psychische Erkrankungen im Alter. In Die Berliner Altersstudie, Hrsg. Mayer, K. U. und P. Baltes, 185–220. Berlin: Akademie Verlag.

Heuft, G. 1990. Bedarf es eines Konzepts zur Eigenübertragung? Forum Psychoanalyse 6: 299–315.

Heuft, G. 1994. Persönlichkeitsentwicklung im Alter – ein psychologisches Entwicklungsparadigma. Zeitschrift für Gerontologie 27: 116–121.

Heuft, G., H. G. Nehen, J. Haseke, M. Gastpar, H. J. Paulus, und W. Senf. 1997. Früh- und Differentialdiagnose von 1000 in einer Memory Clinic untersuchten Patienten. Nervenarzt 68: 259–269.

Heuft, G., A. Kruse, und H. Radebold. 2006. Lehrbuch der Gerontopsychosomatik und Alterspsychotherapie. 2. Auflage. München und Basel: E. Reinhardt.

Heuft, G., H. J. Freyberger, und R. Schepker. 2018 Ärztliche Psychotherapie – Vier-Ebenen-Modell einer Personalisierten Medizin: epidemiologische Bedeutung, historische Perspektive und zukunftsfähige Modelle aus Sicht von Patienten und Ärzten. Stuttgart: Klett-Cotta.

Imai, T., K. Telger, D. Wolter, und G. Heuft. 2008. Versorgungssituation älterer Menschen hinsichtlich ambulanter Richtlinien-Psychotherapie. Zeitschrift für Gerontologie und Geriatrie 41: 486–496.

Lange, C., M. Peters, und H. Radebold. 1995. Zur Versorgung älterer Patienten in Psychosomatischen Kliniken. In Interdisziplinäre Gerontopsychosomatik, Hrsg. G. Heuft, A. Kruse, H. G. Nehen und H. Radebold, 243–252. München: MMV Medizin-Verlag.

Linden, M., R. Förster, M. Oel, und R. Schlötelborg. 1993. Verhaltenstherapie in der kassenärztlichen Versorgung. Eine versorgungsepidemiologische Untersuchung. Verhaltenstherapie 3: 101–111.

Linden, M., R. Förster, M. Oel, und R. Schlötelborg. 1999. Wen behandeln Verhaltenstherapeuten wie in der kassenärztlichen Versorgung? Fortschritt der Neurologie Psychiatrie 67: 14.

Radebold, H. 2005. Die langen Schatten unserer Vergangenheit. Zeitgeschichtlich denken in Beratung/Psychotherapie, allgemeiner ärztlicher und psychiatrischer Versorgung, Pflege und Seelsorge. Stuttgart: Klett-Cotta.

Scheidt, C., K. Seidenglanz, W. Dieterle, A. Hartmann, N. Bowe, D. Hillenbrand, G. Sczudlek, F. Strasser, P. Strasser, und M. Wirsching. 1998. Basisdaten zur Qualitätssicherung in der ambulanten Psychotherapie. Ergebnisse einer Untersuchung in 40 psychotherapeutischen Fachpraxen, Teil 1: Therapeuten, Patienten, Interventionen. Psychotherapeut 43: 91–101.

Schneider, G., G. Heuft, W. Senf, und H. Schepank. 1997. Die Adaption des Beeinträchtigungs-Schwere-Score (BSS) für Gerontopsychosomatik und Alterspsychotherapie. Zeitschrift für Pyschosomatische Medizin und Psychotherapie 43: 261–279.

Schneider, G., A. Kruse, H. G. Nehen, W. Senf, und G. Heuft. 2000. The prevalence and diagnostics of subclinical syndromes in inpatients 60 years and older. Psychotherapie – Psychosomatik – Medizinische Psychologie 69: 251–260.

Wernicke, T. F., und M. Linden. 1997. Pharmakotherapie bei Depressionen im Alter – Die Berliner Altersstudie. In: Depressionen im Alter, Hrsg. Radebold, H., R. D. Hirsch, J. Kipp, R. Kortus, G. Stoppe, B. Struwe und C. Wächtler, 152–153. Darmstadt: Steinkopff.

Weyerer, S., und H. Dilling. 1984. Prävalenz und Behandlung psychischer Erkrankungen in der Allgemeinbevölkerung. Nervenarzt 55: 30–42.

Wolter-Henseler, D. K. 1996. Gerontopsychiatrie in der Gemeinde. Forum Bd. 30. Köln: KDA.

Zepf, S., U. Mengele, A. Marx, und S. Hartmann. 2001. Zur ambulanten psychotherapeutischen Versorgungslage in der Bundesrepublik Deutschland. Gießen: Psychosozial-Verlag.

Teil III
Technischer Fortschritt für die Zukunft

Möglichkeiten und Grenzen internetbasierter psychosozialer Interventionen

Markus Moessner

In den letzten 15 Jahren wurde eine Vielzahl technologiebasierter, psychosozialer Interventionen entwickelt und im Rahmen von Wirksamkeitsstudien untersucht. Im Jahr 2017 decken die Angebote nahezu alle Bereiche des Versorgungsspektrums von Aufklärung, Gesundheitsförderung und Prävention bis hin zu Nachsorge, Rückfallprävention und Krankheitsmanagement ab.[1] Auch behandlungsbegleitende Angebote sowie auf Technik basierende Therapiebausteine innerhalb traditioneller face-to-face-Therapien existieren.

Die Interventionen zielen zudem auf eine Vielzahl verschiedener Störungsbilder ab. Die beste Evidenz existiert für Depressionen und Angststörungen (Andrews et al. 2010; Olthuis et al. 2016; Pasarelu et al. 2017), darüber hinaus gibt es jedoch Interventionen für eine Vielzahl verschiedenster Störungen und Beschwerden (z. B. Bauer und Moessner 2013; Ebert et al. 2016; Friesen et al. 2016; Kuhn et al. 2017; Moessner et al. 2014).

Ein Oberbegriff, der in diesem Zusammenhang häufig genutzt wird, ist E-Mental Health. E-Mental Health beinhaltet dabei alle Angebote und Interventionen, die Technologien im Rahmen der psychosozialen Versorgung nutzen. Die eingesetzten Technologien sind dabei ebenso vielfältig wie die Zielsetzungen und die Zielgruppen. Die Bedeutung solcher Angebote für die psychosoziale Versorgung hat über die letzten zehn Jahre stark zugenommen.

---

[1] Der vorliegende Text wurde zuletzt im Jahr 2019 aktualisiert und bezieht sich nicht auf pandemiebedingte Änderungen und Anpassungen von internetbasierten psychosozialen Interventionen.

M. Moessner (✉)
Forschungsstelle für Psychotherapie (FOST), Universitätsklinikum Heidelberg,
Heidelberg, Deutschland
E-Mail: markus.moessner@psychologie.uni-heidelberg.de

© Der/die Autor(en), exklusiv lizenziert an Springer-Verlag GmbH, DE, ein Teil
von Springer Nature 2023
P. Mantell et al. (Hrsg.), *Psychische Erkrankungen als gesellschaftliche Aufgabe*,
Schriften zu Gesundheit und Gesellschaft – Studies on Health and Society 5,
https://doi.org/10.1007/978-3-662-65515-3_13

Unterschiedlichste Technologien werden in diesem Zusammenhang eingesetzt. Eine Vielzahl statischer Internetseiten bieten umfangreiche Informationen zu verschiedensten Krankheitsbildern und dienen in erster Linie der Aufklärung sowie der Patienteninformation.

Interaktive Internetportale bieten Betroffenen die Möglichkeit, sich mit Personen auszutauschen, die sich in einer ähnlichen Situation wie sie selbst befinden. Manchmal beantworten auch Experten in diesen Foren gesundheitsbezogene Fragen. Dies kann sowohl auf speziellen Portalen (Aardoom et al. 2014; Blume et al. 2009), aber auch innerhalb spezieller Gruppen auf sozialen Portalen wie beispielsweise Facebook oder reddit geschehen. Diese Art des Austauschs unter Betroffenen hat bereits erhebliche Bedeutung für das Gesundheitswesen (Berger 2011).

Insbesondere zur Behandlung spezifischer Phobien (z. B. Flugangst) können durch die Nutzung von *virtual reality* (VR) Interventionen Situationen virtuell simuliert und therapeutisch bearbeitet werden, die „im echten Leben" im Rahmen einer Therapie nicht bearbeitet werden könnten (z. B. eine Flugreise) (Mühlberger et al. 2001, 2006).

Zusätzlich existiert eine unübersichtliche Menge von Gesundheits-Apps, einige davon im Bereich psychosozialer Gesundheit. Diese ermöglichen die Nutzung der Smartphone Sensorik und eröffnen damit ein breites Spektrum an Anwendungen. Der Großteil der Apps wurde jedoch nicht im Rahmen von Studien untersucht, sondern wird direkt vertrieben. Ebenfalls eingesetzt werden verschiedene Arten von Computer- bzw. Konsolenspielen (Negrini et al. 2017; Page et al. 2017), wobei deren Anwendungen nicht in erster Linie bei psychosozialen Problemstellungen zum Einsatz kommen, sondern beispielsweise bei der Förderung motorischer Fertigkeiten im Bereich der Rehabilitation. Neben Foren und sozialen Medien werden auch andere Kommunikationskanäle wie E-Mail, Videokonferenzen oder das Telefon genutzt. Auch Messenger Dienste oder SMS kommen im Kontext psychosozialer Interventionen zum Einsatz.

Aus der obigen Darstellung wird ersichtlich, dass E-Mental Health und internetbasierte Interventionen in Bezug auf die Zielsetzungen, die Zielgruppen sowie die eingesetzten Technologien extrem heterogen sind. Eine generelle Aussage darüber, ob und inwiefern E-Mental Health sinnvoll, nutzlos oder gar schädlich ist, ist schwer zu treffen. Vielmehr erfordern die Heterogenität und die Komplexität des Feldes eine differenzierte Auseinandersetzung mit dem Thema. Erwartungsgemäß stößt man dabei sowohl auf sinnvolle, hilfreiche Ansätze als auch auf nicht sehr hilfreiche sowie auf potenziell schädliche. Pauschale Beurteilungen sowohl in Bezug auf die Vor- als auch auf die Nachteile von E-Mental Health sind jedenfalls nicht angemessen, sondern sollten sich jeweils auf die spezifische Intervention und den spezifischen Anwendungskontext beziehen.

Im Folgenden soll ein kurzer Überblick über häufig genannte Vor- und Nachteile sowie das Potenzial für die Patientenversorgung von E-Mental Health gegeben werden. Für detailliertere Informationen und für ausführlichere Beschreibungen spezifischer Angebote sei an die Literaturliste am Ende des Textes verwiesen.

1 Spezifische Vorteile von E-Mental Health

Eine Reihe von Voraussetzungen haben die rasante Ausbreitung von E-Mental Health in den letzten zehn Jahren begünstigt. Durch die rasche Verbreitung sowohl von Internet als auch von mobilen Endgeräten (insbesondere Smartphones) können diese Angebote und Interventionen von der überwiegenden Mehrheit der Menschen problemlos und bequem genutzt werden. Zudem werden diesen Angeboten eine Reihe von Eigenschaften zugesprochen, die das Potenzial haben, Schwachstellen der Patientenversorgung gezielt anzugehen.

1.1 Ortsunabhängigkeit

Der Großteil technologiebasierter Interventionen kann unabhängig vom Wohnort genutzt werden (eine Ausnahme bilden beispielsweise [manche] VR Interventionen). Auf diese Weise können unterversorgte Bevölkerungsgruppen mit diesen Angeboten erreicht werden, die aufgrund ihres Wohnortes keinen direkten Zugang zu spezialisierter Versorgung haben und sehr weite Wegstrecken zurücklegen müssten, um reguläre face-to-face-Psychotherapie in Anspruch zu nehmen. Besonders relevant erscheint diese Ortsunabhängigkeit in großen Flächenstaaten (z. B. Australien) sowie bei seltenen Erkrankungen, die in nur wenigen spezialisierten Zentren behandelt werden können. Eine Reihe von Projekten hat gezeigt, dass durch den Einsatz neuer Medien Patienten betreut werden können, denen es andernfalls nicht möglich wäre reguläre Behandlungsangebote in Anspruch zu nehmen. So wurde beispielsweise in den USA die Machbarkeit von Gruppenpsychotherapie für Bulimia Nervosa in einem Internet Chat untersucht (Zerwas et al. 2017). Auf diese Weise sollte es Patienten ermöglicht werden, eine Behandlung von spezialisierten Therapeuten zu nutzen, in deren Nähe keine spezialisierte Behandlung von Bulimie angeboten wird. Einen ähnlichen Ansatz verfolgt eine Intervention zur Nachsorge und Rückfallprävention nach stationärer Psychotherapie. Da psychosomatische Kliniken häufig einen großen Einzugsbereich haben, ist es den Kliniken meist nicht möglich, die Patienten nach Abschluss der Behandlung beim Übergang in den Alltag zu begleiten und zu unterstützen. Therapeutisch geleitete Gruppensitzungen im Internet Chat haben sich als wirksame Intervention zur Vermeidung von Rückfällen erwiesen (Bauer et al. 2011; Golkaramnay et al. 2007). Den Patienten ermöglicht die Kommunikation im Chat trotz der räumlichen Entfernung in Kontakt mit ihren Therapeuten zu bleiben, die sie aus der stationären Behandlung kennen. Sie erhalten zudem in dieser schwierigen Phase des Übergangs in den Alltag mit all seinen Herausforderungen dringend benötigte Unterstützung. Die Technologie dient in beiden Beispielen lediglich der Kommunikation zwischen Therapeuten und Patienten über eine größere Entfernung. Ein spezifisches therapeutisches Konzept ist damit nicht verbunden.

Etwas weiter geht eine Intervention, bei der Betroffene in Krisengebieten über Ländergrenzen hinweg im Rahmen einer internetbasierten Intervention betreut werden (Bottche et al. 2016; Knaevelsrud et al. 2015; Wagner et al. 2012). Hierbei wird nicht nur der Kommunikationskanal „Chat" genutzt wie in den beiden obigen Beispielen, sondern asynchrone Kommunikation im Kontext strukturierten Schreibens. Während sich die Teilnehmer/Patienten im Irak befinden, wird das Programm von Therapeuten in verschiedenen Ländern betreut. Die Zeitverschiebung ist dabei aufgrund der asynchronen Kommunikation unproblematisch (Wagner et al. 2012).

1.2 Niederschwelliger Zugang

Die örtliche Erreichbarkeit ist nicht der einzige Grund, der die Inanspruchnahme psychosozialer Behandlungen vermindert. Psychische Erkrankungen sind leider immer noch in hohem Maße stigmatisiert, Betroffene nehmen aus Scham oder Angst vor Stigmatisierung oftmals keine Hilfe in Anspruch. Die Möglichkeit einer anonymen, wohnortfernen Kontaktaufnahme über das Telefon oder das Internet ermöglicht einen niederschwelligen Zugang zu psychosozialer Versorgung. So können Menschen erreicht werden, die ansonsten unter Umständen keine professionelle Hilfe in Anspruch genommen hätten. Ob und inwiefern dies tatsächlich gelingt, ist nicht sehr gut untersucht. Was sich jedoch sagen lässt, ist das ein erheblicher Anteil der Teilnehmer an anonymen technologiebasierten Interventionen angibt, sich im Rahmen der Teilnahme zum ersten Mal mit diesem spezifischen Thema näher auseinandergesetzt zu haben (Moessner und Bauer 2012).

1.3 Verfügbarkeit

Ein weiterer Vorteil von E-Mental Health ist die durchgängige Verfügbarkeit. Sofern kein direkter Kontakt mit einem Berater oder Therapeuten erforderlich ist, können diese Angebote rund um die Uhr genutzt werden. Auch gibt es einige wenige Angebote, bei denen man jederzeit direkten persönlichen Kontakt aufnehmen kann (z. B. www.telefonseelsorge.de), jedoch ist dies eher selten und nur bei Angeboten sinnvoll, die weit verbreitet sind und von vielen Personen genutzt werden.

1.4 Aktualität

Insbesondere im Kontext der Aufklärung und Patienteninformation haben internetbasierte Angebote den Vorteil, dass Inhalte jederzeit zentral aktualisiert werden können. Auf diese Weise kann sichergestellt werden, dass Informationen stets aktuell und korrekt sind. Informationsseiten, die beispielsweise verschiedene Behandlungsoptionen für eine bestimmte Störung erklären und Empfehlungen aussprechen, können schnell und unkompliziert aktualisiert werden, wenn eine neue Studie zum Thema durchgeführt wurde. Dieser Vorteil ist besonders im Vergleich zu Printmedien/Büchern offensichtlich. Die Fülle an im Internet verfügbaren krankheitsbezogenen Informationen macht die Suche nach aktuellen, seriösen Seiten für Laien aber leider sehr schwierig. Es gibt jedoch Richtlinien für im Internet angebotene Gesundheitsinformationen und auch Organisationen, die Webseiten zertifizieren. Ein Kriterium für die Zertifizierung ist die Aktualität der dargebotenen Inhalte. Die Nichtregierungsorganisation *Health On the Net Foundation* zertifiziert Gesundheitsinformationen im Internet und bietet auch die Möglichkeit nach zertifizierten Seiten zu verschiedenen Störungsbildern zu suchen (https://www.hon.ch/en, zuletzt zugegriffen 11.12.2020).

1.5 Flexibilität und Individualisierung

Ein weiterer Vorteil von E-Mental Health Anwendungen liegt in der Flexibilität. Interventionen können sich automatisch den individuellen Bedürfnissen/ Problembereichen einzelner Nutzer anpassen. In Abhängigkeit von Teilnehmereigenschaften (z. B. Problembereiche, Schwere der Beeinträchtigung, Alter, Geschlecht etc.) können Teile der Intervention ein- oder ausgeblendet werden oder Inhalte automatisch an betreffende Eigenschaften angepasst werden. Inwieweit dies inhaltlich sinnvoll oder förderlich ist, hängt sicherlich vom Anwendungszusammenhang ab.

1.6 Automatisierung und Kosteneffizienz

Internetbasierte Interventionen können teilweise oder vollständig automatisiert angeboten werden. Abläufe, die keine persönliche Beteiligung eines Therapeuten oder Beraters erfordern, können durch die Automatisierung sehr effizient gestaltet werden. Als Konsequenz werden technologiebasierten Interventionen häufig geringe Kosten und damit eine hohe Kosten-Effizienz bzw. Kosten-Effektivität zugeschrieben (Lokkerbol et al. 2014). Der zugrundeliegende Gedanke ist hierbei, dass bei vollautomatischen Interventionen ohne therapeutischen Kontakt der finanzielle Aufwand für die Bereitstellung des Programms größtenteils unabhängig von der Anzahl der betreuten Teilnehmer ist. So können sehr große Stichproben effizient und kosten-effektiv betreut werden. Bei Interventionen, die therapeutische Kontakte beinhalten, sind diese häufig asynchron (z. B. über E-Mail) und nicht sehr zeitintensiv, sodass der therapeutische Aufwand zwar bei steigender Teilnehmerzahl zunimmt, im Vergleich zu traditionellen face-to-face-Angeboten jedoch immer noch relativ gering ist. Zusätzlich zu den Kosten auf Anbieter- oder Krankenkassenseite entfallen für die Patienten Anfahrtswege, verbunden mit einer Zeit- und Kostenersparnis.

2 Nachteile und Grenzen von E-Mental Health

Neben den Vorteilen existiert eine Reihe von Nachteilen und Herausforderungen, die bei der Entwicklung und Nutzung dieser Angebote berücksichtigt werden müssen.

2.1 Geringe Verbindlichkeit und hohe Abbrecherraten

Internetkontakte werden oft als wenig verbindlich wahrgenommen. Insbesondere in der Routineversorgung (d. h. außerhalb kontrollierter Studien) leiden internetbasierte Interventionen mitunter unter sehr hohen drop-out-Raten. Das heißt, viele der Teilnehmer, die sich zu solch einem Programm anmelden, brechen ihre Teilnahme schon nach kurzer Zeit wieder ab. Die Varianz der Abbrecherraten zwischen verschiedenen Programmen ist jedoch sehr groß. Sie hängen sowohl von der Zielsetzung der Intervention (z. B. Prävention, Therapie, Selbsthilfe, Nachsorge etc.) und der Zielgruppe als auch vom Ausmaß des therapeutischen Kontaktes ab (Melville et al. 2010).

2.2 Missverständnisse und Umgang mit Krisen

Die Unverbindlichkeit des online-Kontakts stellt nicht nur im Zusammenhang mit Abbrecherraten und Compliance eine Herausforderung dar. Zusammen mit dem Fehlen nonverbaler Informationen erhöht sich dadurch auch die Gefahr von Missverständnissen. Konkretes Nachfragen ist ebenfalls erschwert, da Teilnehmer unter Umständen nicht antworten. Auch das Krisenmanagement, also der Umgang mit Notfällen, Suizidalität, Kontaktabbruch etc., ist schwierig. Sowohl in Bezug auf die Compliance und Abbrecherraten als auch bzgl. Notfallprozeduren sind Programme, die eine anonyme Teilnahme erlauben und keinen persönlichen Kontakt zu einem Berater oder Therapeuten beinhalten, besonders problematisch. Es ist unerlässlich eine Prozedur für Notfälle bereits im Vorfeld festzulegen, um zeitnah und angemessen reagieren zu können.

2.3 Tatsächliche Reichweite von E-Mental Health

Zwar ist die theoretische Reichweite von E-Mental Health zweifellos sehr groß, ihre tatsächliche Reichweite ist jedoch oftmals sehr gering. Die Dissemination von internetbasierten Interventionen ist häufig sehr schwierig und auch teuer (Atkinson und Wade 2013; Buller et al. 2012; Frantz et al. 2015; Moessner et al. 2016b;

Morgan et al. 2013). Besonders wenn die anvisierte Zielgruppe keinen sehr großen Leidensdruck aufweist, wie beispielsweise in den Bereichen Gesundheitsförderung oder Prävention, ist es schwierig diese zur Teilnahme an einem internetbasierten Programm zu motivieren. Dies hat negative Auswirkungen auf die Kosten-Nutzen-Relation. Bei einer niedrigen Teilnehmerzahl sind die Kosten für die Programmierung und Bereitstellung dieser Interventionen auf den einzelnen Teilnehmer umgerechnet relativ hoch, sodass ein Großteil der Programme auf große Teilnehmerzahlen angewiesen ist, um eine positive Kosten-Nutzen-Relation zu erreichen.

2.4 Datenschutz und Datensicherheit

In Anbetracht der vertraulichen, klinischen Daten sind Datenschutz und Datensicherheit von größter Bedeutung. Ein Großteil der Interventionen erfordert zumindest die Angabe einer E-Mail-Adresse. Da die E-Mail-Adresse ein persönliches Datum ist, welches ermöglicht, Personen eindeutig zu identifizieren, sind diese Interventionen auch nicht mehr anonym. Häufig werden zudem hoch sensible gesundheitsbezogene Daten online erhoben und gespeichert. Die Standards in Bezug auf Datenschutz und Datensicherheit sind dabei keineswegs einheitlich und variieren stark. Problematisch scheinen insbesondere Gesundheits-Apps zu sein (ePrivacy 2015). Für die Nutzer ist es dabei oft nicht oder nur sehr schwer möglich, die Datensicherheit eines Angebots abzuschätzen und sie sind damit auf die Angaben zum Datenschutz auf den jeweiligen Seiten angewiesen.

2.5 Fragliche Qualität und Unübersichtlichkeit der Angebote

Für Betroffene, die online nach einem geeigneten Hilfsangebot suchen, ist es aufgrund der Unübersichtlichkeit und der fraglichen Qualität von im Internet frei verfügbaren Programmen sehr schwer, ein geeignetes und wissenschaftlich geprüftes Programm zu finden. Denn obwohl für eine Vielzahl internetbasierter Interventionen ausreichend Evidenz für deren Wirksamkeit existiert, trifft dies auf die vertriebenen Programme leider nicht immer zu. Zudem finden sich auf den Seiten der Anbieter häufig generelle Aussagen über internetbasierte Interventionen (z. B. „Die Wirksamkeit internetbasierter Interventionen für die Behandlung von XY ist wissenschaftlich nachgewiesen.") ohne, dass sich die zitierten Studien dabei auf die eigene Intervention beziehen.

Letztendlich können weder die Vor- noch die Nachteile von E-Mental Health unabhängig vom Kontext bewertet werden. Die Heterogenität der verschiedenen Angebote in Bezug auf die Zielgruppen, die Einsatzbereiche (z. B. Prävention, Selbsthilfe, Nachsorge etc.) sowie auf die eingesetzten Technologien und zugrundeliegenden Konzepte machen verallgemeinernde Aussagen unmöglich. Das Ziel muss es sein, durch eine gelungene Integration von online- und traditionellen

Angeboten die psychosoziale Versorgung zu verbessern und dabei insbesondere die Interventionen zu vertreiben, deren Wirksamkeit im Rahmen von Studien nachgewiesen wurde.

3 Potenzial für die Versorgung

Aus den oben beschriebenen Eigenschaften ergibt sich das Potenzial, das E-Mental Health für die psychosoziale Versorgung hat. Zwar sind E-Mental Health-Angebote nicht generell besser oder in direkter Konkurrenz zu traditionellen Angeboten zu sehen, jedoch ermöglichen es die spezifischen Eigenschaften der Technologie, traditionelle Versorgungsangebote sinnvoll zu ergänzen, insbesondere da, wo traditionelle Angebote ihre Mängel haben.

3.1 Sektorenübergreifende Versorgung und Stepped-Care

E-Mental Health und internetbasierte Interventionen können als Verbindungsglied zwischen verschiedenen Sektoren dienen, um der Sektorisierung des Gesundheitswesens und damit verbundenen Problemen entgegen zu wirken. Der Übergang von stationärer zu ambulanter Behandlung kann über Nachsorgeprogramme unterstützt werden, der Übergang in die Routineversorgung kann im Rahmen internetbasierter Prävention gezielt gefördert werden (Moessner et al. 2016a). Mittlerweile existiert eine Vielzahl von gestuften Behandlungskonzepten, wie u.a. Stepped-Care (Nordgreen et al. 2016), in denen eher niederschwellige internetbasierte Interventionen in Verbindung mit traditionellen face-to-face-Angeboten gewinnbringend kombiniert werden (Bauer et al. 2013; Kordy et al. 2016; Nordgreen et al. 2016).

3.2 Verbesserung des Zugangs zur Regelversorgung

Internetbasierte Angebote können zudem gezielt genutzt werden, um die Mental Health Literacy (das Wissen in Bezug auf psychische Gesundheit und Erkrankungen) zu stärken und der leider immer noch häufig anzutreffenden Stigmatisierung psychischer Störungen entgegen zu wirken. Auf diese Weise werden Barrieren für die Inanspruchnahme psychosozialer Unterstützung abgebaut und damit hoffentlich der Zugang zu Angeboten der Regelversorgung verbessert. Dies wäre dringend erforderlich, denn noch immer nimmt länderübergreifend ein Großteil der Betroffenen keine professionelle Hilfe in Anspruch (Wang et al. 2007).

3.3 Symptommonitoring und Krankheitsmanagement

Eine regelmäßige Erfassung der Symptomatik über die Zeit ist im Rahmen technologiebasierter Angebote leicht umsetzbar. Dieses automatisierte „Monitoring" von Symptomverläufen erlaubt eine Flexibilisierung und Individualisierung der Versorgung. Es kann als Grundlage eines Krankheitsmanagements dienen, welches darauf abzielt, die Fokussierung auf einzelne Behandlungsepisoden ein Stück weit zu überwinden und die Krankheits- und Behandlungshistorie von Patienten mehr zu berücksichtigen. Insbesondere bei psychischen Störungen mit hohen Rückfall- und Chronifizierungsrisiken erscheint eine solche Strategie Erfolg versprechend (Kordy et al. 2016).

Diese Liste ließe sich sicherlich noch erweitern. Die Beispiele veranschaulichen, dass das Potenzial nicht primär im Erfinden neuer Therapien und dem Ersetzen traditioneller Angebote liegt, sondern vielmehr in deren sinnvolle Ergänzung mit dem Ziel, die Versorgung zu verbessern.

4 Ausblick

Eine Vielzahl von Studien haben die Wirksamkeit und den Nutzen verschiedenster technologiebasierter Interventionen nachgewiesen. Darüber hinaus haben internetbasierte Interventionen und E-Mental Health aufgrund ihrer spezifischen Eigenschaften eine Reihe von Vorteilen, die das Potenzial haben, traditionelle Versorgungsangebote sinnvoll zu ergänzen und damit zu verbessern.

Der Übergang von der Forschung in die Versorgung ist in der Regel schwierig und langwierig. Obwohl internetbasierte Interventionen noch relativ neu sind, haben jedoch bereits viele Angebote ihren Weg in die Versorgung gefunden. Diese Entwicklung ist sicherlich zu begrüßen, da auf diese Weise die Entwicklungen und Angebote, deren Nutzen in den letzten 15 Jahren nachgewiesen werden konnte, Betroffenen zu Gute kommen.

Andererseits ist sie auch mit einer Reihe von Gefahren und Risiken verbunden. Besonders die Vorstellung, dass alle internetbasierten Interventionen, die auf anerkannten therapeutischen Prinzipien beruhen, auch wirksam sind, erscheint mehr als zweifelhaft (Ruwaard und Kok 2015). Diese Generalisierung hat zur Folge, dass ein erheblicher Teil der online verfügbaren Interventionen nicht wissenschaftlich überprüft wurde. Ebenfalls kritisch zu sehen ist die Tatsache, dass erprobte Interventionen über die ursprünglichen Zielgruppen und Anwendungsgebiete hinaus vertrieben werden. Beispielsweise werden Selbsthilfeprogramme behandlungsbegleitend oder als Nachsorge angeboten, ohne dass sie in diesem Zusammenhang untersucht wurden. Die Abgrenzung zwischen Selbsthilfe und Behandlung ist nicht immer einfach, da insbesondere für Laien die Art und Weise wie diese Programme mitunter beworben werden missverständlich sein kann.

Zudem gilt es die tatsächlichen Auswirkungen der Einführung dieser Angebote im Auge zu behalten. Es ist durchaus möglich, dass die Verfügbarkeit internetbasierter Interventionen nicht dazu führt, dass diejenigen Betroffenen diese nutzen, die ohne diese Möglichkeit keine Hilfe in Anspruch nehmen würden. Auch ist es denkbar, dass diese Angebote statt der traditionellen Angebote genutzt werden, obwohl insbesondere schwerer belastete Patienten in traditioneller face-to-face-Therapie besser aufgehoben wären. Zudem könnten auch schlechte Erfahrungen und Enttäuschungen mit technikgestützter Psychotherapie Patienten davon abhalten, traditionelle Angebote zu nutzen.

Ob diese Befürchtungen begründet sind, lässt sich aus heutiger Sicht nicht eindeutig sagen. Jedoch gilt es, diese Entwicklungen kritisch zu verfolgen, um Gefahren, Risiken und Fehlentwicklungen frühzeitig zu erkennen. Nur auf diese Weise wird es gelingen, das zweifellos vorhandene, große Potenzial von E-Mental Health zum Wohle der Patienten zu nutzen.

Literatur

Aardoom, J. J., A. E. Dingemans, L. H. Boogaard, und E. F. Van Furth. 2014. Internet and patient empowerment in individuals with symptoms of an eating disorder: a cross-sectional investigation of a pro-recovery focused e-community. *Eating Behavoirs* 15 (3): 350–356. doi: https://doi.org/10.1016/j.eatbeh.2014.04.003.

Andrews, G., P. Cuijpers, M. G. Craske, P. McEvoy, und N. Titov. 2010. Computer therapy for the anxiety and depressive disorders is effective, acceptable and practical health care: a meta-analysis. *PLoS One* 5 (10): e13196. doi: https://doi.org/10.1371/journal.pone.0013196.

Atkinson, M. J., und T. D. Wade. 2013. Enhancing dissemination in selective eating disorders prevention: An investigation of voluntary participation among female university students. *Behaviour Research and Therapy* 51 (12): 806–816.

Bauer, S., und M. Moessner. 2013. Harnessing the power of technology for the treatment and prevention of eating disorders. *International Journal of Eating Disorders* 46 (5): 508–515. doi: https://doi.org/10.1002/eat.22109.

Bauer, S., H. Papezova, R. Chereches, G. Caselli, O. McLoughlin, I. Szumska, E. van Furth, F. Ozer, und M. Moessner. 2013. Advances in the prevention and early intervention of eating disorders: The potential of Internet-delivered approaches. *Mental Health & Prevention* 1 (1): 26–32.

Bauer, S., M. Wolf, S. Haug, und H. Kordy. 2011. The effectiveness of internet chat groups in relapse prevention after inpatient psychotherapy. *Psychotherapy Research* 21 (2): 219–226. doi: https://doi.org/10.1080/10503307.2010.547530.

Berger, T. 2011. Web 2.0 – Soziale Netzwerke und Psychotherapie. *PiD – Psychotherapie im Dialog* 12 (2): 118–122. doi: https://doi.org/10.1055/s-0031-1276811.

Blume, A., R. Mergl, N. Niedermeier, J. Kunz, T. Pfeiffer-Gerschel, S. Karch, I. Havers, und U. Hegerl. 2009. Evaluation eines Online-Diskussionsforums für an Depression Erkrankte und Angehörige–eine Untersuchung zu Motiven und Auswirkungen der Teilnahme. *Neuropsychiatrie*, 23 (1): 42–51.

Bottche, M., N. Stammel, und C. Knaevelsrud. 2016. [Psychotherapeutic treatment of traumatized refugees in Germany]. *Nervenarzt* 87 (11): 1136–1143. doi: https://doi.org/10.1007/s00115-016-0214-x.

Buller, D. B., R. Meenan, H. Severson, A. Halperin, E. Edwards, und B. Magnusson 2012. Comparison of 4 Recruiting Strategies in a Smoking Cessation Trial. *American Journal of Health Behavior* 36 (5): 577–588. doi: https://doi.org/10.5993/Ajhb.36.5.1.

Ebert, D. D., E. Heber, M. Berking, H. Riper, und P. Cuijpers. 2016. Self-guided internet-based and mobile-based stress management for employees: results of a randomised controlled trial. *Occupational & Environmental Medicine* 73 (5): 315–323. doi: https://doi.org/10.1136/oemed-2015-103269.

Frantz, I., M. Stemmler, K. Hahlweg, J. Pluck, und N. Heinrichs 2015. Experiences in Disseminating Evidence-Based Prevention Programs in a Real-World Setting.*Prevention Science* 16 (6): 789–800. doi: https://doi.org/10.1007/s11121-015-0554-y.

Friesen, L. N., H. D. Hadjistavropoulos, L. H. Schneider, N. M. Alberts, N. Titov, und B. F. Dear. 2016. Examination of an Internet-Delivered Cognitive Behavioural Pain Management Course for Adults with Fibromyalgia: A Randomized Controlled Trial. *Pain*. doi: https://doi.org/10.1097/j.pain.0000000000000802.

Golkaramnay, V., S. Bauer, S. Haug, M. Wolf, und H. Kordy. 2007. The exploration of the effectiveness of group therapy through an Internet chat as aftercare: a controlled naturalistic study. *Psychotherapie Psychosomatik Medizinische Psychologie* 76 (4): 219–225. doi: https://doi.org/10.1159/000101500.

Knaevelsrud, C., J. Brand, A. Lange, J. Ruwaard, und B. Wagner. 2015. Web-based psychotherapy for posttraumatic stress disorder in war-traumatized Arab patients: randomized controlled trial. *Journal of Medical Internet Research* 17 (3): e71. doi: https://doi.org/10.2196/jmir.3582.

Kordy, H., M. Wolf, K. Aulich, M. Bürgy, U. Hegerl, J. Hüsing, B. Puschner, C. Rummel-Kluge, H. Vedder, und M. Backenstrass. 2016. Internet-Delivered Disease Management for Recurrent Depression: A Multicenter Randomized Controlled Trial. *Psychotherapie Psychosomatik Medizinische Psychologie* 85 (2): 91–98. doi: https://doi.org/10.1159/000441951.

Kuhn, E., Kanuri, N., Hoffman, J. E., Garvert, D. W., Ruzek, J. I., und Taylor, C. B. 2017. A randomized controlled trial of a smartphone app for posttraumatic stress disorder symptoms. *Journal of Consulting and Clinical Psychology* 85 (3): 267–273. doi: https://doi.org/10.1037/ccp0000163.

Lokkerbol, J., D. Adema, P. Cuijpers, C. F. Reynolds 3rd, R. Schulz, R. Weehuizen, und F. Smit. 2014. Improving the cost-effectiveness of a healthcare system for depressive disorders by implementing telemedicine: a health economic modeling study. *The American Journal of Feriatric Psychatry* 22 (3): 253–262. doi: https://doi.org/10.1016/j.jagp.2013.01.058.

Melville, K. M., L. M. Casey, und D. J. Kavanagh. 2010. Dropout from Internet-based treatment for psychological disorders. *The British Journal of Clinical Psychology* 49 (Pt 4): 455–471. doi: https://doi.org/10.1348/014466509X472138.

Moessner, M., N. Aufdermauer, C. Baier, H. Göbel, O. Kuhnt, E. Neubauer, H. Poesthorst, und H. Kordy. 2014. Wirksamkeit eines Internet-gestützten Nachsorgeangebots für Patienten mit chronischen Rückenschmerzen. [Efficacy of an Internet-Delivered Aftercare Program for Patients with Chronic Back Pain]. *Psychotherapie Psychosomatik Medizinische Psychologie* 64 (02): 47–53. doi: https://doi.org/10.1055/s-0033-1351266.

Moessner, M., und S. Bauer. 2012. Online counselling for eating disorders: reaching an underserved population? *International Journal of Mental Health* 21 (4): 336–345. doi: https://doi.org/10.3109/09638237.2011.643512.

Moessner, M., C. Minarik, F. Ozer, und S. Bauer. 2016a. Can an internet-based program for the prevention and early intervention in eating disorders facilitate access to conventional professional healthcare? *International Journal of Mental Health* 1–7. doi: https://doi.org/10.3109/09638237.2016.1139064.

Moessner, M., C. Minarik, F. Ozer, und S. Bauer. 2016b. Effectiveness and Cost-effectiveness of School-based Dissemination Strategies of an Internet-based Program for the Prevention and Early Intervention in Eating Disorders: A Randomized Trial. *Prevention Science* 17 (3): 306–313. doi: https://doi.org/10.1007/s11121-015-0619-y.

Morgan, A. J., A. F. Jorm, und A. J. Mackinnon. 2013. Internet-based recruitment to a depression prevention intervention: lessons from the Mood Memos study. *Journal of Medical Internet Research* 15 (2): e31. doi: https://doi.org/10.2196/jmir.2262.

Mühlberger, A., M. Herrmann, G. Wiedemann, H. Ellgring, und P. Pauli. 2001. Treatment of fear of flying with exposure therapy in virtual reality. *Behaviour Research and Therapy*, 39: 1033–1050.

Mühlberger, A., A. Weik, P. Pauli, und G. Wiedemann. 2006. One-session virtual reality exposure treatment for fear of flying: 1-year follow-up and graduation flight accompaniment effects. *Psychotherapy Research* 16 (1): 26–40.

Negrini, S., L. Bissolotti, A. Ferraris, F. Noro, M. D. Bishop, und J. H. Villafane. 2017. Nintendo Wii Fit for balance rehabilitation in patients with Parkinson's disease: A comparative study. *Journal of Bodywork and Movement Therapies* 21 (1): 117–123. doi: https://doi.org/10.1016/j.jbmt.2016.06.001.

Nordgreen, T., T. Haug, L. G. Öst, G. Andersson, P. Carlbring, G. Kvale, T. Tangen, E. Heiervang, und O. E. Havik. 2016. Stepped Care Versus Direct Face-to-Face Cognitive Behavior Therapy for Social Anxiety Disorder and Panic Disorder: A Randomized Effectiveness Trial. *Behavioural Therapy* 47 (2): 166–183. doi: https://doi.org/10.1016/j.beth.2015.10.004.

Olthuis, J. V., M. C. Watt, K. Bailey, J. A. Hayden, und S. H. Stewart. 2016. Therapist-supported Internet cognitive behavioural therapy for anxiety disorders in adults. *Cochrane Database Systematic Reviews* 3: Cd011565. doi: https://doi.org/10.1002/14651858.CD011565.pub2.

Page, Z. E., S. Barrington, J. Edwards, und L. M. Barnett. 2017. Do active video games benefit the motor skill development of non-typically developing children and adolescents: A systematic review. *Journal of Science and Meedicine in Sport* 20 (12). doi: https://doi.org/10.1016/j.jsams.2017.05.001.

Pasarelu, C. R., G. Andersson, L. Bergman Nordgren, und A. Dobrean. 2017. Internet-delivered transdiagnostic and tailored cognitive behavioral therapy for anxiety and depression: a systematic review and meta-analysis of randomized controlled trials. *Cognitive Behaviour Therapy* 46 (1): 1–28. doi: https://doi.org/10.1080/16506073.2016.1231219.

Ruwaard, J., und R. Kok. 2015. Wild West eHealth: Time to hold our horses. *European Health Psychologist* 17 (1): 45–49.

Wagner, B., W. Schulz, und C. Knaevelsrud. 2012. Efficacy of an Internet-based intervention for posttraumatic stress disorder in Iraq: a pilot study. *Psychiatry Research* 195 (1–2): 85–88. doi: https://doi.org/10.1016/j.psychres.2011.07.026.

Wang, P. S., S. Aguilar-Gaxiola, J. Alonso, M. C. Angermeyer, G. Borges, E. J. Bromet, R. Bruffaerts, G. de Girolamo, R. de Graaf, O. Gureje, J. M. Haro, E. G. Karam, R. C. Kessler, V. Kovess, M. C. Lange, S. Lee, D. Levinson, Y. Ono, M. Petukhova, J. Posada-Villa, S. Seedat, und J. E. Wells. 2007. Use of mental health services for anxiety, mood, and substance disorders in 17 countries in the WHO world mental health surveys. *The Lancet* 370 (9590): 841–850.

Zerwas, S. C., H. J. Watson, S. M. Hofmeier, M. D. Levine, R. M. Hamer, R. D. Crosby, C. D. Runfolga, C. M. Peat, J. R. Shapiro, B. Zimmer, M. Moessner, H. Kordy, M. D. Marcus, und C. M. Bulik. 2017. CBT4BN: A Randomized Controlled Trial of Online Chat and Face-to-Face Group Therapy for Bulimia Nervosa. *Psychotherapie Psychosomatik Medizinische Psychologie* 86 (1): 47–53. doi: https://doi.org/10.1159/000449025.

Mind the Risk? – Einstellungen zur Risikobestimmung von Menschen mit erhöhtem Risiko für psychische Erkrankungen: Ergebnisse einer qualitativen Inhaltsanalyse

Pauline Mantell, Enza Manderscheid und Christiane Woopen

1 Einleitung

Der technische Fortschritt ebnet neue Möglichkeiten der Zusammenführung einer großen Menge und Vielfalt an biologischen, neuropsychologischen und soziodemographischen Daten, auf deren Grundlage Fortschritte im Verständnis, in der Erkennung, in der Vermeidung und in der Behandlung von Krankheiten erzielt werden sollen. Mit den neuen Forschungsansätzen zur Risikobestimmung gehen große Hoffnungen einher, dass ein Paradigmenwechsel hin zur Prävention vollzogen und die Krankheitslast langfristig erheblich reduziert werden kann.

Patienten und Risikopersonen müssen diese neuen Möglichkeiten aber auch für sich zu nutzen wissen. Der Einzelne steht vor der Entscheidung, ob er ein solches Verfahren zur Bestimmung des Risikos nutzen möchte und sieht sich mit der Erfahrung des Risikowissens bzw. Nichtwissens konfrontiert. Die Komplexität dieser Entscheidung geht mit hohen Anforderungen an die Gesundheitskompetenz des Einzelnen einher. Gesundheitskompetenz gilt als Voraussetzung für selbstbestimmte gesundheitsbezogene Entscheidungsfindung und für die Nutzung gesundheitsdienlicher Maßnahmen. Sie umfasst die Motivation und die Fähigkeiten, Gesundheitsinformationen zu erlangen, zu verstehen, zu bewerten und umzusetzen (Sørensen et al. 2012). Aber auch auf gesellschaftspolitischer Ebene sind diese neuen Möglichkeiten mit potentiellen ethischen Konflikten verbunden, die u. a. den Datenschutz, die Selbstbestimmung und den Umgang mit Risikowissen betreffen.

P. Mantell (✉) · E. Manderscheid · C. Woopen
ceres, Universität zu Köln, Köln, Deutschland
E-Mail: pauline.mantell@uk-koeln.de;
enza.manderscheid@uk-koeln.de; christiane.woopen@uni-koeln.de

© Der/die Autor(en), exklusiv lizenziert an Springer-Verlag GmbH, DE, ein Teil
von Springer Nature 2023
P. Mantell et al. (Hrsg.), *Psychische Erkrankungen als gesellschaftliche Aufgabe*,
Schriften zu Gesundheit und Gesellschaft – Studies on Health and Society 5,
https://doi.org/10.1007/978-3-662-65515-3_14

Grundsätzlich ist im Kontext der Risikobestimmung zwischen Prädiktion und Prognose zu unterscheiden. Während die Prädiktion zum Ziel hat, das Erkrankungsrisiko noch nicht erkrankter Personen zu bestimmen, geht es bei der Prognose darum, bei bereits erkrankten Personen den wahrscheinlichen Verlauf der Erkrankung abzuschätzen.

Seit einigen Jahren wird auch bei psychischen Erkrankungen verstärkt an validen Indikatoren für erhöhte Risiken geforscht, die im medizinischen Alltag zur Entwicklung und Ermöglichung einer Prävention und einer frühen Therapie zur Vermeidung einer Chronifizierung eingesetzt werden (Tognin et al. 2020; Huys et al. 2016). Psychische Erkrankungen gehören zu den größten gesundheitsbezogenen Herausforderungen der heutigen Zeit. Jedes Jahr ist ungefähr jeder dritte Mensch zwischen 18 und 79 Jahren in Deutschland von mindestens einer psychischen Störung betroffen, bei mehr als einem Drittel davon werden mehrere psychische Erkrankungen diagnostiziert (Jacobi et al. 2015). Damit sind sowohl ein großer individueller Leidensdruck verbunden, als auch erhebliche sozioökonomische Effekte, die unter anderem durch langwierige Behandlungskosten und eine hohe Erwerbsminderungsrate verursacht werden. Allein in Deutschland belief sich im Jahr 2015 die wirtschaftliche Belastung, die auf psychische Erkrankungen zurückzuführen ist, auf mehr als 44 Milliarden Euro. Das entspricht einem Anteil von 13,1 % aller Krankheitskosten (Statistisches Bundesamt 2017; Krauth et al. 2014).

Psychische Erkrankungen können zu den Volkskrankheiten gezählt werden. Dennoch birgt dieser krankheitsspezifische Bereich einige besondere Herausforderungen, die sich von den meisten somatischen Erkrankungen unterscheiden. Während körperliche Erkrankungen in der Gesellschaft relativ offen und ungehemmt kommuniziert werden, waren psychische Erkrankungen lange ein Tabuthema. In den letzten Jahren ist zwar eine zunehmende öffentliche Aufmerksamkeit für psychische Erkrankungen zu vermerken, dennoch sind psychisch kranke Menschen nach wie vor von Stigmatisierung und Ausgrenzung betroffen, was ihre gesellschaftliche Teilhabe erheblich erschweren oder sogar vollständig verhindern kann (Cheng et al. 2018; Angermeyer und Matschinger 2013). Aus ethischer Perspektive schließt sich die Frage an, welchen Einfluss das Wissen über ein bestehendes Risiko auf die betreffenden Personen selbst und ihr Umfeld haben kann. Zunächst sind die mögliche negative Bewertung eines erhöhten Krankheitsrisikos und damit einhergehende Diskriminierungs- und Stigmatisierungsgefahren in den Blick zu nehmen. Für den Einzelnen kann das Risikowissen darüber hinaus als (zusätzliche) psychische Belastung empfunden werden. Die Risikowahrnehmung und deren Einbettung im Kontext individueller Wertekonzepte sind subjektiv und erfordern Entscheidungen im Einzelfall.

Der psychische Gesundheitszustand kann den Umgang mit gesundheitsrelevanten Informationen maßgeblich beeinflussen. Empirische Studien zeigen, dass beispielsweise eine depressive Symptomatik negative Auswirkungen auf die Motivation, Selbstwirksamkeit und ausführende Funktionen haben kann und daher die Fähigkeit der Patienten, gesundheitszuträgliche Entscheidungen für sich zu treffen, beeinträchtigt (Bauer et al. 2013; Riegel et al. 2009). Psychische Erkrankungen gehen oft mit Entscheidungsproblemen, Unentschlossenheit und einem allgemein niedrigen Selbstwertgefühl einher (Groen und Petermann 2013), was eine bewusste und selbstbestimmte Entscheidungsfindung in Fragen, die die eigene Gesundheit betreffen, erheblich erschweren kann. Eine Studie zur Gesundheitskompetenz von Menschen mit psychischen Erkrankungen konnte zeigen, dass Betroffenen insbesondere die kritische Bewertung von gesundheitsrelevanten Informationen schwer zu fallen scheint (Mantell et al. 2020). Der Bewertungsprozess medizinischer Möglichkeiten vor dem Hintergrund des persönlichen Wertehorizonts gewinnt im Hinblick auf Entscheidungen zur Inanspruchnahme von Risikobestimmungen zunehmend an Bedeutung, da die jeweilige Entscheidung weitreichende Konsequenzen für die Lebensgestaltung des Einzelnen und seine Lebensqualität haben kann. Im Mittelpunkt der medizinethischen Debatte, ob eine Risikoprädiktion oder -prognose sinnvoll ist, sollte daher nicht nur der klinische Nutzen stehen. Sie sollte vor allem auch die individuelle Einstellung Betroffener und damit die Verwirklichung von Selbstbestimmung und den Erhalt subjektiven Wohlbefindens in den Blick nehmen. Im Hinblick auf eine zukunftsweisende Implementierung innovativer Maßnahmen sind darum zunächst die Einstellungen der betroffenen Personen zur Risikobestimmung, die Frage nach einer potentiellen Inanspruchnahme und zugrundeliegende Motive zu thematisieren.

2 Empirische Untersuchung

Inwieweit die Risikobestimmung für Menschen mit psychischen Gesundheitsproblemen sinnvoll und förderlich ist, hängt zum einen vom klinischen Anwendungszusammenhang und zum anderen von den individuellen Einstellungen und Motiven der jeweiligen Person ab. Die vorliegende empirische Arbeit fokussiert auf letzteren Gesichtspunkt und stellt sich der Frage, wie Personen mit einem erhöhten Risiko für psychische Erkrankungen einer potentiellen Nutzung von Risikobestimmung grundsätzlich gegenüberstehen und was ihre Motive dafür sind. Ziel dieser empirischen Untersuchung war es, erstmalig Daten zur Akzeptanz der Risikoprädiktion und -prognose von Risikopersonen in frühen Stadien psychischer Erkrankungen zu erheben, um Einstellungen und Motive zu einer potentiellen Inanspruchnahme oder Ablehnung zu explorieren.

2.1 Methodik

Die Befragung erfolgte im Rahmen einer Studie zum Umgang mit gesundheitsrelevanten Informationen in Kooperation mit drei deutschen Universitätskliniken. Adressiert wurden alle Hilfesuchenden, die sich im Zeitraum von September 2014 bis September 2017 erstmalig an ein Früherkennungszentrum für psychische Krisen in Köln, Dresden oder München gewandt haben. Einschlusskriterien waren ein Mindestalter von 15 Jahren, ausreichende Deutschkenntnisse, um den Fragebogen selbstständig auszufüllen und die Einwilligungsfähigkeit der Befragten. Für die dargelegte empirische Fragestellung wurde ein qualitativer Ansatz gewählt, der detaillierte Einblicke in die Einstellungen zur Risikoprädiktion und -prognose ermöglicht. Die Daten wurden mittels standardisierter schriftlicher Befragung mit offenen Antwortfeldern erhoben. Die Auswertung erfolgte in einem zweistufigen Verfahren durch eine qualitative Inhaltsanalyse nach Mayring (2015) mit der Software MAXQDA. Gegenstand der Befragung war die Exploration von Einstellungen zur Risikobestimmung auf Grundlage einer breiten Datenvielfalt und -menge sowie von Motiven der Nutzung bzw. Ablehnung einer Risikobestimmung in einer Population von Menschen mit einer frühen psychischen Erkrankung. Darüber hinaus wurden soziodemographische Daten der Studienteilnehmer erfasst.

Die Diagnose wurde entsprechend der Internationalen Statistischen Klassifikation der Krankheiten und verwandter Gesundheitsprobleme (ICD 10-GM) vom Fachpersonal der jeweiligen Früherkennungszentren gestellt. Des Weiteren wurden psychische Begleiterkrankungen erfasst. Depressive Symptomatik wurde mithilfe der jüngsten deutschsprachigen Version des Beck Depression Inventory (BDI-II) erhoben. Der BDI ist eins der meist genutzten validierten Screening-Instrumente weltweit zur Messung des Schweregrades depressiver Symptome. (Beck et al. 1988; Chorwe-Sungani und Chipps 2017)

Im ersten Schritt der Analyse wurden die Antworten zur Akzeptanz von Risikobestimmung in Prädiktion und Prognose jeweils einer Grundkategorie (Ablehnung – Indifferenz – bedingte Zustimmung – Zustimmung) zugeordnet. Ziel dieses Vorgehens war es, die Perspektiven und Einstellungen von Betroffenen hinsichtlich der potentiellen Inanspruchnahme zur Bestimmung des Erkrankungsrisikos (Prädiktion) im Vergleich zur Bestimmung der Wahrscheinlichkeit eines Krankheitsverlaufs (Prognose) zu skizzieren und dabei insbesondere deren Motive für oder gegen eine Inanspruchnahme herauszuarbeiten.

Im zweiten Schritt wurden die Entscheidungsmotive analysiert (siehe Abschn. 2.4). Die Entwicklung eines Kategoriensystems zu Beantwortung der Forschungsfrage erfolgte induktiv, d. h. am Text. Auf Ebene der Motivkategorien war eine Mehrfachzuordnung möglich.

2.2 Studienpopulation

Befragt wurden Hilfesuchende, die sich an ein Früherkennungszentrum für psychische Erkrankungen in Köln, München und Dresden gewendet haben. Insgesamt beantworteten 269 Personen die Frage zur potentiellen Inanspruchnahme von Risikoprädiktion und Risikoprognose. Die Studienpopulation setzt sich aus Hilfesuchenden der Früherkennungszentren in Köln (50,7 %), München (28,7 %) und Dresden (10,6 %) zusammen, mit einem Anteil von 60,8 % Männern und 39,2 % Frauen. Das Durchschnittsalter lag bei 24,7 Jahren. Insgesamt wies die Studienpopulation einen hohen Bildungsgrad auf: knapp 70 % besaßen Abitur oder einen noch höheren Bildungsabschluss. Es ist zu erwarten, dass ein erheblicher Anteil der Befragten sich zum Zeitpunkt der Befragung noch in der Ausbildung befand. 47 % gaben an, einen Migrationshintergrund zu haben. Die am häufigsten vertretenen Diagnosegruppen nach ICD-10 waren affektive Störungen (44 %) mit einem überwiegenden Anteil depressiver Erkrankungen, gefolgt von Schizophrenie, schizotypen und wahnhaften Störungen (20 %) sowie neurotischen Störungen, Belastungs- und somatoforme Störungen, unter die auch Angststörungen gefasst werden (16 %).

2.3 Positionierung zur Inanspruchnahme von Risikobestimmung – Ergebnisse der Befragung

In einem ersten Schritt wurden die offenen Antworten der Studienteilnehmer einer Akzeptanzkategorie zugeordnet, welche die potentielle Inanspruchnahme der Risikobestimmung widerspiegelt (Zustimmung, bedingte Zustimmung, Ablehnung, Indifferenz).

Abb. 1 zeigt die prozentuale Verteilung der Akzeptanz zur Nutzung von Risikoprofilanalysen im Hinblick auf Prädiktion und Prognose.

Insgesamt sprach sich die Hälfte der Befragten für die Inanspruchnahme einer prädiktiven Risikobestimmung aus, während diese von 36 % abgelehnt wurde. 10 % würden einer Risikoprädiktion bedingt, d. h. unter bestimmten Voraussetzungen zu-

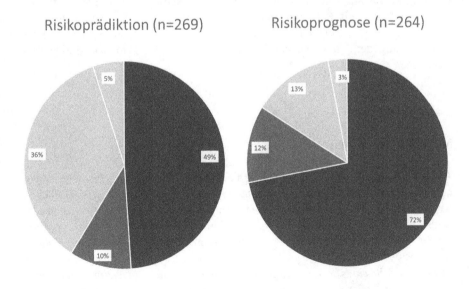

Abb. 1 Überblick der Nutzungspräferenzen von Risikoprädiktion und -prognose

stimmen. Mit 72 % Zustimmung und lediglich 13 % Ablehnung stimmten dahingegen auffallend mehr Personen der Inanspruchnahme von prognostischen Maßnahmen zu. Eine bedingte Zustimmung äußerten 12 % der Studienteilnehmer. Auffällig ist die z. T. polarisierende Positionierung und der zugrundeliegende Wertepluralismus der Befragten zur potentiellen Inanspruchnahme prädiktiver Risikobestimmung. So antworteten Befürworter beispielsweise: *„Natürlich, es ist sehr wichtig Kenntnis über seinen derzeitigen und zukünftigen Gesundheitszustand zu bekommen. "*, *„Ja, es wäre dumm, es nicht zu machen. "* oder *„Zu 100 %, weil ich lieber die Informationen dafür preisgeben würde, als eine mögliche unerwartete Krankheit in Kauf zu nehmen. "* Gleichermaßen stark äußert sich größtenteils die Ablehnung prädiktiver Risikobestimmung. So lautet die Antwort eines Befragten z. B. *„Nein, da ich mich damit in den Wahnsinn treiben würde. "*, ein anderer schreibt dazu: *„Nein, weil ich dann ja nur noch darauf warte krank zu werden. "*

Ein ähnlich deutliches Antwortmuster lässt sich bei der Frage nach prognostischer Risikobestimmung finden. Lediglich 5 % der Befragten zeigen sich in ihrem Antwortverhalten zur Inanspruchnahme der Prädiktion indifferent, im Zusammenhang der Prognose waren es nur 3 %.

2.4 Motive für potentielle Nutzung von Prädiktion und Prognose – Ergebnisse der Befragung

Im Folgenden werden die Motive der potentiellen Nutzung bzw. Ablehnung für die Risikoprofilanalyse in Prädiktion und Prognose dargestellt. Tab. 1 zeigt eine Übersicht der Kategorien und die Häufigkeit der Nennungen, wobei das primäre Ziel der Untersuchung darin bestand, ein möglichst umfassendes Bild der Motive darzustellen.

2.4.1 Prädiktion

Motive für Zustimmung

Als häufigstes Motiv der Zustimmung für die Risikoprädiktion wurde die Begründung aufgeführt, dass man *Vorsorgemaßnahmen in Anspruch nehmen* und dem möglichen bestehenden Risiko somit präventiv entgegenwirken könne. Die Antworten dieser Kategorie wurden größtenteils unpersönlich formuliert („man kann"). Welche Rolle die Risikoperson selbst in diesem Szenario einnimmt, bleibt zumeist unklar. Beispiele für die Antworten dieser Kategorie spiegeln sich in den folgenden Zitaten wider: *„Ja, da man im Falle eines positiven Ergebnisses dann frühzeitig Präventionsmaßnahmen einleiten kann."* oder *„ich würde dieses Verfahren nutzen, weil man dadurch neue Erkrankungen, bzw. schlimmere Krankheitsfolgen vermeiden könnte."*

In der Kategorie *Aktives Gesundheitsverhalten* sammeln sich Antworten, in denen die Risikopersonen angeben, selbst aktiv an den Faktoren arbeiten zu wollen, die das Erkrankungsrisiko beeinflussen. So sagt zum Beispiel eine Person: *„Da ich ein sehr gesundheitsbewusster Mensch bin, würde ich dieses Verfahren nutzen, da ich dann womöglich meinen Lebensstil daran anpassen könnte.“*, eine andere: *„Ich könnte mir vorstellen so achtsamer mit meinem Körper umgehen zu können.“*

Die Motivkategorie *(Lebens-)Planung* umfasst Antworten, in denen die Befragten darauf verweisen, dass sie mit dem Wissen um ihr Erkrankungsrisiko die Gestaltung ihrer Lebensplanung anpassen wollen würden oder sich so besser auf ein Leben mit der eventuellen Erkrankung vorbereiten können. Folgende Beispiele können als repräsentativ für die Kategorie gesehen werden: *„Ich würde dieses Verfahren nutzen, da man seine Lebensplanung daran anpassen kann“*, *„damit kann ich mich auf auftretende Krankheiten vorbereiten.“*

In den der Kategorie *Gesundheitsbewusstsein* zugeordneten Antworten betonen die Befragten vor allem die Notwendigkeit des Informiertseins über den eigenen Gesundheitsstatus, was optimalerweise zu einem gesteigerten (Selbst-)Bewusstsein des eigenen Körpers beiträgt. Beispielhaft sind hier die folgenden Äußerungen: *„Ja, da ich die Gewissheit haben will ob ich erkranken könnte und mich psychisch darauf vorbereiten will.“*, *„Die Krankheit würde das Leben nachhaltig beeinflussen und man müsste damit leben. Dafür frühzeitig einen Umgang zu erlernen ist nur hilfreich.“*

Ein weiteres Zustimmungsmotiv einer potentiellen Inanspruchnahme wird durch grundsätzliches *Interesse* an der Methode und den daraus resultierenden Ergebnissen begründet.

Motive für Ablehnung

Etwas weniger als die Hälfte der befragten Personen, die einer Risikoprädiktion ablehnend gegenüberstehen, führten dabei Motive an, die sich in die Kategorie Risiko als *Emotionale Belastung* einordnen lassen. Häufig gaben die Befragten hier subjektive Antworten, es wurde – im Gegensatz zu einigen Motiven der Zustimmung – wenig verallgemeinert, sondern persönliche Präferenzen als Hauptmotive genannt. Als Beispiele können folgende Zitate dienen: *„Nein würde ich eher nicht! Ich mache mir immer zu viele Sorgen um meinen Körper und eine Vorhersage möglicher Krankheiten würde mich psychisch belasten. Hier überwiegen bei mir persönlich die Nachteile.“*, *„Nein, denn auch wenn ich Risiken für Krankheiten geringhalten will, möchte ich mein Leben weder von dutzenden Untersuchungen noch von der Angst vor diesen Krankheiten kontrollieren lassen.“*

Weiterhin wurden als Motive für die Ablehnung der Risikoprädiktion Gründe genannt, die sich in die Kategorie *Eingriff in Lebensverlauf und -entwurf* einordnen lassen. Die Befragten distanzierten sich hier von einer Risikoprädiktion, weil sie befürchten, dass das Wissen um ein erhöhtes Risiko ihren Lebensentwurf zu sehr beeinflussen würde. Charakteristisch für diese Kategorie sind u. a. folgende Beispiele: „*Nein, Voraussagen könnten meinen Lebensentwurf beeinflussen, sodass er vielleicht anders verlaufen würde* (…)", „*Nein, denn ich will nicht jetzt schon wissen, wann und woran ich sterbe. Wichtig ist das „Hier und Jetzt".*" Und „*Nein, würde ich nicht nutzen, da ich der Überzeugung bin, dass das Leben nicht geplant ablaufen sollte.*"

Antworten, in denen die Befragten sich ablehnend äußern, weil sie den Prinzipien und Methoden der Risikoprädiktion nicht trauen oder nicht glauben, dass mithilfe neuester Technologien verlässliche Aussagen zum Risiko getroffen werden können, wurden unter der Kategorie *Skepsis ggü. Methode* verortet.

In mehreren ablehnenden Antworten wird die *Datensicherheit* als Entscheidungsmotiv genannt. Hier erwähnen die Befragten sowohl mangelndes Vertrauen in die Technik/IT, mit der die Patientendaten aggregiert und analysiert würden, als auch mangelndes Vertrauen in die Personen (Ärzte, Forscher, etc.), die mit den Daten schließlich umgehen. „*Nein, ich bin skeptisch, wenn es um persönliche Vorratsdatenspeicherung geht.*" „*Nein, ich bin engagierter Datenschützer, die besten Daten sind überhaupt nicht erhobene Daten.*"

Antworten, in denen die Befragten die Vermutung oder Sorge äußern, dass das Wissen um ein Risiko selbst über direkte oder indirekte Mechanismen ihre Erfüllung bewirkt und damit das tatsächliche Risiko erhöhen könnte, wurden unter der Kategorie *Selbsterfüllende Prophezeiung* zusammengefasst.

Einige Befragte lehnten die Risikoprädiktion ab, weil sie den Aufwand, den eine Prädiktion beziehungsweise ein möglicherweise erhöhtes Risiko erfordern würde, nicht betreiben wollen. Sie werden unter *Aufwand oder keine Notwendigkeit* zusammengefasst.

Ein weiteres Motiv, welches die Befragten der Risikoprädiktion ablehnend gegenüberstehen lässt, wird mit der Priorisierung des eigenen *Körpergefühls* angeführt, auf das sie sich laut eigener Aussage lieber verlassen als auf die Analyse von Daten.

Motive für bedingte Zustimmung

Der Großteil der Befragten, die eine Risikoprädiktion nur bedingt in Anspruch nehmen würden, gab an, die Entscheidung von den untersuchten Erkrankungen und ihrer Therapiemöglichkeiten abhängig zu machen. Diese Argumentation wurde der Kategorie *Krankheits- und therapieoptionsabhängig* zugeordnet.

Weitere Kategorien im Bereich der bedingten Zustimmung umfassen Motive, die zum Teil auch im Bereich der Ablehnung genannt wurden, in diesem Zusammenhang jedoch als Bedingung formuliert wurden: *Datensicherheit, Skepsis ggü. Methode* und *Kostenübernahme*.

Tab. 1 Übersicht der Kategorien und Häufigkeit der Nennungen

Einstellungen zur Risikobestimmung	Motive	Prädiktion (N = 269)	Prognose (N = 264)
1. Zustimmung Präd. 49 % Progn. 72 %	Vorsorgemaßnahmen in Anspruch nehmen	62	
	Heilungs- und Behandlungschancen maximieren		111
	Gewissheit		33
	Aktives Gesundheitsverhalten	32	26
	(Lebens-)Planung	29	19
	Gesundheitsbewusstsein	16	
	Interesse	6	
2. Bedingte Zustimmung Präd. 10 % Progn. 12 %	Krankheits- und therapieoptionsabhängig	19	19
	Datensicherheit	6	4
	Skepsis ggü. Methode	5	
	Kostenübernahme	3	
3. Ablehnung Präd. 36 % Progn. 13 %	Emotionale Belastung	41	5
	Eingriff in Lebensverlauf und -entwurf	18	10
	Skepsis ggü. Methode	13	7
	Datensicherheit	11	5
	Aufwand/keine Notwendigkeit	8	2
	Selbsterfüllende Prophezeiung	7	1
	Körpergefühl	3	-
4. Indifferenz Präd. 5 % vs. Progn. 3 %		12	8

2.4.2 Prognose

Motive für Zustimmung

Über die Hälfte der Personen, die einer Risikoprognose zustimmen würden, gab als Entscheidungsmotiv an, durch die Prognose *Heilungs- und Behandlungschancen maximieren* zu wollen. Die Aussicht, konkret handeln zu können, scheint also ausschlaggebend für die Zustimmung zu sein, weswegen die Befragten der Risikoprognose eher zustimmten als der Risikoprädiktion. Personen, deren Antworten in die Kategorie *Heilungs- und Behandlungschancen maximieren* eingeordnet werden konnten, sagten zum Beispiel: *„Ja, wenn eine Krankheit bereits bestünde, würde ich gerne wissen wie ich den Verlauf positiv beeinflussen kann.", „Ja, um herauszufinden ob es eine Chance gibt, sie zu beeinflussen und schlimmere Konsequenzen zu vermeiden."* und *„Ja, da die Behandlung so optimiert werden kann."*

Weiterhin wurden Antworten genannt, die sich in die Kategorie *Gewissheit* einordnen lassen: *„Ja, weil ich es besser finde zu wissen was passiert, und so kann man sich auf den Verlauf/Ende, der Krankheit einstellen ob positiv oder negativ ist egal.",*

„Ja, weil mir Sicherheit wichtig ist und ich Angst vor dem Ungewissen habe. Ich will mich nicht in falscher Hoffnung befinden, dass sich etwas verbessern ließe, wenn dem nicht so wäre. Sollte sich herausstellen, wie ich diese Krankheit positiv oder negativ beeinflussen könnte, umso besser.“ Die Tatsache, dass es sich um Wahrscheinlichkeitsaussagen handelt, schien in diesem Zusammenhang von zweitrangiger Bedeutung für die Befragten.

Weitere Antworten lassen sich in die Kategorien *aktives Gesundheitsverhalten* (n = 26) und *(Lebens-)Planung* (n = 19) einordnen, die im Wesentlichen den gleichbenannten Motivkategorien im Kontext der Risikoprädiktion entsprechen.

Motive für Ablehnung

Die Anzahl der Personen, die eine Risikobestimmung ablehnten, war für die Risikoprognose deutlich geringer, als für die Prädiktion. Die Verteilung der Motivkategorien (s. o.) lässt vermuten, dass dies mit der Möglichkeit des konkreten Reagierens auf eine mögliche Erkrankung zusammenhängt.

Ein zentrales Motiv für die Ablehnung der Risikoprognose spiegelte sich in der Kategorie *Eingriff in Lebensverlauf und -entwurf* wider. Ähnlich wie bei der Prädiktion nahmen hier die Befragten die Risikobestimmung als zu starke Beeinflussung ihres „natürlichen“ Lebensverlaufs wahr: *„Nein: Es würde einen zu großen Teil meines Lebens einnehmen evtl. Krankheiten zu beeinflussen.“*, *„Ich würde auch dieses Verfahren nicht nutzen, da die Erfahrungen gemacht werden müssen. Alles hat eine positive Seite, auch wenn man sie erst spät erkennt.“*

Ferner zeichneten sich in diesem Bereich Antworten ab, in denen die Befragten *Skepsis gegenüber der Methodik* anbrachten, d. h. Zweifel an der medizinischen und/oder naturwissenschaftlichen Machbarkeit und Validität haben und die Maßnahmen aus diesem Grund ablehnen. So schreibt einer der Befragten beispielsweise *„Außerdem glaube ich nicht, dass so ein Verfahren wirklich praktisch umsetzbar wäre.“*

Antworten, die in die Kategorien *Risiko als emotionale Belastung* und *Datensicherheit* eingeordnet werden können, wurden ebenfalls als Motiv genannt.

Die restlichen Antworten können in die Kategorien *Selbsterfüllende Prophezeiung* und *Aufwand oder keine Notwendigkeit* eingeordnet werden.

Motive für bedingte Zustimmung

Wie auch bei der Risikoprädiktion sind bei der Prognose im Bereich der bedingten Zustimmung die Antworten am häufigsten, in denen die Befragten angaben, ihre Akzeptanz sei *abhängig von Krankheits- und Therapieoptionen.* Die Kategorien *Erkrankungsbedingt (Depression)* und *Datensicherheit* sind hier ebenfalls vertreten.

3   Mind the Risk? Diskussion der Ergebnisse

Die vorliegenden Ergebnisse zur Akzeptanz von Risikobestimmung und die damit einhergehenden Motive der Inanspruchnahme oder Ablehnung machen deutlich, dass der antizipierte subjektive Nutzen von Risikowissen individuell sehr unterschiedlich wahrgenommen wird. Insgesamt zeigt sich in der Frage nach einer potentiellen Nutzung der Risikobestimmung eine sehr deutliche Positionierung, die in der Begründung zum Teil auf normativen Argumenten beruht, die die unterschiedliche Lebenshaltung der Befragten verdeutlicht. Dies macht deutlich, dass es sehr unterschiedliche Auffassungen und Einstellungen zur Risikobestimmung gibt, die eine Entscheidung über eine potentielle Inanspruchnahme im Einzelfall bedingen.

Bei der Entscheidungsfindung hebt sich der Umgang mit dem Wissen über bestehende Erkrankungen deutlich vom Umgang mit möglicherweise entstehenden Erkrankungen ab; tendenziell geben mehr Befragte an, die Möglichkeit der Risikoprognose als die der Risikoprädiktion in Anspruch nehmen zu wollen. Als einer der primären Gründe für die Ablehnung einer Risikobestimmung wird eine mögliche psychische Belastung genannt, die durch das Risikowissen erst erzeugt wird. Im Hinblick auf die Studienpopulation liegt nahe, dass Menschen mit derzeitigen psychischen Gesundheitsproblemen eine besonders hohe Aufmerksamkeit mitbringen, was die mögliche negative emotionale Tragweite von Risikowissen betrifft. Diese These wird auch durch die Motivkategorie *Erkrankungsbedingt* gestützt, die die besonderen Umstände einer Entscheidungssituation unter den Bedingungen einer psychischen Erkrankung betonen. Auffällig ist hierbei, dass Antworten der Kategorie *Risiko als Emotionale Belastung* in der Risikoprädiktion deutlich häufiger sind als in der Prognose. Im Kontext einer bereits bestehenden Erkrankung könnten der gegenwärtige Leidensdruck und die Aussicht auf eine Optimierung und Konkretisierung der Behandlungsmöglichkeiten die Sorge vor emotionaler Belastung relativieren.

Ferner wird deutlich, dass der Wunsch nach Selbstbestimmung und Eigenverantwortung sowohl bei den Motiven der Ablehnung als auch bei der Zustimmung einer Risikobestimmung eine große Bedeutung hat. Dies spiegelt sich z. B. in dem befürwortenden Motiv der Risikobestimmung *(Lebens-)Planung* wider. In Abgrenzung dazu wird der Wunsch nach Selbstbestimmung im Motiv des *Eingriffs in Lebensverlauf und -entwurf* bei Ablehnung der Risikobestimmung gleichermaßen deutlich. Beide Positionen vermitteln unterschiedliche Wertvorstellungen im Hinblick auf die persönliche Lebensgestaltung. Weiterhin diametral zeichnet sich der Wunsch nach Kontrolle ab. Dieser äußert sich z. B. in dem Bedürfnis der gezielten Entgegenwirkung eines bestehenden Risikos durch *aktives Gesundheitsverhalten*. Auf der anderen Seite wird die Angst vor Kontrollverlust als Entscheidungsmotiv genannt, wie er beispielsweise in der Kategorie *Selbsterfüllende Prophezeiung* formuliert wird.

Die Studienergebnisse verdeutlichen, dass die befragten Risikopersonen im Umgang mit potentiellem Risikowissen von sehr unterschiedlichen Motiven geprägt werden. Das zeigt, dass die Bewertung des potentiellen Risikowissens sehr stark in Abhängigkeit von den individuellen Wertekonzepten geschieht und nicht nur direkt vom Verständnis relevanten Wissens abzuleiten ist. Diese Ergebnisse decken sich mit Erfahrungen aus anderen Krankheitsbereichen, wie beispielsweise im Umgang mit Risiko von Brust- und Eierstockkrebs (Wegwarth et al. 2019; Blakeslee et al. 2017), konoraren Herzkrankheiten (Webster und Heeley 2010) und Diabetes (Markowitz et al. 2011).

Aus individualethischer Perspektive müssen diese Werte bei der Entscheidung für oder gegen eine Risikobestimmung Beachtung finden. Das setzt eine umfassende und der individuellen Gesundheitskompetenz angemessene Aufklärung und Kommunikation zwischen Arzt und Risikoperson im Sinne einer partizipativen Entscheidungsfindung (engl. *shared decision making*) voraus, die darauf abzielt, zu einer gemeinsam verantworteten Übereinkunft zu kommen.

Die Unterstützung und Förderung einer „Bewertung" von gesundheitsrelevanten Informationen kann dabei nicht auf einen „besseren Gesundheitszustand" aus objektiver Perspektive heruntergebrochen werden; die Lebensqualität und die individuellen Voraussetzungen für eine hohe Lebensqualität müssen in den Blick genommen werden.

Insgesamt dominieren bei den genannten Motiven die möglichen persönlichen Konsequenzen, die sich aus dem potentiellen Risikowissen ergeben. Gesellschaftliche Problemfelder, die aus der Etablierung von Risikobestimmung erwachsen können, werden vorwiegend im Umgang mit der Menge und Vielfalt von sensiblen Gesundheitsinformationen genannt. Die Relevanz der *Datensicherheit* scheint für einige wenige Befragte eine zentrale Rolle zu spielen, wobei in diesem Zusammenhang kritische Fragen der Freiwilligkeit und Entscheidungsfreiheit aufgegriffen wurden.

Umfang und Inhalt der Antworten deuten unabhängig der Positionierung auf ein größtenteils sehr reflektiertes und differenziertes Antwortverhalten hin, was z. T. auf das insgesamt hohe Bildungsniveau der Studienpopulation zurückzuführen sein könnte. Die Motive der potentiellen Inanspruchnahme einer Risikobestimmung sprechen dabei für eine Vorahnung weitreichender Konsequenzen – sowohl für das Selbstverständnis als auch für die weitere Lebensgestaltung des Individuums.

3.1   Stärken und Limitationen

Die Stichprobe umfasste Teilnehmer aus drei Früherkennungszentren für psychische Krisen, in denen junge Menschen und Personen mit einem hohen Bildungsniveau im Vergleich zur Allgemeinbevölkerung deutlich überrepräsentiert waren. Es ist ferner zu erwarten, dass Patienten, die den Zugang zur fachspezifischen Versorgung zur Verbesserung der psychischen Gesundheit bereits gefunden haben, über ein höheres Maß an gesundheitsbezogenen Kompetenzen verfügen. Dafür spricht ein insgesamt hohes Reflexionsniveau in der Auseinandersetzung mit einer potentiellen Inanspruchnahme von Risikobestimmung in Prädiktion und Prognose. Die Ergebnisse in der untersuchten Gruppe sollten daher als explorativ betrachtet werden und eine Auswahlverzerrung von „Hilfesuchenden" bei der Interpretation der Ergebnisse berücksichtigt werden. Wenn es eine solche Verzerrung gibt, könnten Entscheidungsunsicherheiten noch tiefgreifender sein, als sich in den vorliegenden Ergebnissen abzeichnet.

Es wurde ein qualitativer Forschungsansatz gewählt, da bislang vor allem die Einstellungen und Erwartungen der Allgemeinbevölkerung in den Blick genommen wurden und nur vereinzelte empirische Untersuchungen die Akzeptanz und die Motive der Risikobestimmung potentieller Nutzergruppen erfasst wurden (Illes et al. 2003). Wenngleich die Studienpopulation nicht als repräsentativ verstanden werden kann, weisen die Ergebnisse deutlich darauf hin, dass Personen mit erhöhtem Risiko für psychische Erkrankungen mit der potentiellen Risikobestimmung weitreichende Konsequenzen für ihre Lebensqualität erwarten. Die Ergebnisse sind ein wichtiger Ausgangspunkt für weitere Untersuchungen der Betroffenenperspektive, die zu einer gelingenden Implementierung solcher innovativen medizinischen Optionen in der klinischen Praxis beitragen können.

4   Ethische Implikationen und Ausblick

Die neuen Möglichkeiten der Risikobestimmung versprechen einen rasanten Aufschwung in der Erforschung von neuen prädiktiven, präventiven, diagnostischen und therapeutischen Versorgungsansätzen. Dieser Ansatz geht auch im Bereich der psychischen Gesundheit mit großen Hoffnungen für einen Paradigmenwechsel von Behandlung hin zu mehr Prävention und Gesundheitsförderung einher. Die individuellen Wertvorstellungen und Nutzungspräferenzen von potentiell Betroffenen wurden dabei bislang noch wenig erforscht.

In einer Population von Menschen mit psychischen Gesundheitsproblemen scheint es deutliche Präferenzen zur Inanspruchnahme oder Ablehnung von Risikobestimmung zu geben, die mit diversen und teilweise konträren Motiven einhergehen. Der Wunsch nach Selbstbestimmung zeigt sich dabei als treibende Entscheidungskomponente, unabhängig davon, ob sich die betreffende Person für oder gegen risikoprofilbildende Maßnahmen entscheiden würde.

Gleichzeitig zeigen die Ergebnisse, dass Entscheidungen über Therapieoptionen weitreichende Auswirkungen auf die Lebensqualität und die Selbstwahrnehmung der potentiellen Nutzer haben können. Eine differenzierte Aufklärung über Vor- und Nachteile von Risikoprädiktion und -prognose nicht nur vor dem Hintergrund klinischer Parameter, sondern auch auf Grundlage individueller Erwartungen und Wertvorstellungen scheint auch unter der Prämisse der vorliegenden Forschungsergebnisse unerlässlich.

Das deutsche Gesundheitssystem setzt schon jetzt einen mündigen, selbstverantwortlichen Patienten voraus, der eine Menge komplexer Entscheidungen treffen und entsprechende Handlungen ausführen kann. Die dafür erforderliche Gesundheitskompetenz ist oft nicht ausreichend gegeben (HLS-EU 2012). Innovative Optionen der Risikobestimmung stellen hier eine vielschichtige Herausforderung dar. Durch die Menge und Komplexität der Daten, durch eine zunehmende Ablösung der Behandlung kranker und leidender Menschen, durch eine Risikobestimmung und Früherkennung bei sich noch gesund fühlenden Menschen sowie durch die strukturelle Komplexität der Gesundheitsversorgung, sind erhebliche Schwierigkeiten bei Zugang, Verständnis, Bewertung und Umsetzung von Gesundheitsinformationen in den unterschiedlichen Bereichen zu erwarten. Im Hinblick auf ein sehr dynamisches Entscheidungsumfeld wirft das die Frage auf, unter welchen Bedingungen jeder Einzelne gesundheitskompetente Entscheidungen treffen kann, um die individuelle Lebensqualität zu erhalten oder zu verbessern.

Frühere Forschungs- und Interventionsansätze im Kontext psychischer Erkrankungen konzentrieren sich stark auf den Wissenstransfer und das Verständnis gesundheitsbezogener Informationen (Xia et al. 2011). Psychische Erkrankungen können zu zusätzlichen Einschränkungen im selbstbestimmten Umgang mit gesundheitsrelevanten Informationen führen, etwa durch krankheitsbedingte Antriebslosigkeit und scheinbare Gleichgültigkeit (Paulus 2007; Bonabi et al. 2016).

Künftige Interventionen zur Entscheidungsunterstützung sollten sich insbesondere unter den Bedingungen der Risikoprofilbildung stärker auf die Kompetenz konzentrieren, Gesundheitsinformationen am Horizont persönlicher Werte und Lebenskonzepte zu bewerten und diese Informationen gezielt umzusetzen.

Diese Ergebnisse können als Handlungsaufruf für das deutsche Gesundheitssystem gesehen werden, persönliche Ressourcen und Wertvorstellungen von Betroffenen für oder gegen die Inanspruchnahme von Maßnahmen zur Risikobestimmung gleichermaßen in medizinische Entscheidungen einzubeziehen wie klinische Parameter. Gesundheitskompetenz sollte dabei als ein Beziehungskonstrukt verstanden werden, denn die Umgebung des Individuums kann entscheidend sein, gesundheitszuträgliche Entscheidungen im Sinne körperlichen und seelischen Wohlergehens zu fördern oder zu verhindern.

Anhang

Fragebogen-Items zur Akzeptanz der Risikobestimmung

Ihre persönliche Einschätzung

- Stellen Sie sich vor, man könnte vorhersagen, welche Krankheiten Sie in Ihrem Leben bekommen werden und wie bereits bestehende Krankheiten verlaufen werden. Dazu würde man eine Reihe von Informationen benötigen, zum Beispiel zu Ihrer Ernährung, Bewegung, Lebensweise, Umwelt-einflüssen, genetischen Informationen (DNA) sowie Bilddaten von Ihren Organen.

- Wenn man mit diesem Verfahren vorhersagen könnte, mit welcher Wahrscheinlichkeit Sie an einer bestimmten Krankheit erkranken werden, würden Sie dieses Verfahren nutzen? Bitte begründen Sie Ihre Antwort.
- Wenn man mit diesem Verfahren vorhersagen könnte, wie der Verlauf einer (bereits bestehenden) Erkrankung aussehen wird und ob bzw. wie man diesen positiv oder negativ beeinflussen könnte, würden Sie dieses Verfahren nutzen? Bitte begründen Sie Ihre Antwort.

Literatur

Angermeyer, M. C., und H. Matschinger. 2013. The stigma of mental illness: Effects of labelling on public attitudes towards people with mental disorder. *Acta Psychiatrica Scandinavica* 108 (4): 304–309.

Bauer, A. M., D. Schillinger, M. M. Parker, W. Katon, N. Adler, A. S. Adams et al. 2013. Health literacy and antidepressant medication adherence among adults with diabetes: the diabetes study of Northern California (DISTANCE). *Journal of general internal medicine* 28 (9): 1181–1187. https://doi.org/10.1007/s11606-013-2402-8.

Beck, A. T., R. A. Steer, und M. G. Carbin. 1988. Psychometric properties of the Beck Depression Inventory. Twenty-five years of evaluation. *Clinical Psychology Review* 8 (1): 77–100. https://doi.org/10.1016/0272-7358(88)90050-5.

Blakeslee, S. B., W. McCaskill-Stevens, P. A. Parker, C. M. Gunn, H. Bandos, T .B. Bevers, T. A. Battaglia, A. Fagerlin, J. Müller-Nordhorn, und C. Holmberg. 2017. Deciding on breast cancer risk reduction: The role of counseling in individual decision-making – A qualitative study. *Patient Education Counseling* 100 (12): 2346–2354. doi: https://doi.org/10.1016/j.pec.2017.06.033.

Bonabi, H., M. Müller, V. Ajdacic-Gross, J. Eisele, S. Rodgers, E. Seifritz et al. 2016. Mental Health Literacy, Attitudes to Help Seeking, and Perceived Need as Predictors of Mental Health Service Use. A Longitudinal Study. *The Journal of nervous and mental disease* 204 (4): 321–324. https://doi.org/10.1097/NMD.0000000000000488.

Cheng, H.-L., Wang, C., McDermott, R. C., Kridel, M. & Rislin, J. L. 2018. Self-Stigma, Mental Health Literacy, and Attitudes Toward Seeking Psychological Help. *Journal of Counseling & Development*, 96(1), 64–74. https://doi.org/10.1002/jcad.12178

Chorwe-Sungani, G., und J. Chipps. 2017. A systematic review of screening instruments for depression for use in antenatal services in low resource settings. *BMC psychiatry* 17 (1): 112. https://doi.org/10.1186/s12888-017-1273-7.

Groen, G., und F. Petermann. 2013. Depressive Störungen. In *Lehrbuch der Klinischen Kinderpsychologie*, 7., überarb. und erw. Aufl., Hrsg. F. Petermann, 439–458. Göttingen: Hogrefe.

HLS-EU Consortium. 2012. *Comparative Report of the Health Literacy in eight EU Member States. The European Health Literacy Survey HLS-EU.* https://cdn1.sph.harvard.edu/wp-content/uploads/sites/135/2015/09/neu_rev_hls-eu_report_2015_05_13_lit.pdf . Zugegriffen am 30.11.2020.

Huys, Q. J. M., T. V. Maia, und M. J. Frank. 2016. Computational psychiatry as a bridge from neuroscience to clinical applications. *Nature neuroscience* 19 (3): 404–413. doi: https://doi.org/10.1038/nn.4238.

Illes, F., C. Rietz, M. Fuchs, S. Ohlraun, K. Prell, G. Rudinger et al. 2003. instellung zu psychiatrisch-genetischer Forschung und prdiktiver Diagnostik. *Ethik in der Medizin* 15 (4): 268–281. doi: https://doi.org/10.1007/s00481-003-0256-z.

Jacobi, F., M. Höfler, J. Strehle, S. Mack, A. Gerschler, L. Scholl et al. 2015. Twelve-months prevalence of mental disorders in the German Health Interview and Examination Survey for

Adults – Mental Health Module (DEGS1-MH): a methodological addendum and correction. *International journal of methods in psychiatric research* 24 (4): 305–313. doi: https://doi.org/10.1002/mpr.1479.

Krauth, C., J. T. Stahmeyer, J. J. Petersen, A. Freytag, F. M. Gerlach, und J. Gensichen. 2014. Resource utilisation and costs of depressive patients in Germany. Results from the primary care monitoring for depressive patients trial. *Depression research and treatment* 2014: 730891. https://doi.org/10.1155/2014/730891.

Mantell, P., A. Baumeister, H. Christ, S. Ruhrmann, Stephan, und C. Woopen. 2020. Peculiarities of health literacy in people with mental disorders – A crosssectional study. *International Journal of Social Psychiatry* (online first). https://doi.org/10.1177/0020764019873683.

Markowitz, S. M., E. R. Park, L. M. Delahanty, K. E. O'Brien, und R. W. Grant. 2011. Perceived Impact of Diabetes Genetic Risk Testing Among Patients at High Phenotypic Risk for Type 2 Diabetes. In *Diabetes Care* 34 (3): 568–573. https://doi.org/10.2337/dc10-1960.

Mayring, P. 2015. *Qualitative Inhaltsanalyse. Grundlagen und Techniken.* 12., überarb. Aufl. Weinheim: Beltz (Beltz Pädagogik).

Paulus, M. P. 2007. Decision-making dysfunctions in psychiatry-altered homeostatic processing? *Science* 318 (5850): 602–606. https://doi.org/10.1126/science.1142997.

Riegel, B., D. K. Moser, S. D. Anker, L. J. Appel, S. B. Dunbar, K. L. Grady et al. 2009. State of the science: promoting self-care in persons with heart failure: a scientific statement from the American Heart Association. *Circulation* 120 (12): 1141–1163. https://doi.org/10.1161/CIRCULATIONAHA.109192628.

Statistisches Bundesamt. 2017. Fachserie 12 Reihe 7.2.1: Gesundheit – Krankheitskosten. Wiesbaden, Germany: Statistisches Bundesamt. https://www.destatis.de/DE/Themen/Gesellschaft-Umwelt/Gesundheit/Krankheitskosten/_inhalt.html. Zugegriffen am 30.11.2020.

Sørensen, K. et al. 2012. Health literacy and public health: A systematic review and integration of definitions and models. *BMC Public Health* 12 (80).

Tognin, S.; Van Hell, H.H.; Merritt, K.; Rossum, I.W.-V.; Bossong, M.G.; Kempton, M.J.; Modinos, G.; Fusar-Poli, P.; Mechelli, A.; Dazzan, P.; et al. 2020. Towards Precision Medicine in Psychosis: Benefits and Challenges of Multimodal Multicenter Studies – PSYSCAN: Translating Neuroimaging Findings From Research into Clinical Practice. Schizophr. Bull., 46, 432–441.

Webster, R., und E. Heeley. 2010. Perceptions of risk: understanding cardiovascular disease. *Risk Management Healthcare Policy*. 3: 49–60. https://doi.org/10.2147/RMHP.S8288.

Wegwarth, O., N. Pashayan, M. Widschwendter, und F. G. Rebitschek. 2019. Women's perception, attitudes, and intended behavior towards predictive epigenetic risk testing for female cancers in 5 European countries: a cross-sectional online survey. *BMC Public Health* 19 (1): 667. https://doi.org/10.1186/s12889-019-6994-8.

Xia, J., L. B. Merinder, und M. R. Belgamwar. 2011. Psychoeducation for schizophrenia. *The Cochrane database of systematic reviews* (6): CD002831. https://doi.org/10.1002/14651858.CD002831.pub2.

CPSIA information can be obtained
at www.ICGtesting.com
Printed in the USA
LVHW051104020723
751359LV00007B/542